Geoffrey Hodson

Wahrheit, Wissen und Intuition

Die Gesetzmäßigkeiten des geistigen Pfades

Geoffrey Hodson

Wahrheit, Wissen und Intuition

Die Gesetzmäßigkeiten des geistigen Pfades

aus dem Englischen übersetzt von
Sylvia Botheroyd

Herausgegeben von Charlotte Wegner

Mit freundlicher Unterstützung durch die Theosophische Gesellschaft in Deutschland

Aquamarin Verlag

Die Inhalte dieses Buches basieren weitgehend auf dem Studium antiker, mittelalterlicher und moderner Literatur zum Thema eines spirituellen Lebens.

Guidance on the Pathway to Self-Illumination
The Theosophical Publishing House, Quest Books
306 West Geneva Road
Wheaton, Illinois 60189-0270, U.S.A.

Deutsche Ausgabe:
1. Auflage 2025

Voglherd 1 · D-85567 Grafing
www.aquamarin-verlag.de
kontakt@aquamarin-verlag.de

Übersetzung: Sylvia Botheroyd

Umschlaggestaltung: Annette Wagner

Druck: Generál Nyomda

ISBN 978-3-89427-951-6

Der Ruf zu den Höhen

Inhalt

Danksagung der Übersetzerin

Das Original der vorliegenden Übersetzung von Geoffrey Hodson: *The Call to the Heights: Guidance on the Pathway to Self-Illumination,* erschien 1975. Die mir anvertraute Übersetzung des Buches stellte die komplexeste Aufgabe meiner Karriere als Übersetzerin dar; sie war weitaus schwieriger und zeitaufwändiger als diejenige meiner bisherigen theosophischen Übersetzungen: Helena P. Blavatsky: Eine *Einführung in ihr Leben und Werk* (2006) und George William Russell – AE: *Das Licht der Erleuchtung: Visionen eines modernen keltischen Sehers* (2019). Glücklicherweise begleiteten mich hilfsbereite Menschen auf meiner zehnjährigen ‚Reise': vor allem Charlotte Wegner, Herausgeberin des vorliegenden Buches. Sie sorgte für die Veröffentlichung, Kapitel für Kapitel, in der Zeitschrift *Theosophie heute;* sie stattete jedes der 32 Kapitel mit orientierenden Stichworten aus und fügte die Übersetzung der Tabellen sowie des Glossars an. Mein Mann, Dr. Paul F. Botheroyd, der zum Verständnis des Originals beitrug und zusammen mit meinem Sohn, Brendan Martin Botheroyd, für die Textverarbeitung sorgte; meiner Tochter, Maj-Catherine Botheroyd-Hobohm, die meine sehr zeitaufwändige Beschäftigung mit der Übersetzungsarbeit nicht nur geduldig sondern auch kulinarisch unterstützte.

Ich danke allen, die zum glücklichen Abschluss meiner zehnjährigen ‚Reise' beigetragen haben. Geoffrey Hodson: *Wahrheit, Wissen und Intuition* ist da!

Sylvia Botheroyd
Frühjahr 2024

1

SESAM, ÖFFNE DICH

Für echte Wahrheitssucher – Uraltes Wissen verborgen in Theosophie, Brahmavidyā und Guptavidyā – Entwicklungsweg und Pfad zu unmittelbarer Erfahrung.

Dieses Buch ist als Gabe für jene Menschen geplant, geschrieben und verlegt worden, die im Inneren ein Sehnen nach geistiger Erleuchtung und Wahrheit verspüren und die auf der Suche nach einer Lebensweise sind, durch die sich diese Erfahrungen auf intelligente und nützliche Art zum Ausdruck bringen lassen. Suchende wie diese rebellieren gegen eine Lebensform, die in ihren Augen fast gänzlich egoistisch und daher fruchtlos erscheint. Zum Glück kann man Wissen erwerben, das zu einer harmonischen und vernunftgemäßen Lösung der allgemeinen wie auch der individuellen Probleme führen kann. Solche Weisheit stand den Menschen dieser Erde seit jeher zur Verfügung. Auch wenn sie zu gewissen Zeiten schwer zu finden ist; die Menschheit ist ja immer wieder geistig und körperlich durch äußerst verstörende Erfahrungen und Lebensphasen hindurchgegangen.

Im Griechischen heißt dieses Wissen *Theosophia*, Göttliche Weisheit, heute bekannt als Theosophie. Im Sanskrit wird es *Brahmavidyā* genannt, die Weisheit *Brahmās*, der Höchsten Gottheit. Ist von deren tiefsten Tiefen die Rede, so spricht man von *Guptavidyā*, der Geheimen Weisheit. Während *Brahmavidyā* noch einigermaßen verständlich ist und sich als Quelle zur Erleuchtung erweisen kann, erscheint *Guptavidyā* erst sehr rätselhaft, und jene, die sie auslegen, erwecken den Eindruck seltsamer Zurückhaltung. Wer die Göttliche Weisheit, die Weisheit der Höchsten Gottheit, zu welchem Zeitpunkt seines Lebens auch immer, für sich entdeckt, kann sich glücklich schätzen.

Noch glücklicher sind jedoch jene, die das tiefere geheime Wissen finden und intuitiv annehmen, welches geradewegs zum Bewusstsein des Göttlichen führt.

Diesen Erwachenden eröffnet sich eine neue Welt der Fragen, des Denkens und des Studiums. Sie überfällt ein nahezu leidenschaftliches Sehnen nach noch tiefgründigerer Weisheit, nach der Gelegenheit, sich damit zu befassen und sie auf die Lebensprozesse anzuwenden. Früher oder später findet sich der ernsthafte und fest entschlossene Schüler, bildlich gesprochen, vor dem Eingang zu Ali Babas Höhle. Manche schrecken vor dem, was ihnen wie eine schroffe Felswand erscheint, zurück. Enttäuscht, wie sie vermeinen sein zu müssen, mag mancher dieser Schatzkammer den Rücken kehren und sogar mit Zynismus zu den Denk- und Lebensweisen zurückkehren, die typisch für den früheren Zustand waren.

Andere erreichen ihr entwicklungsgemäßes Format. Erwachende Intuition, Schulung und das Beispiel von Familie und Freunden drängen sie dazu, entschlossen weiterzugehen bis an die kahle Felswand heran. Davor, auch wenn manche alters- oder krankheitshalber darniederliegen, geht ihr Streben im Gebet weiter. Solche Gebete, Ausdruck der leidenschaftlichen Suche, Entdeckung und Anwendung der göttlichen Weisheit, erweisen sich dann als das „Sesam-öffne-dich", welches die Türe zur Höhle aufspringen lässt, worin seit jeher keine weltlichen, sondern geistige Schätze angehäuft worden sind und wo die erhabene Weisheit bewahrt wird.[1]

Von ihrem Karma[2] zum Eintreten geführt, steigen manche Privilegierte nie wieder nach draußen ans Tageslicht, das sie nun als finstere Nacht erleben. In äußerster Demut, aus tiefster Dankbarkeit, nehmen sie eine meditative Haltung an. Jeglichen Stolz auf ihre eigenen geistigen Fähigkeiten lassen sie los, und so, befreit von allen einschränkenden und blindmachenden Vorstellungen, öffnen sie sich ganz dem Licht der geistigen Weisheit, das die Höhle erleuchtet. Hellwach intellektuell, wobei jedoch jegliches Argumentieren zur Ruhe gekommen ist, lassen sie

1 In der Geschichte aus *Tausendundeine Nacht* gelang es Ali Baba, in die Höhle einzudringen, in der Räuber Schätze von unschätzbarem Wert gestapelt hielten, indem er den Satz „Sesam, öffne dich" nachsprach, den er mitbekam, als er sie im Geheimen beobachtete.

2 Karma, das Gesetz von Ursache und Wirkung, siehe Glossar.

sich von Licht erfüllen und wie Ali Baba an unermesslichen Weisheitsschätzen bereichern, die nun zum Vorschein kommen.

Solche Suchenden haben jenes Wissen gefunden, welches genau ihren geistigen, philosophischen und materiellen Bedürfnissen entspricht. Die Weisesten unter ihnen verlassen die Höhle und rufen ihren Mitmenschen zu, ihrerseits den Schatz zu entdecken und auf das menschliche Leben anzuwenden, jenen Schatz, der erwiesenermaßen nichts weniger als die Wahrheit selbst ist.

2

DIE MYSTERIENSCHULEN

Ziel der Mysterienschulung – Reinigung und Erweiterung des Bewusstseins – Einstige Unterweisung nach Graden – Bedeutung des Wortes „Mysterien“ – Beschleunigte Entwicklung – Immer tieferes Verantwortungsgefühl – Altruismus.

Alle spirituell Erwachenden sehen sich vor zwei Aufgaben gestellt. Diese sind die Reinigung ihrer selbst und die Erweiterung des eigenen Bewusstseins, indem sie immer mehr Wissen über die Gesetze der Natur und des menschlichen Lebens erwerben. In alten Zeiten wurden solche Aufgaben im Verlauf aufeinanderfolgender Klassen oder Grade einer Schule oder eines Kollegs bewältigt, die auf dieses Ziel hin zugeschnitten und als Mysterienschulen bekannt waren. Anfangs durchlief der durchschnittliche Schüler die Entwicklungsstadien eher langsam, während er gleichzeitig die Pflichten und Verpflichtungen eines weltlichen Lebens wahrnahm.

Die Gemeinschaft kannte ihn sehr gut, wie er dort entschlossen eine Vorbereitungsphase nach der anderen durchlief. Diese bestanden aus einer das spirituelle Leben fördernden Schulung, beziehungsweise den ersten der aufeinanderfolgenden Grade. So konnten Irrtümer vermieden werden, und der Neophyt[3] wurde sorgfältig durch die gefährlicheren Phasen auf dem okkulten[4] Pfad geleitet.

Die Ausdrücke *Tor, Tür, äußerer Hof, innerer Hof, Tempel, das Allerheiligste,* darf man durchaus als Teil der Mysteriensprache betrachten, die sich auf Stadien der Entwicklung und Schulung beziehen. Sie beschreiben nicht nur das Vorankommen, sondern auch Stadien inne-

---

3 Schüler in den Anfangsjahren. [Hrsg.]

4 Okkult, in seiner ursprünglichen Bedeutung von *occultus* (lat.) – *verborgen* zu verstehen.

rer Entfaltung und des Fortschritts des inneren Menschen, des wahren Selbst des Einzuweihenden.[5] Der Ritus der Einweihung erfolgte erst, nachdem der Kandidat allen wesentlichen Anforderungen entsprochen hatte.

Die Tatsache, dass man in der Mysterienschule einer unter einer ganzen Anzahl von Schülern war, half mit, den Kandidaten gegen die größte aller Gefahren im okkulten Leben zu schützen: gegen Hochmut und das Gefühl der Überlegenheit anderen Menschen gegenüber. Tatsächlich ist dies eine sehr ernstzunehmende Gefahr für jene, die danach streben, ihre evolutionäre Entwicklung zu beschleunigen. Der beste Schutz dagegen sind eine natürliche Bescheidenheit und ein selbstloses Leben im Dienst an der Menschheit. Mit der Zeit wurde der Prozess der Unterweisung immer geheimer, und der Schüler verbrachte mehr Zeit innerhalb der Schule und immer weniger sichtbar draußen in der Welt. Am Ende entschwand ein erfolgreicher Schüler fast ganz aus dem Blickfeld – die zweifache Aufgabe, persönlich weiter fortzuschreiten und neuen Schülern beim Durchgang durch die früheren Stadien behilflich zu sein, nahm ihn völlig in Anspruch.

Die Bezeichnung dieses Systems als *Die Mysterien* ist aus zweierlei Gründen zutreffend. Erstens ist die ganze Idee von einem okkulten Leben für einen spirituell nicht Erwachten ja ein Mysterium, oder sie kann sogar als etwas Lächerliches betrachtet werden. Zweitens verleiht der Erwerb weiteren Wissens, insbesondere über die Gesetze des Seins, zusätzliche Macht und somit mehr Verantwortung. Daher wurde eindringlich zur Geheimhaltung gemahnt, sobald Anzeichen eines Fortschritts sichtbar wurden. Für den Außenstehenden waren die Vorgehensweise und die damit verbundenen Erfahrungen tatsächlich mysteriös. Dies deshalb, weil sie außerhalb der geistigen Reichweite des Uneingeweihten lagen und auch, weil sie streng gegen unbefugtes Eindringen von außen abgeschirmt wurden.

Die Idee eines Mysteriums trifft auch auf den Vorgang der Erhebung und Erweiterung des menschlichen Bewusstseins zu, weil eine solche Erfahrung im jetzigen Stadium der menschlichen Evolution dem Menschen eher unnatürlich erscheint. Ein verfrühter Eintritt in solche Zu-

---

5 Initiierter, Initiation, siehe Glossar.

stände ist nicht ungefährlich. Das Aneignen von Wissen über die Existenz der Lebenskraft als einer alles durchdringenden Präsenz, die über alle uns bekannten Formgrenzen hinausgeht und darüber hinaus noch die Identifizierung mit dieser Lebenskraft, bergen eine potenzielle Gefahr. Die normalen Begriffe und gewohnten Erfahrungen – die auf vielerlei Unterscheidungen beruhen, einschließlich abgezirkelter separater Objekte – werden nicht wahrgenommen, existieren nicht, was die allzeit tätige Gegenwart betrifft. Außerdem schwindet sogar unsere eigene, uns selbst bewusste Existenz und hinterlässt im Raum des menschlichen Bewusstseins nur das Erlebnis von Einheit, ein Einmünden in ein scheinbar unendliches, formloses Meer. Das übersteigt so gänzlich alle gewohnten Erfahrungen und Bewusstseinszustände, dass das Zentrum der Wahrnehmung und des Denkens ernsthaft – wenn auch nur vorübergehend – gestört, ja sogar ver-rückt werden kann. Dies sind zum Teil oder auch im Ganzen die Gründe, warum all die Abläufe von dem, was mit Recht *Die Mysterien* genannt wird, unter vollständiger Geheimhaltung vor sich gingen. In späteren Kapiteln des Buches werden wir diese geheiligten Einrichtungen eingehender betrachten.

Das Tor zu den Mysterien – sogar wenn es nicht einmal als solches erkannt wird – ist in der modernen Zeit einfacher zu entdecken und leichter zu öffnen. Die Bereitschaft der Älteren Brüder auf den inneren Ruf nach höherem Wissen zum größeren Nutzen der Menschheit zu antworten, besteht immerdar. Als nach dem Verlauf von Jahrhunderten der menschliche Geist und Verstand Anzeichen einer evolutionär höheren Stufe zeigten, wurde die Vorgehensweise etwas modifiziert. Eine Wirkung dieser Änderung ist die, dass Wissen, welches früher streng gehütet wurde, jetzt weit allgemeiner verfügbar ist.[6] Der Wechsel von der Astrologie zur Astronomie und von der Alchemie zur Chemie dürften als Beweise für diesen Unterschied gelten.

Wer Augen hat, das Tor zu sehen und Ohren, den Ruf des Hierophanten[7] im Inneren zu hören, wird finden, dass die Aufnahme leichter geschafft werden kann als früher. Nichtsdestoweniger werden die

---

6 Die Gründung der Theosophischen Gesellschaft von 1875 und die Literatur, die sie verfügbar gemacht hat, sind Beispiele für diese Tendenz.

7 *Hierophant* (gr.): Der höchste Eingeweihte in einem Mysterientempel, siehe Glossar.

höheren Mysterien immer jenen wahren Suchenden vorbehalten sein, die sich mit Leib und Seele dem Dienst an ihren Mitmenschen verschrieben haben. Dieses Buch, eine „Ausbeute“ aus der Ernte anderer Autoren, kann vielleicht auch als Beispiel für diese Veränderungen gesehen werden. Der Hauptgrund für das Verfassen dieses Werkes liegt nicht nur darin, Erklärungen zu geben und jene anzuleiten, die ehrlich suchen und bemüht sind, einem spirituellen Lebensweg zu folgen, sondern auch darin, ihnen zu versichern, dass, wie ungewöhnlich dieses Leben mitsamt seinen Regeln auch scheinen mag, es in Wirklichkeit völlig normal, ja unumgänglich ist. Alle, die in Vergangenheit, Gegenwart und Zukunft nach Wissen und Verstehen streben und sich einen Lehrer suchen, der sie zu jenen Gütern führt, müssen sich daran halten.

Von den Vorzügen, die die Aufnahme in die niedrigeren und höheren Mysterien mit sich bringt, ist von praktischem Wert, dass abstrakte Intelligenz und Intuition stark zunehmen. Dies ist von unermesslichem Wert, nicht nur persönlich für den Initiierten, sondern für die ganze Welt. Planetarische Katastrophen wie Kriege und persönliches Unglück als Folge falschen Denkens können mit vollem Recht als Unfähigkeit diagnostiziert werden, intuitiv die Einheit aller inkarnierten Lebensformen zu erkennen. Die enge spirituelle Verbindung, die zwischen Volk und Volk und Mensch und Mensch besteht, wird normalerweise nicht erkannt oder sogar sowohl im Denken als auch im Verhalten verleugnet.

Im jetzigen Stadium der Menschheitsentwicklung überwiegt die geistige Fähigkeit des Analysierens die Fähigkeit zur Synthese. Die Menschen können nicht das Ganze überschauen, weshalb sie dazu neigen, aus dem Persönlichen heraus egoistisch zu handeln ohne das nötige Gespür für die Auswirkungen ihrer Handlungen auf andere. Dazu gehört auch die Unfähigkeit, die Verantwortung jedes Einzelnen für den Entwicklungsfortschritt und das persönliche Wohlergehen jedes Mitmenschen zu begreifen. Diese Unfähigkeit trägt maßgeblich zu den falschen Motiven und Handlungen bei, woraus gemäß dem Gesetz [von Ursache und Wirkung] alles Leiden der Menschheit entsteht.[8]

---

8 Vgl. Geoffrey Hodson, *The Kingdom of the Gods* (1952). Deutsche Übersetzung im Aquamarin Verlag: *Die Engel und die Entwicklung des Lebens*, Grafing 2004.

In dieser Hinsicht geht ein Eingeweihter der Höheren Mysterien völlig verändert aus dem Erlebnis der Initiation hervor. Er weiß danach – nicht theoretisch und nicht allein als Reaktion auf ethische Grundsätze – dass er, was die innere Realität seines Daseins betrifft, keine abgetrennte Einheit ist. Er ist sich bewusst, dass er ganz und gar Teil der All-Einheit des spirituellen Lebens aller Wesen ist, ob es sich nun um übermenschliche, menschliche, dem Menschen untergeordnete, um engel- oder erzengelgleiche Wesen handelt. Diese dramatische, seelisch sogar traumatische Erfahrung ändert, ja verwandelt seine Ansicht über sein Verhältnis zu allem und jedem. Daraus entsteht ein sich noch weiter vertiefendes Verantwortungsgefühl für das Wohl aller anderen Wesen, das in Herz und Sinn des im Tempel der Höheren Mysterien Eingeweihten heranwächst. Diese Veränderung spielt sich weit weniger im Gehirn und Körper der Eingeweihten ab als vielmehr im inneren Bewusstsein, das nun zunehmend die Führung über das Verhalten des äußeren Menschen übernimmt. Eine Initiation ist eine innere Erfahrung, ein Erlebnis, das sich weit stärker auf den inneren Menschen, das wahre Selbst, auswirkt als auf die äußere Person, auch wenn sie sich noch so sehr im Physischen und Zeremoniellen abgespielt haben mag.

Die daraus erfolgende Veränderung eines Menschen, ob allmählich oder unmittelbar, darf man durchaus als Wandlung bezeichnen. Egozentrische selbstsüchtige Menschen, denen das Wohl anderer mehr oder weniger gleichgültig ist, Leichtlebige, die das Schicksal derer nicht rührt, die ihrer Genusssucht zum Opfer fallen, erlangen schließlich die Fähigkeit, das Amt eines sibyllinischen Sehers[9] auszuüben. Natürlich ist eine solche Entwicklung dem normalen Zustand des menschlichen Bewusstseins und Verhaltens weit voraus, obwohl es einige, allerdings seltene Beispiele großer und wahrer Altruisten gibt, die mit Recht als ihrer Zeit voraus gelten. Glücklicherweise nimmt ihre Anzahl in der Welt zu, wenn auch nur leicht, und sie üben einen spiritualisierenden Einfluss auf ihre Mitmenschen aus. Leider werden ihr Beispiel und ihre Ratschläge nur allzu oft missachtet, bespöttelt, lächerlich gemacht oder nicht zur Kenntnis genommen.

Alle Versuche, in einem hauptsächlich verstandesmäßig ausgerich-

9 Sybille – Orakelprophetin wie z. B. in Delphi und Cuma.

teten Zeitalter altruistisch zu leben und zu handeln, stoßen auf fast unüberwindlichen Widerstand, der aber überwunden werden muss. Man darf wohl sagen, dass das heutige Zeitalter selbstsüchtig ist. Zu einem beträchtlichen Maß wird die Betonung des Eigeninteresses der Menschheit aufgenötigt. Schließlich müssen die Lebensnotwendigkeiten, wie Raum, Schutz und Nahrung, befriedigt werden, und dazu braucht es von der Intelligenz geleitete Bemühungen. In der Tat besteht für die große Mehrheit der Menschen das Leben aus mehr oder weniger großen Anstrengungen, das persönlich Lebensnotwendige zu beschaffen. Daher hat der Schwerpunkt in vergangenen Epochen und in der gegenwärtigen Epoche auf dem eigenen Selbst – oder dem Egoismus – gelegen.

Eingeweihte der Mysterien sind über die egoistische Haltung dem Leben gegenüber hinausgewachsen, ja sie fühlen sich davon regelrecht abgestoßen. Diesen Widerwillen gegen Sinnlichkeit und Selbstbezogenheit drücken sie durch ihre Lebensführung als Idealisten, Philosophen, Künstler und durch ihre praktischen Dienste am Mitmenschen und am Tierreich aus. Solche Menschen kann man sehr wohl als ihrer Zeit voraus bezeichnen.

3

WAS IST DER MENSCH?

Ein gespaltenes Geschöpf – Das spirituelle Selbst des Menschen – Spiegel göttlichen Willens, göttlicher Weisheit und göttlicher Intelligenz – Die persönliche irdisch-vergängliche Natur des Menschen („Persönlichkeit") in ihren vier Aspekten – Gefahr des Absturzes in Brutalität und Laster.

Objektiv betrachtet, erweist sich der Mensch in seiner Geschichte als ein seltsam gespaltenes Geschöpf. Von der Gattung her wie auch als Individuum zeigt er die Züge eines Mischwesens, das die Möglichkeit besitzt, sich zum höchsten Idealismus und zur edelsten Gesinnung emporzuheben, aber auch, sich in tiefste Brutalität, in Selbstsucht und Laster herabzustürzen. Als Idealist ist er weit über das Tier erhaben, während er in seiner selbstsüchtigen, hinterhältigen und herzlosen Brutalität tiefer sinkt als normalerweise jedes uns bekannte Tier.

Nach der Lehre der bereits erwähnten *Brahmavidyā* ist der Mensch ein dreifaches unsterbliches geistiges, in vier sterblichen stofflichen „Körpern" inkarniertes Wesen. Die drei Teile der spirituellen Natur des Menschen sind die Spiegelungen oder Reflexionen des Willens, der Weisheit und der Intelligenz der höchsten Gottheit. Diese drei zusammen in ihrem Lichtgewand nennt man die menschliche Individualität, seine spirituelle Seele, das [höhere] Ego im Kausalkörper.[10] Sowohl die Gottheit als auch der Mensch sind dreifältig; Gott, die Dreieinigkeit, erscheint als das dreifältige spirituelle Selbst oder die Seele jedes Menschen. Der Mensch ist nach dem Bilde Gottes geschaffen. Die Dichterin spricht die gesamte Menschheit an, wenn sie schreibt:

10 [Höheres] Ego, Kausalkörper, siehe Glossar.

Dein Ruf ertön' vorm Himmelstor
Gott lässt dich ein, stehst du davor.
Beglaubigung? Die brauchst du nicht,
Sein Bild reicht aus, dein innerstes Licht.[11]

Von dieser spirituellen Seite seiner Natur her ist der Mensch als Mikrokosmos eins mit dem Göttlichen oder dem Makrokosmos. Der Geist oder die Monade[12] des Menschen ist eins mit dem höchsten Geist, welcher ist „unwandelbarer und unsterblicher Gott, der herrschet ewig über den Wassern …"[13] Im Hinduismus bezeichnet man diese Wahrheit als „das königliche Geheimnis". Es ist „die eine Gottheit verborgen in allen Geschöpfen, die innerste Seele aller." Jesus Christus sprach: „Ich bin in meinem Vater, und ihr in mir und ich in euch."[14]

Ein altes Ritual sagt: „So wie Gott der Mittelpunkt seines Universums ist, so ist er in der Nachbildung seiner selbst der Mittelpunkt im Dasein des Menschen, der unsterbliche Herrscher im Inneren." *Die Bhagavad Gītā* oder *Der Gesang des Erhabenen* erklärt: „Wer mich überall erblickt und alles auch in mir, dem kann ich niemals entschwinden, und er entschwindet niemals mir."[15]

Ein Dichter schrieb:
„Was rings du siehst, ist Teil von einem Ganzen nur,
Wovon Gott Seele ist, und Körper die Natur; (…)
Im Sonnenstrahle wärmt, im West erfrischt,
Im Sterne glüht, und blüht im Blütenbaume (…)."[16]

Demnach befindet sich die Gottheit keinesfalls außerhalb des Menschen, verschieden oder gesondert von ihm. Gott und Mensch sind untrennbar eins bis in alle Ewigkeit. Das ist die alleinige höchste

---

11 „Passport" („Beglaubigung") von Angela Morgan.
12 Monade, Monaden-Ego, siehe Glossar.
13 Liturgie der Liberal-katholischen Kirche, The St. Alban Press, London 1942, S. 132.
14 Johannes 14,20.
15 *Bhagavad Gītā*, 6. Gesang, Vs. 30-31.
16 Alexander Pope. Anmerkung der Übersetzerin: Hodson zitiert die Zeilen 1, 267-268 und 270-271 von Popes *Essay on Man*. Übersetzung nach Friedrich Bothe, *Versuch über den Menschen*, Halle, 1794.

Wahrheit, die an allen Mysterienschulen und in allen Religionen gelehrt wird. In der Erkenntnis dieser Wahrheit ruht das Geheimnis von höchster Errungenschaft, von Kraft und Frieden; denn wird sich auch der Einzelne der Einheit mit Gott voll bewusst, steht ihm die ganze Kraft des Kosmos zur Verfügung.

Der Unterschied zwischen dem Logos eines Universums und der Gottheit im Menschen liegt weder in seinem Wirkungsort noch in seiner wesentlichen Natur, sondern allein im Grad, in welchem sich seine dreieinigen Kräfte – spiritueller Wille, Weisheit, Intelligenz – offenbaren. In Gott sind sie zur Gänze geoffenbart. Im Menschen enthüllen sie sich nach und nach in steigendem Maße, so wie seine Evolution voranschreitet. Am Ende werden sie in ihm gänzlich offenbar sein, so wie heute in der Gottheit. Der Mensch ist ein werdender Gott. Dies ist, wie die alten Weisen lehrten, seine Bestimmung:

> „Darum sollt ihr vollkommen sein, gleichwie euer Vater im Himmel vollkommen ist.“[17]
> „... schau in dich: du *bist* Buddha; werde, was du bist.“[18]

In diesem göttlichen Aspekt seiner Natur ist der Mensch gegen den Tod gefeit. Der wesentliche Mensch ist unsterblich; allein der Körper stirbt. Individualität, Fähigkeiten, Charaktereigenschaften, Interessen und Zuneigungen bleiben bis über den körperlichen Tod hinaus erhalten. Alle während des Erdenlebens erworbenen Fähigkeiten sind bleibende Kräfte des dreifältigen inneren Selbst. Weder diese geistige Seele noch eine ihrer entwickelten Fähigkeiten können je verloren gehen; denn sie verbleiben in der Hülle des dreifachen spirituellen Selbst, bekannt als Kausalkörper.

Nun wollen wir die uns vertrautere, äußere persönliche Natur des Menschen betrachten. Sie ist vierfach und wird zuweilen „Persönlichkeit“ genannt. Sie besteht aus dem gewohnten physischen Körper und weiteren drei „Körpern“ aus nicht-physischem Stoff, feiner und flüchtiger als Gas, jedoch mit gewissen materiellen Eigenschaften. Diese Körper vom dichtesten bis zum durchlässigsten sind:

---

17 Matth. 5,8.
18 H. P. Blavatsky, *Die Stimme der Stille,* 2. Fragment.

a) Der physische Körper aus physischer, fester, flüssiger und gasförmiger Stofflichkeit. Er ist der Träger von Handlung und Selbstdarstellung in der physischen Welt, das festeste, schwerfälligste Instrument zum Wahrnehmen und Handeln.
b) Der Lebens- oder ätherische Körper aus physisch-ätherischer Stofflichkeit, das die physischen Lebenskräfte erhaltende Prinzip und Bindeglied zwischen den überphysischen und physischen Körpern. Ätherische Substanz ist feiner als gasförmige.
c) Der Gefühlskörper aus emotionaler Materie, Träger von Gefühl, Wunsch und Begehren, feiner als der physische Äther.
d) Der Mentalkörper aus mentaler Stofflichkeit, Verstandesstoff, Träger der Gedanken, der zarteste der vier.

Im Gegensatz zum Kausalkörper sind diese vier dem Tod und Zerfall unterworfen.

Wenn der Mensch sich einzig in diesem vierfachen materiellen und sterblichen Aspekt seiner selbst bewusst ist, so ist er vorübergehend weder seiner göttlichen Natur noch der Einheit mit Gott gewahr. Er leidet unter geistigem Gedächtnisschwund. Im Verlauf seiner Entwicklung entdeckt er nach und nach das verlorene Wissen seiner Einheit mit Gott wieder und dadurch mit allem, was lebt. Die Wiederentdeckung seiner eigenen Göttlichkeit und seiner Einheit mit Gott ist der Angelpunkt aller geistigen Bemühungen; ganz besonders ist sie das Ziel all derer, die den Pfad mystischer Erleuchtung suchen, den Pfad der geradewegs zur Entdeckung der Wahrheit führt.

Die Errettung des Menschen von allen die Person betreffenden Schwächen, die der sogenannte Sündenfall nach sich zog, besteht im Aufstieg in die uneingeschränkte Erfahrung dieses *Einsseins* mit der Gottheit, was soviel bedeutet wie die bewusste Einswerdung mit der Gottheit. *Einssein* ist die höchste Wahrheit, deren vollständige und fortwährende Verwirklichung die höchste Erfüllung des Menschen ist.

4

DER ZWECK DES LEBENS

Die Lebensleiter – Vom Mineralischen bis zur Meisterschaft und darüber hinaus – Das Bewusstsein vom Pflanzen- über das Tierreich bis zur vollen Entfaltung im Menschenreich – Entwicklung von Gehirn und Denkorgan durch Reinkarnation – Grundlage für die Entfaltung des spirituellen Selbst.

Warum ist der menschliche Geist in einem physischen Körper inkarniert? Der Zweck des menschlichen Daseins auf der Erde ist die spirituelle, verstandesmäßige, kulturelle und physische Evolution. Am Ende erreicht die gesamte Menschheit die Christus-, Buddha- oder Mahātmā-Stufe. Diese drei Ausdrücke beziehen sich auf denselben Zustand und Standpunkt auf der Leiter der Evolution, die vom eingekerkerten Geist im Mineralischen über das Bewusstsein seiner Persönlichkeit im Menschen bis zu den spirituellen Kräften eines Meisters reichen, die zum Übermenschlichen gehören. Lang ist diese Leiter in der Welt des Messbaren, ob von der Zeit aus betrachtet, die erforderlich ist, um von der untersten bis zur höchsten Stufe emporzusteigen oder von den Ebenen und Graden überphysischen Bewusstseins (äußere und innere), die es zu erreichen und hinter sich zu lassen gilt. Auf dieser Lebensleiter haben alle Wesen ihren Platz. Manche von ihnen sind von den höchsten Höhen zu den tiefsten Tiefen herabgestiegen oder befinden sich auf dem Weg, während andere – unter ihnen die Menschen – den großen Aufstieg oder den Rückweg zu jenen Höhen angetreten haben.

Die unterste Stufe der jetzigen Sonnen- und Planetenepoche steht fest gegründet im Mineralreich der Natur. Das Bewusstsein erwacht erst wirklich im Pflanzenreich. Der Sonnenschein mit seiner Wärme und die vier Jahreszeiten mit ihrem wechselnden Einfluss von Hitze und Eiseskälte locken das sich entwickelnde Leben aus seinem mineralischen

Gefängnis. Darüber hinaus bringen die Vermehrungsprozesse im Pflanzenreich das ihm innewohnende, bis jetzt im Schlaf liegende Leben in Bewegung, besonders da, wo Blumen sind. Die allerersten Anfänge einer Art Lust im animalischen Sinne, bringt die bis dahin unbewegte Oberfläche des windstillen Meeres des Lebens zum Kräuseln.

Erfahren wird nun, ganz schwach und von ferne, was eines Tages zur Lust am Klang werden wird. Das Leben, der göttliche Schläfer, fängt zu träumen an und diesem Traum wohnt das Versprechen von bewusstem Gewahrsein inne. Das heißt, Wissen um das, was außen ist, woraus sich später das Wunder der Möglichkeiten zur *Wahl* entwickeln wird. Während Pflanzen diese Fähigkeiten ohne so viel eigenes Dazutun, wie es für Tiere und Menschen charakteristisch ist, aufweisen, drehen und bewegen sich einige doch, um ein Höchstmaß an Sonneneinwirkung zu ergattern. Die Bedeutsamkeit dieses Wandels vom wahl-losen Zustand im Mineralischen zum erwachenden Entscheidungsvermögen in der Pflanze kann gar nicht überschätzt werden; denn daraus wird schließlich jene Neigung im Menschen entstehen, die man mit Recht als „Gott-wärts“ beschreiben kann. Man darf wohl sagen, dass Religion im weitesten Sinne des Wortes ihren ersten zarten Anfang in der Sonnensuche der Pflanzen hat, im Menschen erblüht sie zur Gottessuche. Der Mensch als ein bewusstes, durch das dazwischenliegende Tierreich hindurch gegangenes Wesen beginnt in vollem Bewusstsein, das zu tun, was die Pflanze unbewusst tut – nach der „Sonne“ zu streben. Seine Religion ist anfänglich primitiv, schwingt sich aber schließlich zur Ausübung von Yoga auf – wohl der höchste Punkt, den das Leben in seiner Entwicklung durch das Menschenreich bis jetzt erreicht hat.

Das spirituelle Selbst des Menschen ist wie ein Samen; ausgesät auf der Erde, bringt er Sprosse, Stängel und Blätter hervor und blüht am Ende. So wie die ausgewachsene Pflanze im Samen enthalten ist, so sind in der Monade – dem unsterblichen Keim in der Seele des Menschen – alle Möglichkeiten von Anfang an da. Erfahrung bringt sie hervor. Jede Erfahrung ist von Wert; nichts geht verloren, auch wenn es so scheint, denn der Samen entwickelt sich in aller Stille. Er wird, wenn man so sagen darf, von den Winden der Widerstände gekräftigt, vom Regen der Kümmernisse gereinigt und verfeinert, verschönert und vergrößert vom Sonnenschein des Glücks und der Liebe. Am Ende erreicht der Mensch den Zustand der vollen Blüte. Das Leben erzieht also, im wahrsten Sinne des Wortes.

Hier muss, wenn auch nur kurz, die Lehre, eigentlich der Sachverhalt in der Natur von aufeinanderfolgenden Wiedergeburten in diese Studie aufgenommen werden.[19] Das menschliche Denkvermögen und sein physisches Organ – das Gehirn im Schädel – entwickelt sich recht langsam. Das trifft besonders auf das physische Hirn zu. Es mag hilfreich sein, hierbei zwei wesentliche Faktoren zu bedenken. Erstens verläuft die Evolution des dreifältigen unsterblichen Selbst, das durch geistigen Willen, intuitive Weisheit und abstrakte Intelligenz gekennzeichnet ist, im Menschen kontinuierlich. Zweitens beschleunigt konzentriertes unablässiges Streben nach dem Ideal der Vollkommenheit den Wachstumsprozess. Fährt man darin unverwandt fort, so beschleunigt solches Bemühen das Erreichen der Adeptschaft oder der Vervollkommnung durch aufeinanderfolgende Einweihungen.

Es kommt die Zeit, wenn, in der metaphorischen Sprache der Mysterienschulen, das innere Selbst einen bestimmten Persönlichkeitscharakter ans Tor des Tempels bringt, ob es sich nun um einen realen wie in Ägypten, Griechenland, dem Nahen oder Fernen Osten handelt oder um einen Bewusstseinszustand, eine bestimmte Einstellung dem Leben gegenüber. Im Inneren wird das erforderliche rhythmische Klopfen vernommen, die Türflügel öffnen sich, und der Neophyt, unter der Führung der Älteren, lässt mit jedem Schritt das weltliche Leben weiter hinter sich und bewegt sich auf das Allerheiligste in seinem Schrein zu.

Der Hierophant und die, welche ihm zur Seite stehen, sind bereits in Erwartung und über die Ankunft unterrichtet. Entweder gleich oder nach einer Schulungsphase beginnen die aufeinanderfolgenden Einweihungsriten. Jede der Zeremonien vergrößert erheblich den Einfluss des Geistigen auf die Materie, bis es bei der letzten und endgültigen Einweihung vollständig überwiegt. Damit verlässt nun der Eingeweihte den menschlichen Zustand und tritt in den der Übermenschlichkeit ein.

Da das Ziel vollendet ist, zieht sich der Adept[20] noch stärker in die Tiefen seiner innersten Natur zurück, während er gleichzeitig – mag

---

19 Siehe Geoffrey Hodson, *Reincarnation, Fact or Fallacy.*

20 Adept, siehe Glossar.

es auch widersprüchlich klingen – im äußeren Leben ausgewählte Handlungen aufnimmt, um seinen Mitmenschen zu dienen, gleichgültig welchen Entwicklungsstand sie auch immer erreicht haben mögen. Es kann sich dabei um spirituelle, intellektuelle oder physische Hilfe handeln, wobei letztere aus einer Mischung von allen drei besteht. Während der feste Wille des Adepten, um noch größere Höhen zu erreichen, an Kraft zunimmt, wächst auch jene universale Liebe, die nach Ausdruck in Form von Nächstenliebe im besten Sinne des Wortes drängt.

Wie bereits erwähnt, wurde in alten Zeiten diese Phase der Evolution unter dem Schutz der Kleineren und Größeren Mysterien durchlaufen; damals waren das spirituelle und das sogenannte weltliche Leben miteinander verquickt. Meditiert wurde nahezu ständig und immer ganz selbstverständlich. Der neugewordene Adept versah seinen Dienst ununterbrochen mit den Mitteln, die ihm auf dieser Stufe zur Verfügung standen. In neuerer Zeit wurde der Rückzug in die Abgeschiedenheit der Tempel und des Tempellebens allmählich von anderen Formen des Sichzurückziehens abgelöst. Oft waren sie zeitlich begrenzt; wichtig waren die innere Haltung und die Lebensweise. Der Reinkarnationsprozess und das Streben nach dem Idealen durch aufeinanderfolgende Leben spielen im heutigen Lebensmodus außerhalb des Tempels eine äußerst wichtige Rolle.

Dies ist die Lösung des Rätsels vom Zweck des Lebens, das gemäß der *Brahmavidyā* oder Theosophie über alle Maßen herrlich ist. Die Lehre ist unmittelbar und konkret anwendbar; denn wenn der intelligente Mensch dieses außerordentlich wichtige Wissen von der Bestimmung des Menschen einmal erfasst hat, wird er daran mitwirken. In diesem Mitwirken liegt das Geheimnis menschlichen Glücks. Gladstones[21] Motto drückt diese Idee folgendermaßen aus:

„Lasse dich inspirieren vom Glauben, dass das Leben eine großartige und edle Berufung ist und nicht etwas Gemeines, eine Plackerei, durch die wir uns durchschleppen so gut es geht, sondern eine hohe und erhabene Verheißung."

21 W. E. Gladstone (1809-1898), englischer Politiker. [Hrsg.]

5

EIN RUF AUS LICHTER HÖHE

Stufen auf der Lebensleiter – Der Ruf aus lichten Höhen, aus dem spirituellen Selbst, ertönt immer – Die Resonanz erfolgt entsprechend dem Entwicklungsstand – Das anfängliche Ideal wird zur zwingenden Notwendigkeit – Die Antwort erfolgt von höherer Seite.

Über einen langen Zeitraum bleibt das körperliche Leben auf das ausgerichtet, was zur Erhaltung notwendig ist. Im äußeren Tun und Leben des Menschen stehen das Verlangen nach immer weiteren Annehmlichkeiten, subjektiven und objektiven Vergnügungen, Liebe in allen Erscheinungsformen und natürlich Mittel der Nahrungsbeschaffung an erster Stelle.

Allmählich tritt eine Veränderung ein. Erst langsam, dem Temperament entsprechend, verfeinert sich der Anspruch persönlicher Gefühle und Gedanken, wird psychologisch und intellektuell vertieft und – was am wichtigsten ist – zunehmend auf den anderen bezogen. Die Bedürfnisse werden erfüllt und dahingehend erweitert, dass sie andere miteinschließen. Gedankentätigkeit, Gefühlserlebnisse und ihr physischer Ausdruck beschränken sich immer weniger nur auf das eigene Selbst. Der „Andere“ wird wichtiger als das eigene Selbst. Teilen mit anderen wird zum Grundsatz des Lebens, eine persönliche Religion. Veränderungen spielen sich auch viel tiefer im Inneren ab und sind die eigentliche Quelle des äußeren Wandels in der Lebensführung.

Der Verstand beginnt von selbst, nach Erklärungen zu suchen – nach Wahrheit und nach dem Sinn des Daseins, sowohl in Bezug auf die Natur als Ganzes als auch auf den Menschen. Immer dringlicher wird ein logischer Lebensentwurf, woraus sich nach und nach eine persönliche Philosophie entwickelt, die auf die Lebensprozesse und -probleme angewandt wird. Ausgelöst werden alle diese Veränderungen durch die unablässige innere Entfaltung des Menschen, die, wenn auch manchmal nur schrittweise, auf Gedanken, Gefühle und deren Ausdruck im physischen Verhalten einwirkt. Auch wenn der Mensch erst nichts von dem mitbekommt, was über eine lange Zeit in ihm vorgegangen ist, wird er schließlich immer stärker von seinem eigenen spirituellen Selbst und aus diesem heraus beeinflusst. Genau dann kann das psychologische und intellektuelle Ereignis erfahren werden, das in diesem Buch „der Ruf" genannt wird.

Der Mensch ist also in erster Linie ein wachsendes, sich entfaltendes Geschöpf, das immer aus dem Ei-Stadium in ein schalenloses schlüpft, vergleichbar dem Großen Vogel oder der Gottheit. Dieser göttliche Vogel erzeugt, legt und brütet immer mehr Eier aus – vervollkommnete Menschen. Die oberste Sprosse der Lebensleiter ist unsichtbar, außer für jene, die sie schon fast erreicht haben – geistig erwachte Initiierte und Adepten. Man kann sich diese höchste Stufe praktisch als immateriell, zeit- und raumfrei vorstellen, da ja diejenigen, die sie erreichen, die Grenzen der Stofflichkeit, des Raums und der Zeit überschreiten. Die göttliche Natur, die allen Lebewesen innewohnt, befreit sich von diesen Einschränkungen und geht über die Grenzen von Materie, Raum und Zeit hinaus. Von solchen himmlischen Höhen ertönt fortwährend ein Ruf. Diese innere, wachrufende Inspiration erschallt immerdar, so wie das Licht der Sonne ununterbrochen scheint. Sie ruft auf und erhebt diejenigen, die sie hören können, und bringt sie dazu, nach jener Selbstvergeistigung zu streben, die jegliche Vorstellung vom eigenen Ich und der Abgrenzung zum anderen auslöscht.

Der Ruf aus lichten Höhen ist von unerhörter Wichtigkeit für alle Lebewesen, besonders natürlich für den Menschen. Unter dem Menschen stehende Wesen antworten instinktiv darauf, wenn sie ihr Leben aufs Spiel setzen oder sogar verlieren, um ihre Familie oder die von ihnen Abhängigen zu verteidigen oder zu pflegen. Im Menschen erweckt der Ruf die Bereitschaft zu gewaltigen Leistungen – auch wenn anfangs nur im materiellen Sinne –, zu Heldentum, Selbstaufopferung, bedingungsloser Treue und selbstloser Fürsorge für andere. Die Auswirkung des Rufes auf diejenigen, die zu selbstloser Antwort fähig sind, ist die, dass er Idealismus wachruft und weiterentwickelt. So ist also, von den höchsten Höhen der großen Lebensleiter bis zur untersten Sprosse, eine Kraft aktiv am Werk, die alle Aufsteigenden anregt, schneller emporzukommen. Wenn diese das Gewicht unspiritueller Eigenschaften abwerfen, die bis jetzt die Geschwindigkeit ihrer Reise gebremst haben, lässt sich die Bürde vermindern.

Physische und mannigfaltige Folgen gibt es viele, abhängig von den Charakterzügen der menschlichen Natur. Manche Menschen werden gefühlsmäßig stark bewegt, sogar erregt, und versuchen von dieser Ebene aus, die Welt zu verändern. Die Gemütsbewegung allein ist jedoch wirkungslos, es fehlt ihr sozusagen an „Zugkraft", weshalb viele Reformbewegungen die höchsten Hoffnungen ihrer Gründer enttäuschen. Zum „Ruf des Herzens" gehört unbedingt eine Lebensphilosophie, wenn die Bewegung wirkungsvoll und von Dauer sein soll.

Mit fortschreitender Evolution erstarkt die Fähigkeit mehr und mehr, den inneren Ruf zu hören und auf ihn zu antworten. Diese Entwicklung ist es, die schließlich einen Menschen, sei es Mann oder Frau, dazu führt, die allzu menschlichen Lebensformen und Motive aufzugeben, um die nächste Sprosse der großen Leiter zu erreichen. Zuerst ist die Willenskraft nicht stark genug um, wie es scheint, zahlreiche Opfer an Vergnügungen und Genüssen zu bringen, nicht stark genug für den endgültigen Verzicht. Trotzdem ergeht der Ruf, die Stimme klingt weiter, beide werden immer lauter, Leben auf Leben, die Wiedergeburten hindurch. Was man zuerst als Ideal versteht – eine Vorstellung nach dem Beispiel anderer, wovon man aber immer stärker überzeugt ist, dass es der einzige Weg für einen selbst ist –, wird schließlich zur zwingenden Notwendigkeit. Die Stimme lässt sich nicht mehr ignorieren, der Ruf nicht länger missachten. Auf diese Art, immer stärker von innen heraus gedrängt, verändert sich der Charakter, und die sogenannten Gewichte und Hindernisse[22] fallen eins nach dem anderen herab.

Nach einer unumstößlichen Regel hilft dann eine dargebotene Hand dem Kandidaten, seine vielleicht noch immer schleppenden Füße auf die nächsthöhere Sprosse zu stellen. Im Laufe der Zeit – die Zeitspanne wird von der inneren Stimme bestimmt – findet die innere Stimme Ausdruck im Äußeren, und der Ruf zur Schülerschaft eines Meisters

22 *Gewichte und Hindernisse* sind buddhistische Begriffe.

des Lichts – in vielen Fällen hörbar – steht für die innere Berufung zu den Höhen.

6

DER EINFLUSS DES MEISTERS

Stete Hilfe von höherer Seite – Selbstlose Motivation des Strebenden als Voraussetzung – Schwierigkeiten des Aufstiegs – Hilfe abgestimmt auf Charakter, Bedürfnisse und Karma des Aspiranten – Begegnung mit einem Älteren Bruder.

Vom ersten Augenblick, an dem sich das denkende Bewusstsein eines Menschen dem Licht der Wahrheit zuwendet und die irdische Person am Tempeltor anklopft, steht von außen wie auch von innen besondere, genau den Verhältnissen angepasste Hilfe bereit. Mit Sicherheit öffnet sich unverzüglich das Tor, fast wie von allein. Der Bewerber durchschreitet es symbolisch, und von da an wird die große Reise unternommen, der große Pfad betreten.

Neue Höhen winken. Während des ganzen, nicht[23] ungefährlichen Abenteuers stehen dem Neophyten ständig spezielle Unterweisung, Führung, Schutz und Stärkung zur Verfügung. Diese Führung durch den Meister dauert bis zur erfolgten Einweihung und sogar darüber hinaus, bis die wahre königliche Würde des Geistes in ihrer ganzen Fülle erstrahlt – wenn das „Königreich" erworben ist. Nicht nur in den mystischen und geheimnisvollen Mauern eines Mysterientempels, sondern überall da, wo ein wahrhaft erwachender Mensch auf den Ruf aus lichten Höhen antwortet, wird jederzeit ähnliche Unterstützung geboten. Diese helfende Beobachtung wird einem Schüler immer zuteil, wenn auch indirekt, weniger leicht erkennbar und umsetzbar inmitten der Prozesse und Probleme, die das Leben in der äußeren Welt mit sich bringt.

Ist ein Berggipfel erreicht und sind Gesundheit und Energie – geistig, seelisch und körperlich – stabil, dann sind die Gefahren und die

---

23 Anmerkung der Übersetzerin: Im Original fehlt die Verneinung, ohne die die Passage aber keinen Sinn ergibt.

Schwierigkeiten, die zu diesem Versuch gehören, überwunden. Der Erfolgreiche ruht nun in vollkommenem Schutz und in vollkommener Beherrschung seiner selbst. Während des Aufstiegs jedoch liegt der Fall ganz anders. Steile Stellen, darunter senkrechte Felswände, zeitweiliges Verschwinden des Pfades, ja sogar Zweifel, ob es ihn überhaupt gibt, Felsformationen und auf den unteren Hängen Pflanzengewirr, die den Weg versperren, die Entfernung von der normalen Lebenswelt und leicht zu holender Hilfe, Stürze und Ausrutscher – alle diese Dinge können jene Bergsteiger körperlich, seelisch oder spirituell belasten, was auch oft geschieht, wenn sie versuchen, Gipfel zu erreichen, die weit über die Normalfläche unserer Weltkugel hinausragen. Dies gilt sogar noch mehr, wenn man den Aufstieg zu den geistigen Höhen zum ersten Mal in Angriff nimmt. So wie jede Vorkehrung gegen physikalische und körperliche Schwierigkeiten getroffen wird, die unweigerlich vor dem Kletterer aus Fleisch und Blut auftauchen, so wird auch auf dem Pfad zu den inneren Höhen Hilfe gegenüber Problemen geboten. In diesem Falle betreffen sie nicht nur das Terrain, sondern die gesamte Natur des Bewerbers, vom Physischen bis zum Geistigen oder, anders ausgedrückt, von Körper und Seele.

Auch wenn Anfänger auf dem Pfad kaum etwas davon merken, stehen sie schon lange unter väterlicher Beobachtung und sind Gegenstand wohlwollender Sorge; denn Eingeweihte eines gewissen Grades und auch gewisse Adepten sind dafür verantwortlich, ein wachsames Auge auf sie zu haben und ihrem Fortschreiten Hilfestellung zu geben, soweit es ratsam scheint und das Karma es erlaubt. Die Meister und Weisheitshüter halten fortwährend das sich entfaltende höhere Selbst in der ganzen Menschheit im Bewusstsein. Sie erkennen sehr schnell, wenn jemand in die Evolutionsphase geistigen Erwachens eintritt. Geschieht dies, so erreicht das, was man eine okkulte Ankündigung nennen könnte, die Bruderschaft der Adepten als Ganze, ebenso wie jene besonderen Meister der Weisheit, unter denen sich aufgrund der Affinität der Strahlen[24] das voranstrebende Ego entwickelt.

Die Antwort des Meisters erfolgt umgehend. Obwohl er sich nie grundlos einmischt, gewährt er dem sich reinkarnierenden Ego jenes

24 Die kosmischen Einflüsse der sieben Strahlen, die sich in der ganzen Natur und in den sieben grundsätzlichen menschlichen Temperamenten widerspiegeln.

Suchenden, dessen inneres Auge sich zu öffnen beginnt, einen Teil seiner eigenen okkulten Macht und Erleuchtung. Gespürt wird das im Inneren, manchmal sehr tief im Inneren des Gemüts jener Menschen, die den inneren Ruf vernommen haben. Die Reaktionen sind, was ganz natürlich ist, unterschiedlich, und die Antworten des inneren Selbst werden ihrerseits sorgfältig beobachtet. Folglich wird die dargebotene Hilfe exakt sowohl dem Zustand als auch den Bedürfnissen des sich reinkarnierenden Selbst angepasst.

So sind die vom Meister angewandte Methode und die vom Schüler durchlaufenen Erfahrungen den Umständen entsprechend – Umstände körperlicher, gefühlsmäßiger, geistiger, umgebungsbedingter und natürlich karmischer Art – immer anders; denn der Meister muss sich nach diesen richten, wenn er auf seinen zukünftigen Schüler zugeht, wie auch bei der Wahl seines Vorgehens während der Phasen, die als Probezeit und angenommene Schülerschaft bezeichnet werden. In vollendeter Weisheit werden der erwachenden Menschenseele und ihrer Persönlichkeit genau der Einfluss und genau die Führung geboten, die auf jeder ihrer Entwicklungsstufen am ehesten Erfolg versprechen. Solch eine okkulte Zuwendung kann mystische Erfahrungen nach sich ziehen, Zeiten geistiger Erhebung, Zugang zu noch unentdeckter Literatur zur Weisheitsreligion, inspirierende Träume und eine allgemeine Verstärkung des ständig wachsenden Idealismus.

Wenn die Zeit reif erscheint, wird als Hilfe Einfluss auf das physische Leben im Wachzustand des Empfängers genommen. In einigen Fällen wird diese Hilfestellung wenig spektakulär sein, um zu verhindern, dass sich der Empfänger gedrängt fühlt, eine Gegenhaltung einzunehmen. Am allerwichtigsten ist, dass für den Erwachenden absolute Freiheit gewährleistet bleibt. Hilfe kann fast zufällig erscheinen. Sie ist in der Tat ein Experiment, da es im Frühstadium einer solchen Entwicklung unmöglich ist, vorauszusagen, wie die „Einmischung“ aufgenommen wird. Dennoch wird jedem wahren Sucher Hilfe auf der materiellen wie auch auf der spirituellen Seite des Lebens geboten. Ein Bote – gleichgültig ob er sich seiner Mission bewusst ist oder nicht – kommt an und bietet Führung und Unterstützung. Fremde, Freunde, alte, neue; eine Hand auf der Schulter in, wie es aussieht, fröhlicher Laune; ein Geschenk aus der Literatur, das zum Temperament passt, und vielleicht der Hinweis auf eine philosophische Bewegung, in der der wachsende Idealismus bereits Ausdruck findet; dies können die ersten, scheinbar äußeren Zeichen sein, die dem Kandidaten bewusst machen, dass sein innerer Wandel bemerkt wurde. Dieser Anschub wiederholt sich, damit scheinbar zufällige Hilfestellungen nie unerkannt bleiben oder ohne gründliche Prüfung ausgeschlagen werden, besonders was die in Zukunft notwendige Hilfe angeht, die solche Angebote enthalten. All das wird bemerkt und zieht die Aufmerksamkeit und das Interesse von denjenigen auf sich, die sich von der Jagd nach rein körperlichen Vergnügungen, wünschenswerten und weniger wünschenswerten, abwenden.

Diese frühen Antworten seitens der Meister auf die Reaktionen auf den *Ruf zu den Höhen*, worauf die innere und äußere Suche folgt, sind von allergrößter Wichtigkeit, auch wenn sie manchmal beiläufig erscheinen. Oft geht es bei solchen frühen Kontakten um äußerst wichtige Fragen, und wie sie bei günstigen Reaktionen weitergeführt und entwickelt werden; das kann ungeahnte, ja nicht voraussehbare Veränderungen der Umstände auslösen. In der Tat, schaut man im späteren Leben zurück, so sieht man das erste Mal, an dem man Hilfe empfangen hat, und natürlich die Hilfe selbst als etwas ungeheuer Bedeutungsvolles an. Ein solcher Augenblick kann entscheidend sein. Allen Wahrheitssuchern sei daher nachdrücklich empfohlen, niemals den angebotenen Einstieg in dieses Wissen oder die dargebotene Hand unbeachtet zu lassen, obwohl natürlich kritisches Urteilsvermögen gefordert ist.

Zu einem sehr klug gewählten Zeitpunkt im Leben des Kandidaten wird, damit der spirituelle Impuls nicht erstirbt oder in deprimierenden Erfahrungen untergeht, eine physisch sichtbare Person in sein Leben treten und ihm weiterhin den Rat bieten, den er sich herbeigewünscht hat. Ein Älterer Bruder erscheint, der ihn unterweist und sich bis zu einem gewissen Grad um ihn kümmert, der in buddhistischer Terminologie *Gotrabhu* geworden ist, der spirituell auf die Initiation vorbereitet und persönlich und innerlich ausreichend entwickelt ist. Bildlich streckt sich dem Erwachten eine Hand entgegen, ergreift die seine und führt ihn, falls er willens ist, auf das Tor der Mysterien zu. So steht für jeden Einzelnen, der aufrichtig danach strebt, die Evolution im weitesten Sinne des Wortes zu beschleunigen, um sich wirkungsvoller in wohltätigen Werken einsetzen zu können, immer direkte physische Hilfe bereit, ob sie angenommen wird oder nicht. Durch den selbstlosen Beweggrund erzeigen sich Menschen persönlich würdig und sprechen ziemlich sicher gut darauf an. In manchen Fällen erscheint ein Lehrer, Führer, Philosoph und Freund fast wie durch ein Wunder in ihrem Leben.

Dem Neophyten wird daher geraten, die Menschen, die scheinbar zufällig in seinem Leben auftauchen, sorgfältig zu beobachten und Unterscheidung walten zu lassen. Es ist wahrscheinlich, dass sich unter ihnen jener geistige Führer, Philosoph und Freund befindet, der dringend benötigt wird und sich zu diesem Zeitpunkt am hilfreichsten erweisen wird. Die Ankunft des benötigten spirituellen Beraters im Leben eines Menschen ist ein Ereignis von sehr großer, wenn nicht sogar entscheidender Wichtigkeit. Das Karma spielt natürlich eine bedeutende Rolle bei solchen Faktoren wie der Art und Weise der Begegnung. Unter günstigen Bedingungen ist dieses Treffen eindeutig – der Neuankömmling sagt offen und ohne Umschweife, wer er oder sie ist und begründet sein Kommen und die angebotene Hilfe. In solch einem Fall wird die Hilfe dankbar an- und die Beziehung zwischen Lehrer und Schüler aufgenommen, wird fortgesetzt und geht weiter, bis dieser Schüler seiner-/ihrerseits Lehrer wird.

Aufgrund von Diensten, die in früheren Leben und in der jetzigen Inkarnation geleistet wurden, erlaubt das Karma harmonische Beziehungen, mentale und spirituelle Empfänglichkeit zwischen Lehrer und Schüler, führt sie sogar herbei. Von da an schreiten die Entdeckung des eigenen Selbst und die Erkenntnis der Wahrheit gleichmäßig voran. Andere Aspiranten auf dem Weg zu den geistigen Höhen – zugegebenermaßen ist dies auch eine Frage des Temperamentes – nehmen nicht nur Hilfe an, sondern suchen sie auch aktiv von außen. Wenn der Beweggrund das Wohl der Welt ist, wird diese Suche immer belohnt.

Damit wird einem Gesetz des inneren Lebens entsprochen, was wirklich dringend geboten ist, denn das Gesetz duldet weder Ablehnung noch Aufschub. Genauso wie der Meister Jesus Christus in das Leben seiner zukünftigen Jünger trat und sie *zu den Höhen* aufrief, so treten in allen Ländern und bei jeder Gelegenheit Lehrer der unterschiedlichsten spirituellen und okkulten Grade in das Leben des Aspiranten. So regelt ein Prinzip, das keine Abweichung zulässt, gleichzeitig die frühen Erfahrungen eines motivierten Aspiranten und die Reaktion des Adepten, dem es bestimmt ist, dessen Meister zu werden. Auch wenn die Phasen, die das menschliche Denken, Gemüt und die Lebensumstände durchlaufen, sehr verschieden und sogar schwierig sein können, ist weise adeptische[25] Hilfe vom ersten Augenblick an gewiss.

Notgedrungen gibt es Prüfungen, da jeder strebende Mensch genügend Kraft finden muss, um auf eigenen Füßen zu stehen und zu gehen. Doch für den Idealisten ist innere und äußere Führung immer vorhanden. Kluge Wahrheitssuchende, die diese Wegmarken erblicken, bleiben stehen, um sie zu lesen und herauszufinden, in welche Richtung sie weisen. Kontemplation und der Umgang mit anderen ähnlich Motivierten können Schritte aufhalten, die zu einem zeitgebundenen weltlichen Leben führen und diese umkehren. Folglich wird der uralte Pfad gefunden und betreten, jener Pfad, der vom Unbeständigen, vom Vergänglichen zum Ewig-Dauernden, vom Unwirklichen zum Wirklichen führt. In den erfolgreichen Aspiranten sind die intuitiven und intellektuellen Resonanzen so positiv, dass ihnen erlaubt wird, die nächsten Schritte zu tun. Darauf folgt zu gegebener Zeit – einem Zeitpunkt, der aus adeptischer Sicht mit Weisheit und Bedacht gewählt ist – das endgültige Eintreten des Meisters in das Bewusstsein und das Leben des Aspiranten. Der vorherige Freund mag sich dann weiterhin in der unmittelbaren Umgebung aufhalten oder auch nicht.

Die Hüter der Menschheit, die Mitglieder der Bruderschaft der Adepten, haben Zeremonien, alte oder moderne, als Mittel entwickelt, um die auf dem Weg nach oben Strebenden zu beschleunigen. Die alten Mysterien, die Kleinen und Großen, waren genau zu diesem Zweck bestimmt. Eingeweihte alter Zeiten, Angehörige der alten Riten, die sich noch nicht vom Rad von Geburt und Tod befreit haben, verkörpern sich wieder und gehen wiederum auf die Suche sowohl nach dem mystischen Pfad als auch nach der Mysterientradition. Auf diese Weise haben das Menschengeschlecht als Ganzes und seine fortgeschrittene-

25 Hilfe von der Bruderschaft der Adepten. [Hrsg.]

ren Glieder durch alle Zeiten hindurch stets spirituelle Führung, Orientierung und Schutz erhalten und erhalten sie weiterhin.

Allen, die aufrichtig und nicht um des persönlichen Vorteils willen auf der Suche sind, Individuen und Gruppen, die sich dem Dienst an der Welt verschrieben haben – dies ist der springende Punkt –, wird ununterbrochen die volle Aufmerksamkeit und bei passender Gelegenheit die direkte Hilfe der Älteren Brüder der Menschheit zuteil. Jenen, denen es helfen kann, steht auch das Okkulte als Anreiz zur Selbstverwirklichung sowie intuitives Wissen zur Verfügung. Weder ein Einzelner noch eine durch Selbstlosigkeit motivierte Gruppe finden sich je ohne gütigen, Begeisterung auslösenden und wegweisenden Segen. Wer überdies fähig ist zu antworten, und wer die Anstrengung auszuhalten vermag, die von der persönlichen Schülerschaft bei einem Adepten und Meister nicht zu trennen ist, dem wird dieses Privileg zuteil.

7

WAHRE UND FALSCHE LEHRER

Kennzeichen eines echten Yoga-Lehrers – Höhere Stufen des Bewusstseins – Wahre und falsche Lehrer – Unterscheidung und rechte Wahl seitens des Schülers – Erkennungszeichen – Falsche Lehrer können Agenten dunkler Kräfte sein.

Nehmen wir an, wir erhielten Zutritt zum ganz privaten Leben eines praktizierenden, aber im Äußeren vielbeschäftigten Yoga-Lehrers. Ein gewisses seelisches Gleichgewicht würde man da finden und eine entspannte Leichtigkeit der Lebensführung des Lehrers oder der Lehrerin. Klar zu erkennen wäre auch eine Distanziertheit angesichts persönlicher Erfolge oder Misserfolge, ebenso beim Anleiten neuer Aspiranten, um ihnen zu helfen, selbst Erleuchtung zu erfahren – was stets das Ziel ist. Trotz dieser äußeren Objektivität ist es dem Lehrer ein sehr großes Anliegen, dass es den Schülern wohlergeht und sie Fortschritte machen auf dem Weg zur maximalen Wirksamkeit der als richtig erkannten neuen Lebensweise.

Was die Schüler betrifft, so müssen sie von Anfang an zwei notwendige Dinge erfüllen. Als Erstes müssen die Schülerinnen und Schüler ihre eigenen Veranlagungen vom Körperlichen bis zum Spirituellen von Grund auf kennenlernen, ebenso das Entwicklungspotenzial des Menschen zur Adeptschaft, wie es die zeitlose Weisheit lehrt. Außerdem muss sich eine einigermaßen angemessene Denk- und Lebensweise, Überzeugung und Praxis im Leben des Aspiranten etablieren.

In diesem Sinne besteht Yoga nicht nur darin, besondere Stellungen einzunehmen, gewisse Mantras zu sprechen und die Gedanken auf das Göttliche zu richten. Wenn all dies auch den Kern der Methode bildet, so hängt doch der Fortschritt vom Wissen über den Menschen selbst ab, indem er sein Leben danach einrichtet und schließlich sein inneres

Ideal mit der äußeren Lebensweise in Einklang bringt. Ein weiteres Ziel des Lehrers besteht darin, den Schüler zu befähigen, einen Zustand der Bewusstheit zu erreichen, in dem das Empfinden, in einem Körper zu sein, auf ein Minimum beschränkt wird. Physisch verliert er das Bewusstsein nicht, aber er ist seelisch und geistig so hellwach, dass er für eine Zeit das Gewicht seines Körpers und den von Haltung und Kleidung herstammenden Druck nicht mehr wahrnimmt.

Ein auf diesem Gebiet erfahrener Lehrer wird im Stande sein, diesen Zustand im Schüler herbeizuführen. Darüber hinaus wird er das Bewusstsein des Schülers Grad um Grad bis zur höchsten geistigen Erkenntnisstufe anheben. Der Lehrer wird die genau passende Methode aufgrund seiner Kenntnis der persönlichen Besonderheiten und möglichen Reaktionen des Schülers auswählen und wird sie gemäß den im Verlaufe der Unterweisung sich einstellenden Ergebnissen noch feiner anpassen. Das ist von größter Wichtigkeit. Die Wahl der genau richtigen Methoden ist eines der Kennzeichen eines echten und achtbaren Lehrers der heiligen Wissenschaft wie auch der Praxis der Kontemplation.[26]

Wie schon erwähnt, wurde die Unterweisung in alten Zeiten in einem Mysterientempel empfangen. In der heutigen Zeit ist es möglich, sich dieses Wissen durch eigene Kraft allein anzueignen. Diejenigen, die lieber allein vorgehen, dürfen das natürlich, und man kann ihnen nur wünschen, dass sie viel Erfolg haben. Allerdings hängt Erfolg hauptsächlich davon ab, dass man eine geeignete Art von Yoga findet, sei sie östlich, westlich, alt oder modern, und diese wirklich praktiziert. Die Evolution der Materie als solcher und damit der Stoffe, aus denen das menschliche Gehirn besteht, schreitet unter normalen Umständen jedoch nur langsam voran, besonders wenn mehrere Leben ohne übermäßige geistige oder spirituelle Anstrengung und ohne Yoga-Praktiken durchlebt worden sind. Unterstützung durch einen Lehrer kann hier die erforderliche Mühe und die nötige Zeit verringern.

An diesem Punkt ist jedoch eine Warnung angebracht. Die Offenheit des Schülers im „Kind-Zustand“ braucht als Gegengewicht Unterscheidungsvermögen. Viele, die sich als wahre Boten ausgeben, nach

26 Heilige Wissenschaft, siehe Okkulte Wissenschaft im Glossar.

denen der Aspirant Ausschau hält, können auf dem Pfad des Erwachten erscheinen und behaupten, sowohl die Kräfte als auch die Ermächtigung zur Initiation und zum Lehren zu besitzen. Verlässliche Hilfe erhält man aus den Informationen, wie sie in der Theosophie zu finden sind, durch das aus ihrem Studium gewonnene Wissen sowie dessen Auslegung und Anwendung in allen wirklich wichtigen Entscheidungen. Die schmerzliche Möglichkeit besteht jedoch ebenfalls, dass sich Suchende von Scharlatanen, die mit dem Anspruch okkulter Macht, Kenntnis und Autorität auftreten, vorsätzlich betrügen und vom Weg abbringen lassen.

Exponenten des geheimen Wissens gehören zu einer von zwei Kategorien. Sie lassen sich als „Selbstlose" und „Selbstsüchtige" auseinanderhalten. Wenn erstere Unterweisung oder persönliche Führung anbieten, tun sie dies ausnahmslos uneigennützig. Letztere, fast immer von selbstsüchtigen Motiven geleitet, trachten danach, ihre Zuhörer und Zielscheiben ihres Interesses mit einem ganz feinen Gespinst aus selbstverkündeter Kompetenz und den Ergebnissen sogenannter göttlicher Eingebung zu umgarnen. Der Verstand kann sich schon betören lassen durch ihre vordergründig bestechenden Anregungen und Einladungen, worin meist ein persönliches Element auszumachen ist. Das können gewisse Manöver sein, um Sponsoren zu gewinnen und Menschen dazu zu bringen, Mitglied in ihrer angeblichen Geheimloge zu werden, ebenso auch Zurschaustellungen von persönlicher, sogar physischer geheuchelter Zuneigung. Solche Führer sind darauf aus, Menschen an sich und an ihre Gruppe zu binden, immer in selbstsüchtiger Absicht und wäre sie noch so subtil.

Eine Begegnung mit Lehrern beider Art und die anschließende Wahl ist ein Test, der zeigt, bis zu welchem Grad der Schüler seine intuitive Wahrnehmung entwickelt hat. Noch ein Ratschlag kann jedoch als Warnung hinzugefügt werden. Das persönliche Element und das klare Zeichen verschiedentlicher Wünsche nach Anerkennung dürften untrügliche Indizien von Unwürdigkeit und sogar von übler Absicht sein. Man hüte sich vor all denen, deren hervorstechender Charakterzug die „Verkündigung ihrer selbst" ist.

Manche besitzen jene seltsame Vorliebe, die ihnen eine heimliche Freude verschafft, Aspiranten in die Irre zu führen. Besonderes Vergnügen bereitet es ihnen, die angenommenen Ideale und persönlichen Verbindungen zu Lehrern, Philosophen und Freunden zu zerstören. Das ist eine sehr gefährliche Gruppe von Leuten, die für schweren Schaden an spirituellen Aspiranten verantwortlich ist, besonders jenen, die sich eben erst auf die große Suche begeben haben. Es ist gut, vor ihnen gewarnt und gegen ihre machiavellistischen Absichten und Methoden gewappnet zu sein. Die Suche nach Wahrheit und ihre Umsetzung im Alltag kann verdorben, falsch geleitet oder sogar für den Rest einer Inkarnation vereitelt werden.

Ebenso wie es die Hierarchien von Intelligenzen wie z. B. Erzengel, hohe Eingeweihte und Adepten gibt, deren einziger Grund für ihr Dasein die Zusammenarbeit mit den universalen und irdischen Evolutionsprozessen ist, so gibt es auch ihr genaues Gegenteil, Kräfte, die aus entgegengesetzten Motiven heraus agieren. Diese machen diejenigen zu ihren Agenten, die es darauf abgesehen haben, Anfänger, die sich dem steilen und engen Pfad nähern, zu betrügen und fehlzuleiten. In teuflischer Weise von ihnen instruiert und angetrieben, oft sogar ohne sich dessen voll bewusst zu sein, stellen diese Agenten eine weitere potenzielle Verführung dar. Sie mögen ihrerseits probeweise auf dem Pfad sein, haben aber bisher eindeutig versagt, indem sie den Verlockungen von Hochmut, hohem Ansehen und sogar irdischen Gütern zum Opfer fielen. Ist man mit solchen Leuten in Kontakt gekommen und hat gesehen, was dahintersteckt, sollte man in Zukunft nicht nur jeden Umgang mit ihrer schadenbringenden Persönlichkeit und ihren Vorgehensweisen vermeiden, sondern andere, die ebenfalls auf der Suche nach Wahrheit sind, sollten geschützt und davor gewarnt werden, sich von ihren wohltönenden Angeboten und Versprechungen einwickeln zu lassen.

Die Selbstlosen verlangen nichts für ihre Hilfe, die sie bieten. Weder verlangen sie etwas, noch nehmen sie etwas an, dem auch nur die Spur persönlicher Genugtuung und persönlichen Erwerbs anhaftet. Es ist vielmehr so, dass man sie nur mit Mühe dazu bewegen kann, Geschenke anzunehmen, außer diese werden aus aufrichtiger tiefer Dankbarkeit gegeben oder wenn es die Höflichkeit verbietet, sie zurückzuweisen.

Wahre Lehrer werden so weit entwickelt sein, dass sie niemals für sich den Anspruch erheben würden, spirituell persönlich etwas erreicht zu haben und okkulte Autorität zu besitzen; sie würden auch niemals, auch nicht durch die geringste Andeutung, darauf hinweisen, dass sie außergewöhnliche Menschen seien. Sie gehen zwar freundlich, aber immer unpersönlich auf andere zu. Sie stellen sich dem Wahrheitssuchenden zur Seite und geben ihm den Eindruck, dass sie zusammen die gleiche Straße wandern. Niemals nehmen sie für sich in Anspruch, unfehlbar im Recht zu sein und lassen so ihren Zuhörern die Freiheit, ihre eigenen Ideen in Worte zu kleiden, ganz besonders, wenn es um die Annahme oder Infragestellung von Lehrsätzen geht.

Überdies werden sie es nie darauf absehen, einen Lernenden oder eine Organisation, für die sie verantwortlich sind, an sich zu binden. Überhaupt ist Freiheit der Grundgedanke für das, was sie verkünden, wie auch für die Art, wie sie es vorbringen. Besonders charakteristisch ist, dass keinerlei Versuch gemacht wird, jemanden zu überreden, den schwierigen Aufstieg in Angriff zu nehmen. Sie wissen aus Erfahrung, dass der Pfad aufwärts unausweichlich eine große Anstrengung oder sogar Schmerz mit sich bringt. Jeder Mensch, der sich auch nur dem Tor oder dem Vorhof des Mysterientempels nähert, muss ständig auf der Hut sein. Das kann sich als schwierig erweisen; denn bloße geistige und körperliche Übermüdung, welche die instinktive Wachsamkeit senkt, kann zur allzu bereitwilligen, ja überstürzten Annahme der ausgestreckten, [scheinbar] helfenden Hand führen, die man eigentlich als „Klaue“ bezeichnen müsste.

Die Feuerprobe, die unfehlbar die persönliche Natur, die Motivation und Lebensführung anzeigt, lässt sich in zwei Worte fassen, die sich diametral gegenüberstehen: in *Geben* und *Nehmen*. Diejenigen, die die Schülerschaft und alles, was darauf folgen mag, in echter Selbstlosigkeit anstreben, sind einzig darauf bedacht zu geben und sind erst zufrieden, wenn sie geben können. Im Gegensatz dazu trachten die Selbstsüchtigen nur nach persönlichem Gewinn, sie finden Befriedigung nur in dem, was sie bekommen und was es ihnen einbringt. In beiden Fällen lässt sich der Beweggrund instinktiv oder mit Absicht vor der Öffentlichkeit verbergen. Der wahrhaft Gebende tut dies aus Liebe, und allein schon der Gedanke des Dienstes um der Belohnung willen ist ihm zuwider, und noch mehr verabscheut er Selbstsucht, die sich heuchlerisch als Idealismus tarnt. Im Gegensatz dazu steht der ganz anders Motivierte, der mit aufgesetztem, liebevollen Lächeln ununterbrochen darüber nachdenkt, wie er sich auf der geistigen, gefühlsmäßigen oder materiellen Ebene – oder auf all diesen dreien – Gewinn verschaffen könnte.

Im ersteren Fall öffnet sich die „Blüte" auf natürliche Weise und enthüllt unsterbliche, alles überragende Schönheit, die immer mehr zunimmt und Wohlgeruch und Unvergänglichkeit oder Unsterblichkeit ausströmt.[27] Im zweiten Fall sind die vom Egoismus getriebenen, profitorientierten Menschen immer mehr durch Verdunkelung charakterisiert, durch Widerwärtigkeit und Hässlichkeit, die aus den unaufrichtigen Herzen jener entspringen, deren Gott das Ich ist. Erwachende und erwachte Menschen auf der Suche nach Licht und Wahrheit sollten klugerweise denen nachfolgen und nacheifern, die reinen Herzens sind – ihnen, denen sie begegnen und von denen sie begrüßt werden, sobald sich der uralte Pfad vor ihnen öffnet. Sie müssen die wahren Beweggründe erkennen und durchschauen, wie immer sie geschickt hinter einem Lächeln verborgen werden. Gilt diese Warnung schon für die übliche, von Vernunft gesteuerte Lebensführung, so erhält sie besondere Bedeutung und Gewichtung, wenn es um das okkulte Leben geht. Ist einmal der erste Schritt getan, erlangt alles, was die normale Lebensführung betrifft, eine weitaus größere Bedeutung. Aus diesem Grund ist richtige Führung die ganze Zeit hindurch von allergrößter Wichtigkeit, denn sie kann über Erfolg oder Misserfolg entscheiden. Zudem kann ein falscher Schritt so verheerend sein, dass er die Aussicht auf ein Weiterschreiten im Okkulten für den Rest dieses Lebens zunichtemacht.

Kein Aspirant sollte jemals sein Urteilsvermögen anderen überlassen oder sich in Treue binden, ohne zweifelsfrei festgestellt zu haben, auf welcher Seite der Lehrer steht. Hinter die Motive eines anderen Menschen zu kommen, seien diese offengelegt oder geheim, ist von eher beschränktem Wert, wenn man den Charakter eines Menschen, der spirituell noch nicht inspiriert ist, einschätzen möchte. Neugieriges Herumschnüffeln, was die üblichen Beweggründe eines geistig nicht inspirierten Menschen betrifft, mag als unzulässiger Charakterfehler

27 Vgl. Mabel Collins, *Licht auf den Pfad*, Grafing 2001.

betrachtet werden. Andererseits gibt es die Möglichkeit einer spirituellen Beziehung, besonders zu einem spirituellen Lehrer. In dem Fall ist die allersorgfältigste, unpersönliche und ganz genaue Einschätzung des Charakters des Menschen absolut wesentlich.

Es gibt also zwei unterschiedliche, sehr verschiedene Formen zwischenmenschlicher Beziehungen. Die eine betrifft die übliche Zusammengehörigkeit unter Mitmenschen und die nahezu unbeschränkten Varianten solcher Beziehungen. Die andere trifft nur auf die zu, die sich dem spirituellen Leben als der einzig möglichen Lebensform zuwenden. Dann muss man, wie bereits gesagt, die allergrößte Sorgfalt walten lassen, wenn man persönliche Beziehungen eingeht. Motive, insbesondere Worte und Taten, wie auch die äußere Erscheinung und Bildung, können überdies durch Beispiel und Vorbild auf den Charakter, die sittlichen Maßstäbe und das Betragen anderer Aspiranten Auswirkungen haben, die in keinem Verhältnis zu denen stehen, die bei der üblichen menschlichen Lebensweise vorkommen. Von der ersten Aufnahme an bringen okkulte Privilegien ungewöhnlich schwere Verantwortung mit sich, allein schon wegen der Wirkung auf die, die sich zur Gesellschaft von Okkultisten hingezogen fühlen. Daher muss in jeglicher Hinsicht und ohne Ausnahme mit allergrößter Sorgfalt vorgegangen werden.

Demut und Bescheidenheit sind ein entscheidender Test, der anzeigt, ob ein Mensch für okkulte Unterweisung und Einweihung in die Höheren Mysterien reif ist. Kein Kandidat auf der ganzen Welt und durch alle Zeiten hindurch kann diesen Test und seine anscheinend ganz natürliche Umsetzung umgehen. Das gilt auch für jene, die fragenden Neulingen Führung anbieten. Auch sie sollten sich vergewissern, dass bei ihnen auf keiner Ebene das Motiv von Eigengewinn eine Rolle spielt und einen Schatten auf ihren Charakter wirft. Der wahre Hierophant[28] ist immer selbstlos, fällt durch seine Bescheidenheit auf und ist sich der Höhen, die sich über ihm erheben, bewusst.

In diesem ganzen Prozess darf das Verhalten des Aspiranten nicht von einem Älteren gesteuert werden. Die Verantwortung für den spirituellen Fortschritt muss hauptsächlich bei ihm selbst bleiben. Gerade

28 Hierophant, siehe Glossar.

wegen seines Charakters, seiner Beweggründe und seiner Handlungen muss er fast gänzlich sich selbst überlassen werden, denn nur nach innerer, im Stillen vollzogener Wandlung darf er weiterschreiten durch den äußeren Hof hindurch, durch das Tempeltor, bis hin zum Altar, vor dem jeder Neophyt niederkniet, die erforderlichen Gelöbnisse spricht, woraufhin der Ritus der Einweihung erfolgt.

Würde die Frage gestellt, was natürlich und mit Recht zu erwarten wäre, wann und wo auf der Welt ein solcher Mysterientempel, ein Einweihungsritus und ein mit wirklicher Macht ausgestatteter Hierophant zu finden sei, so würde die Antwort mit Sicherheit, wenn auch etwas mystisch, lauten: „Diese werden den Aspiranten finden, wenn einst die Bedingungen in ihm vorhanden sind und angemessenen Ausdruck gefunden haben.“

8

KARMA DURCH AUFEINANDERFOLGENDE INKARNATIONEN

Erklärung des Karma-Gesetzes – Aussagen Jesu – Ursachen der gegenwärtigen Lebenssituation in früheren Verkörperungen – Jetzige Lebensführung ausschlaggebend für zukünftige Inkarnationen – Der „ältere Freund“ – Gibt es „spirituelle Gnade“? – Restlose Pflichterfüllung in diesem Leben – Entwicklung von Güte – Geführt durch das innere Selbst – Mitgefühl und Dienen.

Im Innersten von allem wirkt eine immanente und allumfassende Gesetzmäßigkeit, die sich durch die gesamte Manifestation des göttlichen Gedankens hindurchzieht. Dieses Gesetz besagt, sofern es der Mensch überhaupt verstehen kann, dass die Tendenz, ein harmonisches Gleichgewicht zu erzielen, das durch das Spiel der universellen Kräfte zeitweise durcheinandergeraten kann, immer stärker sein soll als die Neigung zur Disharmonie. Derart mächtig und wirksam ist diese Tendenz, dass, wie groß auch immer die Störung und wie anhaltend sie über einen längeren Zeitraum auch sein mag, ihre Wirkung doch nur vorübergehend ist. Diese universell wirkende Gesetzmäßigkeit bewirkt, dass in einer destabilisierten Region das harmonische Gleichgewicht immer wiederhergestellt wird.

Während die Prozesse zur Umkehrung der disharmonischen Tendenzen ablaufen, die in früheren Phasen göttlicher Manifestation angestoßen wurden, toben weiter Stürme aller Art. Ein Beispiel dafür ist der überall in Erscheinung tretende „Kampf“ zwischen der durch Schwerkraft bedingten Anziehungskraft einerseits und der Fliehkraft der Atome andererseits, welche durch drehende, kreisende, wirbelnde Bewegungen zustande kommt. Zwischen beiden findet eine fortwährende Auseinandersetzung statt, bis zu dem Punkt, an dem die Mitte überschritten ist und die disharmonischen, spaltenden Tendenzen ihre Kraft verlieren. Harmonie – ein ewiges Prinzip –, hier als Vereinigung vielfältigster Relationen, gewinnt dann die Oberhand. Disharmonie, Zerstörungskräfte und ein Verlust der Kohäsion werden von Einflüssen bestimmt, die nur vorübergehend sind. *Chronos*, der Vater der Zeit, die Personifizierung der Kontinuität geordneter Bewegung, stellt seine elterliche Autorität wieder her. Folglich überwiegt in zu Ende gehenden Zeiträumen, in denen der göttliche Gedanke objektive Gestalt annimmt, das Regelmäßige immer stärker das Ungeregelte.

Dass es das Gesetz von Ursache und Wirkung im Leben der Menschen gibt und dass es sich darin auswirkt, hat Jesus Christus, in seiner großartigen Rede in Galiläa, der *Bergpredigt,* bestätigt.

„Denn wahrlich, ich sage euch: Bis der Himmel und die Erde vergehen, wird nicht ein einziges Jota oder Strichlein vom Gesetz vergehen, bis alles geschehen ist."[29]

„Richtet nicht, damit ihr nicht gerichtet werdet! Denn mit welchem Gericht ihr richtet, mit dem werdet ihr gerichtet werden, und mit welchem Maß ihr messt, mit dem wird euch gemessen werden."[30]

„Alles nun, was ihr wollt, dass euch die Menschen tun, das sollt auch ihr tun; denn darin besteht das Gesetz und die Propheten."[31]

Untersucht man, was um einen Menschen herum geschieht und achtet auf die wichtigeren Ereignisse im Alltag, so zeigt sich, wenn auch nicht vollständig, doch in einem beträchtlichen Grad, wie dessen Karma beschaffen ist. Die Umstände sind es, die das Leben eines Menschen beherrschen, denn durch sie unterscheiden sich die Möglichkeiten, sich in selbstgewählter Richtung und entsprechender Art und Weise zu entfalten, von einschränkenden Lebensbedingungen. Weder eine metaphysische noch eine hochphilosophische Betrachtung dieser Wahrheit ist notwendig; denn ganz klar und offensichtlich hängt die

---

29 Matth. 5,18.
30 Matth. 7,1-2.
31 Matth. 7,12.

Verwirklichung eines Ideals – schon nur eines „Traums" – davon ab, wie innere und äußere, geistige oder physische Umstände das Leben eines Menschen dirigieren und kontrollieren. Das gilt für alle, insbesondere aber für den durch und durch ernsthaften Idealisten. Umstände, die für den Entwicklungsfortschritt und die dafür benötigte Zeit günstig sind, hängen zum größten Teil, wenn auch nicht gänzlich, von unseren vorherigen Leben ab und besonders vom Erfolg oder Misserfolg in vorausgegangenen Inkarnationen.

Die Auswirkungen der eigenen, persönlichen Aktivitäten sind sehr wichtig, nicht nur für die Gegenwart, sondern auch für die Zukunft, wenn sich in einem späteren Leben dieselben Gelegenheiten wieder bieten. Die Lehre der Reinkarnation steht hier nicht zur Diskussion, da im ganzen Werk die Annahme dieses Naturprozesses stillschweigend vorausgesetzt wird.[32]

Das Betreten des Pfades, auf den man intuitiv zusteuert und den man intellektuell erwählt, ist eine gravierende Entscheidung. Aufeinanderfolgende Leben werden durch die erneute und wiederkehrende Akzeptanz des Ideals vom Pfad enger miteinander verknüpft. Mit dieser Entscheidung erhalten Ursachen, die auf allen Ebenen entstehen, verstärkte Bedeutung und weiterreichende Wirkung sowohl in der jetzigen als auch in zukünftigen Verkörperungen.

Wenn ein Mensch geistig und körperlich den Ruf verspürt, kommt seine Vergangenheit hoch und konfrontiert ihn vor allem mit seinem Verhalten im jetzigen oder in einem früheren Leben, als der Bewusstseinswandel eintrat. Seine ganze Einstellung gegenüber anderen Menschen, besonders denen, die sich demselben Stadium nähern oder es bereits erreicht haben, hat eine enorme Bedeutung; Karma wird dann in verstärkter Form wirksam. Das kann nicht nur den weiteren Fortschritt beschleunigen, behindern oder vollständig blockieren, sondern auch die Zustände von Glück und Kummer für den Rest dieses Lebens bestimmen. In diesem Lebensabschnitt muss Güte gegenüber allen Menschen, insbesondere gegenüber den Mit-Suchenden, alles andere außer Kraft setzen.

---

32 Reinkarnation – die menschliche Entwicklung zur Vollkommenheit durch aufeinanderfolgende Leben hier auf Erden. Siehe: Geoffrey Hodson, *Reincarnation, Fact or Fallacy*?

An einem gewissen Punkt in der großen Suche wird einem ausnahmslos Hilfe direkt zugänglich gemacht. Der „ältere Freund", diese ganz wichtige Person, taucht auf und bietet mit ausgestreckter Hand und angedeuteten oder offenen Worten die notwendige Führung beim Fortschreiten auf dem nächsten Abschnitt des Pfades an, der von der Illusion zur Wahrheit führt. Das Verhalten des Aspiranten in der Vergangenheit mag jedoch nicht immer so positiv gewesen sein. Das kann dazu führen, dass der Lehrer die Wahrheit verhüllt, was vielleicht Antworten verzögert oder in schlimmsten Fällen Ablehnung hervorruft. Aspiranten seien daher ernsthaft davor gewarnt, die gebotene Hilfe in ihren philosophischen und spirituellen Studien und Nachforschungen auszuschlagen. Ihnen allen wird geraten, bei diesen allerwichtigsten Tätigkeiten von Geist und Herz keine Gelegenheit auszulassen, Hilfe zu leisten oder anzunehmen. Eine vorübergehende Minderung der Anstrengung auf der großen Suche oder sogar der Rückzug für eine gewisse Zeit kann zur Folge haben, dass man seinen Lehrer nicht erkennt, ihm nicht zuhört und nicht nach seinen Ratschlägen handelt.

Jene Menschen, die in früheren Leben alle spirituellen und moralischen Pflichten, sei es in oder außerhalb des Tempels, gut erfüllten, die sich treu an ihre Ideale und an ihren moralischen Kodex hielten, vielen halfen und niemandem schadeten – solche Aspiranten schufen Vorteile, die ihnen in den nächsten Inkarnationen zugutekommen. Dazu gehörte und gehört noch immer – denn der Prozess geht ja ständig weiter – „in eine Familie weiser Yogis hineingeboren zu werden"[33], bei Eltern, die selbst auf spirituellen und moralischen Idealismus ansprechen und an Orten, an denen Führung durch einen Lehrer und Guru gegeben ist. Für diese Glücklichen bleiben die günstigen Bedingungen bis ins Erwachsenenalter erhalten.

Die karmischen Forderungen lassen sich jedoch nicht negieren, und sogar in einem solchen Leben können Schwierigkeiten auftreten. Sie entstehen sehr oft durch Einwände der Eltern, durch häusliche Verhältnisse und Ansichten und durch Unfrieden im städtischen und ländlichen Umfeld. Angehörige können verlangen, dass ein Spross der Familie den Beruf ergreift, der der Familie Bedeutung eingetragen hat.

---

33 *Bhagavad Gītā*, 6,42.

Scheinbare „Unfälle“ in Kindheit und Jugend, der körperliche Gesundheitszustand, unkluge Reaktionen auf die Forderungen menschlicher Liebe, der Hang, Genüssen nachzugeben, wozu einen Kollegen, ja sogar Familienmitglieder ermuntern, Literatur, die herunterzieht, anzügliche Reden, reizvolle Versuchungen, ein Leben ohne Freunde, die dieselben Ideale haben – all das sind ernsthafte Gefahren für den wiedergeborenen Okkultisten. Reichtum und Macht können ebenfalls den Aufbruch zu einer Lebensweise verzögern, in deren Verlauf man sich irgendwann dagegen wendet und beide schließlich als bedeutungslos fallen lässt.

Karma aus dem Verhalten in früheren Leben spielt eine große Rolle, wenn es darum geht, ob Probleme leicht oder unter Schwierigkeiten gelöst werden können. Der gütige Mensch, dem es immer zuwiderlief, seinen Mitmenschen Schmerz zu bereiten und dies daher auf ein Minimum beschränkte, wird feststellen, dass sich die Probleme fast von selbst lösen. Kaum sind die Probleme entstanden, eröffnen sich ganz selbstverständlich Wege, die zur Erfüllung des keimenden Idealismus führen, während gleichzeitig Hilfe geboten wird. Der Mensch, der den schweren Fehler begangen hat, anderen absichtlich Leid zuzufügen, wird unweigerlich merken, dass der Pfad schwierig zu gehen und scheinbar sogar versperrt ist – ziemlich sicher mit einer gewissen Endgültigkeit für diese Inkarnation. Zwischen diesen beiden karmischen Extremen, dem Resultat früherer Güte oder Grausamkeit, gibt es zahllose Abstufungen zwischen einfach und schwierig.

Zugegebenermaßen ergeben diese Voraussetzungen nützliche Möglichkeiten, sich selbst zu prüfen, und sie bieten Gelegenheiten, gegen Versuchungen Widerstand zu entwickeln. Man erhält auch Einblick in die weniger wünschenswerten Seiten der menschlichen Natur. Wie dem auch sei, verschiedenartige Schwierigkeiten und Gefahren bedrohen nicht nur den Fortschritt, sondern auch das so notwendige Festhalten am Ideal der Selbsterneuerung zum Wohle der Menschheit.

Trotz Karma steht sehr wenig in der Natur des Menschen und seiner Erfahrung endgültig und unabänderlich fest. Das Element des Unbestimmbaren gibt es sowohl im Universum als auch im Menschen. So kann es scheinbar zum unvermittelten Überspringen der üblichen Regeln und Vorgehensweisen kommen. Ein scheinbar unentwickelter Mensch kann daher plötzlich einen Durchbruch schaffen. Entwickelte

Menschen – gemessen an der Anzahl ihrer Leben oder ihrer Leistungen in früheren Leben – können, obgleich sie ihren Entwicklungsstand und ihre Fähigkeiten voll zum Einsatz bringen, in einer bestimmten Situation oder bei einem Ziel plötzlich vor gänzlich unvorhergesehenen Schwierigkeiten stehen. Auch wenn solche Erfahrungen zu dem Zeitpunkt recht irrational oder unerwartet erscheinen mögen, haben sie doch ihre Ursachen, gleichgültig wie weit zurück im Dunkeln sie liegen.

Es gibt eine Möglichkeit, die, um einen religiösen Ausdruck zu gebrauchen, als „spirituelle Gnade" bezeichnet werden kann. Irgendwie bleibt dies ein wenig mysteriös, besonders was den Ursprung und sogar, was den Zweck betrifft. Zuweilen führt eine ganze Verkettung von günstigen Umständen diese oft plötzliche und meist gänzlich unerwartete Erfahrung herbei. Ein solcher sehr persönlicher Gnadensegen kann von Faktoren, wie etwa astrologischen Einflüssen, Kräfteverhältnissen auf überphysischen Ebenen oder dem Eingreifen eines Meisters oder Erzengels ausgelöst werden, wenn die persönliche karmische Situation günstig ist. Letzteres geht manchmal mit einer kritischen Lage im physischen Leben des Empfängers einher. Diese Voraussetzungen können alle zusammenkommen und jenes Erlebnis herbeiführen, das manchmal irrtümlicherweise als „ein Sich-Herabsenken der Gnade" beschrieben wird – wirklich eine falsche Bezeichnung, weil ja die daran beteiligten Vermittler und Kräfte alle aus der innersten Geistesessenz, der Monade, heraus wirken, die die Gottheit im Inneren ist. Die Einflüsse und Reaktionen sind sehr unterschiedlich; jeder, der den „Hauch der Gnade" empfängt, wird erleuchtet, geleitet, gestärkt und vor Irrtum bewahrt, in dem Maße, wie es dem Temperament und der Lebenslage entspricht.

Der Zustand des Gehirns und des Nervensystems ist einer der wichtigsten Faktoren, die das menschliche Verhalten bestimmen, und dies hängt oft von Umständen während der Geburt oder danach ab. Selbst eine scheinbar harmlose Verletzung sowie eine fördernde oder benachteiligende Behandlung während des Heranwachsens können eine entscheidende Rolle spielen. Das ist z. B. besonders gut zu beobachten bei der Selbstdarstellung auf der fortgeschrittenen Evolutionsebene der Schüler- und Meisterschaft. Solche Faktoren können sich auch bemerkbar machen, wenn es um Fortschritte während der Praxis der Kontemplation geht. Unsicherheit, was diese oder jene Methoden betrifft, mag mitspielen, maßgeblich ist aber immer das Prinzip von Ursache und Wirkung, auch wenn es nicht leicht zu erkennen ist.

Außer im Fall, wenn das Karma den Rückzug in die Abgeschiedenheit gestattet und begünstigt, muss der innerlich erwachte, geistig strebende Mensch, ob Mann oder Frau, notgedrungen alle Pflichten erfüllen, die mit der menschlichen Existenz in der Welt zusammenhängen. Dazu gehören persönliche Beziehungen zur Familie und zu allen anderen im eigenen Umfeld. Gleichgültig wie günstig oder ungünstig die Bedingungen der persönlichen Verantwortung und der Pflicht im weitesten Sinne des Wortes auch sein mögen, man muss sie annehmen. Tatsächlich ist es so, dass die Vernachlässigung von Verantwortung oder Pflicht zu einem solchen Zeitpunkt im Leben eines Menschen fast einer Katastrophe gleichkommen kann, besonders für den Zeitabschnitt, in dem dies geschieht.

So ergibt sich ein Leitgedanke, dem absolut zu folgen ist, sowohl für das eigene Glück als auch für das Vorankommen auf dem inneren Pfad, der zur göttlichen Gegenwart führt. Im Sanskrit heißt dieses Prinzip *dharma.*[34] Der Ausdruck hat viele Bedeutungen, aber in diesem Zusammenhang lässt er sich als die wahre, richtige und weise erwählte Erfüllung von Verpflichtungen auslegen. Oder als das, was man im Englischen unter „duty" [Pflichterfüllung] versteht.

Sogar wenn der einigermaßen vernünftige, rechtschaffende Mensch dieses Ideal bis ins letzte und in jeder Hinsicht zu erfüllen sucht, kann es zu komplexen Situationen kommen, die Schwierigkeiten bereiten. In all dem, ob es nun schwerfällt, den Pfad zu finden und zu beschreiten oder nicht, bestimmt die peinlich genaue Erfüllung der Pflichten, die jeder hat, die Umstände und die Geschwindigkeit des Fortschritts. Das Ziel wird dann klarer und einfacher vorstellbar und der Aufruf, es zu erreichen wird immer stärker, bis er ganz zur inneren Forderung wird. Während einer derart wichtigen Phase des inneren Lebens ist es erforderlich, auch die kleinste Verletzung der Verantwortung anderen gegenüber zu vermeiden.

Wer in früheren Leben mit Weisheit und einem starken Pflichtbewusstsein auf den Ruf geantwortet hat, darf eine relativ ruhige Weg-

34 *Dharma:* moralische und religiöse Pflicht.

strecke und zunehmende Unabhängigkeit von einschränkenden persönlichen Verpflichtungen erwarten. Entweder in der Inkarnation, in der das innere Sehnen zur unausweichlichen Forderung wurde, oder in einer nachfolgenden Inkarnation kommt es zu einer Wiedergeburt, die Umstände schafft, wodurch der nach innen führende Pfad gefunden und relativ leicht zu Ende gegangen werden kann. Ob nur subjektiv im Geiste oder in Wirklichkeit – die Zelle des Asketen, der Ashram[35] oder die Höhle in den Bergen sind dann unschwer zu erreichen. Andererseits können sich jene, die zum ersten Mal die göttliche Unzufriedenheit, „das unaussprechliche Sehnen nach dem Unendlichen" verspüren, eine solche Rückzugsmöglichkeit aus der Welt auch mit Leichtigkeit verschaffen, oder eben nicht. Subjektive oder objektive, psychologische oder physische Hindernisse können sich ihnen entgegenstellen oder auch eine Mischung daraus. Diese lassen sich erst in der Zukunft überwinden, indem man sich in erster Linie auf das Glück und Vorwärtskommen von Familienmitgliedern und jenen Menschen konzentriert, die am ehesten vom Verhalten der spirituell erwachenden Person betroffen sind.

Der Entwicklungsstand des sich wiederverkörpernden Selbst erhält zunehmende Bedeutung, wenn einmal die spirituelle Lebensweise aufgenommen ist. Allein schon die Tatsache, dass dies geschah – natürlich in all jenen Fällen, in denen es aufrichtig und aus dem Inneren kam –, ist bereits ein Hinweis darauf, dass eine gewisse Stufe auf der Leiter der Evolution erreicht wurde; denn nur ein genügend weit fortgeschrittenes Ego kann Gedankenprozesse erreichen und kraftvoll beeinflussen und sich endgültig für die Art des physischen Lebens entscheiden, das es leben will. In diesem Stadium übernimmt das innere Selbst immer mehr die Führung über den äußeren Menschen, was schließlich mit dessen Beherrschung und völliger Unterwerfung endet. Schließlich kann nichts mehr den glühenden Wahrheitssucher davon abhalten, die symbolische Treppe zu erklimmen. Dieser Aufstieg führt zu offen dargelegtem, aufgenommenem und vollständig verstandenem Wissen – im Sanskrit *Vidyā* genannt – über den wahren Zweck der Existenz von Mensch und Kosmos. Daraus entsteht ein unbändiger Wille, der

35 Ashram: der Wohnort eines Lehrers in relativer Abgeschiedenheit.

bis zu einem jugendlichen Stadium anwächst, um schließlich zu einer voll entwickelten Kraft heranzureifen, die immer stärker alle Gedankengänge beherrscht. Diese Art von Willen sichert das Erreichen des letzten Zieles, das, so seltsam es auch scheint, sowohl das Finden als auch das Aufgehen in der Wahrheit umfasst.

Der wahre Diener der Menschheit ist der, für den das Streben nach dem geistigen und materiellen Wohl seiner Mitmenschen, gepaart mit der Fähigkeit zu Mitleid und Mitgefühl, der alleinige Lebenszweck wird. Er oder sie werden zur wahrhaftigen Verkörperung dieser beiden Beweggründe, wobei alles andere immer mehr in den Hintergrund tritt. Der Mann oder die Frau, deren Karma den immer vollständigeren Ausdruck dieser beiden Ideale zulässt, treffen Umstände an, die ihnen im materiellen wie auch im spirituellen Leben eine große Hilfe sind.

9

AUF DEM PFAD ZUR INITIATION

Wo und wie wird der Ruf gehört und empfunden? – Veränderung in Bewusstsein und Lebensführung – Selbstbeherrschung, Studium und Meditation – Charakterliche Integrität, Reinheit und Lauterkeit als wesentliche Qualitäten auf dem Pfad.

Wenn die Zeit gekommen ist, dass sich das [höhere] Ich entfaltet und der innere geistige Impuls empfunden wird, der zu unumstößlicher Entschlossenheit anwächst, dann gibt es keine Frage, nicht einmal mehr den Anflug eines Zweifels. Momente des Zögerns mögen vorkommen, teils durch die Beziehungen zu anderen Menschen, teils aus allgemeinen karmischen Gründen wie z. B. schlechter Gesundheit. Aber jetzt, da die Qualität der Unwiderruflichkeit hinzugekommen ist, erübrigt sich Hamlets Frage „Sein oder Nichtsein".

Überhaupt hat das, was allgemein unter vernünftigem Abwägen verstanden wird, keinen Raum mehr in der Entscheidung. Mag das auch unklug erscheinen, gemessen an der üblichen Art, Entscheidungen zu treffen, so wissen doch jene, die diese Erfahrung durchgemacht haben, ganz genau, dass ihr Entschluss tieferen Schichten der menschlichen Natur und des menschlichen Bewusstseins entspringt als dem rein Verstandsmäßigen, nämlich aus der geistigen Intuition. Die Tätigkeit des Intellekts ist daher unwahrscheinlich. Da in den Augen weltlich ausgerichteter Menschen ohne rationales Überlegen nur Torheiten entstehen können, bleibt es nicht aus, dass derjenige, der aus innerer Überzeugung und zum Wohl seiner Mitmenschen die weltliche Gesinnung aufgibt, unweigerlich als „Narr"[36] beschimpft wird. Die Bezeichnung

36 Narr: Eine okkulte Interpretation der Tarotkarte "Der Narr" unterstreicht diese Ansicht. Siehe A. E. Waite, *The Pictorial Key to the Tarot*, University Books, New York 1911.

des geistig Strebenden als „kleines Kind“ passt jedoch ebenso gut auf einen solchen intuitiv erleuchteten Menschen.

Aspiranten, die den Ruf des Geistes vernommen haben, finden es fast immer schwierig, diesen in Worte zu fassen oder denen gegenüber zu rechtfertigen, die diese Erfahrung noch nicht gemacht haben. Seine Auswirkungen lassen sich jedoch genau wie folgt beschreiben: ein kaum mehr abreißendes Nachdenken darüber, dass eine neue und bessere Lebensweise befolgt werden muss; der immer wiederkehrende Gedanke, dass, wie interessant und angenehm eine Erfahrung im Moment auch sein mag, sie dennoch unvollständig und in gewissem Grad auch unbefriedigend ist; eine seltsame, anfangs unlogisch erscheinende Unzufriedenheit mit einer Lebensweise, die von Vergnügungen von außen, besonders körperlich-sinnlicher Art, abhängt; die geistige Wahrnehmung, dass jemand im Inneren immer häufiger und mit Nachdruck zu einem über Werte und Freuden spricht, die nicht vergehen, Freuden, die dauern und nicht von physischen, nicht einmal von gedanklichen Aktivitäten abhängen; ein immer stärkerer Wille oder die Intention, dieses unvergängliche Glück zu finden, und die intuitive Überzeugung, dass es gar nicht zum Körper, sondern zum inneren Selbst gehört; der wachsende Einfluss solch innerer Folgerungen auf das eigene Denken, nicht nur, dass diesen immer mehr Raum im Denken und Leben zugestanden werden *muss*, sondern dass es der einzige Weg zum wahren Glück ist, den es gibt.

Diese und ähnliche, von sich aus erscheinenden unausweichlichen Phasen innerer Gewissheit treten schließlich nicht mehr nur periodisch auf, sondern werden zu einem kontinuierlichen Zustand. Sie werden zu einer unwiderruflichen Forderung, die die Führung über das eigene geistige und physische Leben mit einer Macht übernehmen, der man nicht widerstehen kann. Anderen, die einen Menschen, in dem sich diese Veränderungen vollziehen, beobachten, mag dieser abwesend vorkommen wie jemand, der einem geheimen Gedankengang nachhängt, zeitweise sogar wie einer, der die physische Umgebung und die Menschen nicht mehr wahrnimmt.

Die Auswirkungen dieser inneren Erfahrung umfassen ein sich stetig vertiefendes Interesse an der ganzen Natur des Menschen, wie auch ein immer tieferes Verstehen der in ihm wirkenden und auf ihn einwirkenden Kräfte und Ursachen. Als Folge davon macht man sich auf die Suche nach Erkenntnis. Man liest sich in die Literatur ein und setzt sich mit verschiedenen philosophischen Richtungen auseinander. Viele Stunden verbringt man in stillem Nachdenken, tief in Gedanken versunken und schließlich in Meditation über die Prozesse und Gesetze, nach denen Universen, Planeten und ihre Bewohner entstehen und sich entwickeln. Das Verlangen nach Wissen wird immer dringender, sodass man sich ans Studium der Schriften und Philosophien alter Völker macht, besonders jener aus fernöstlichen und mittelöstlichen Quellen. Die Entdeckungen der modernen Wissenschaft wecken Interesse, doch sind sie, da sie sich hauptsächlich mit Wirkungen und Erscheinungsformen befassen, am Ende weniger zufriedenstellend als jene philosophischen Systeme, die sich mit den Ursachen auseinandersetzen, den zugrunde liegenden Prinzipien und Gesetzen der Schöpfung. Gleichzeitig können solche Studien – immer mehr eine Herausforderung – von blitzhaften wie auch von anhaltenden Erfahrungen intellektuellen Lichts begleitet sein. Der Studierende hat den Anfang gemacht und den Pfad betreten, der zur Gnosis führt, zur direkten und bewussten Wahrnehmung und zu einer inneren Kenntnis spiritueller Mysterien.

Man entdeckt, dass sich gewisse Allegorien über das Leben der Gründer der Weltreligionen auf verborgene Wahrheiten beziehen können. Sri Krishna, der Herr, der auf wundersame Weise unter Lebensgefahr im Gefängnis zur Welt kam, wird z. B. mit denselben Formulierungen wie Christus beschrieben, weshalb er der „Christus der Hindus" genannt wird. Ein böser König, der ihn wegen einer Prophezeiung fürchtete und ebenfalls Knaben töten ließ, trachtete ihm nach dem Leben, ganz wie Herodes bei Christus. Auch Sri Krishna entkam auf wundersame Weise und wuchs heran, wobei sich in ihm göttliche Kräfte, Weisheit und Wissen manifestierten. Die spätere Aufnahme seiner Sendung als Lehrer bei der Schlacht von Kurukshetra[37] zum Beispiel und sein Tod durch einen Pfeil darf man als typisch für eine Mysteriengeschichte ansehen. Auch Sri Krishna beschrieb die mystische Gegenwart im Inneren, „den unsterblichen Herrscher im Inneren,

37 *Kurukshetra* (sanskr.): Das Schlachtfeld auf dem die Ereignisse geschahen, die in der *Bhagavad Gītā* beschrieben werden.

der seinen Sitz im Herzen aller Wesen hat“[38], wie er selbst in den heiligen Schriften der Hindus bestätigt. Auch er war und ist anerkannt als Avatār, als „Herabkunft“ oder Manifestation der Höchsten Gottheit.

Die Prophezeiungen und die Verkündigung von Christi Geburt als Menschenkind, dass er der tödlichen Bedrohung entkam und die Flucht nach Ägypten, die Aufnahme seiner Sendung als Lehrer der Menschen und seine Wundertaten, die Verklärung, Kreuzigung und Himmelfahrt stellen alle in allegorischer Form Erfahrungen dar, die jeder Initiierte der Höheren Mysterien schließlich erfolgreich durchläuft.[39]

Die Prophezeiungen, die der Geburt Gautama Buddhas vorausgingen, die wunderbaren Ereignisse, die dann geschahen, später die Aufnahme seiner Sendung als Lehrer der Menschen, das Erlangen höchster Erleuchtung, der Tod und die „Himmelfahrt“ ins Nirvāna sind für eine allegorische Interpretation offen. Dasselbe gilt für die Geschichte von Horus dem Ägypter, von Dionysos dem Griechen und von Zoroaster, der inmitten von Flammen zur Welt kam, eine Manifestation von nichts anderem als dem Feuer der Gottheit.

Soweit schriftliche Quellen noch existieren und einigermaßen genau sind, lassen sie erkennen, dass die Lehren, die die Weisen der Menschheit gaben, zahlenmäßig erstaunlich wenige und einander recht ähnlich sind.

Es kann vorkommen, dass der Aspirant auf Gleichgesinnte stößt, die ebenso suchen, ebenso interessiert sind und ebenso Entdeckungen machen. Die Ebene, auf der freundschaftliches Miteinander entsteht, verlagert sich vom Physischen und Emotionalen auf das Philosophische und Spirituelle. Unter den so Entdeckten, gibt es den ein oder anderen, mit dem sich der Aspirant in vollem Einklang empfindet, und von dem er besonders hilfreichen Rat erhält. Seinerseits erweist er anderen einen ähnlichen Dienst.

An diesem Punkt mag es nützlich sein, wenn auch nur kurz, sich das äußere Leben eines Menschen, der sich auf diese Weise der Suche nach Wahrheit verschrieben hat, vor Augen zu führen. Von außen kann

---

38 *Bhagavad Gītā*, 15. Kap.

39 Siehe Geoffrey Hodson: *The Hidden Wisdom in the Holy Bible*, Vols. I-III und *The Christ Life from Nativity to Ascension*, Wheaton, Theosophical Publishing House.

es so aussehen, als ginge das Leben so weiter wie bisher. Trotzdem geschehen auf wenigstens drei verschiedene Arten und Weisen Veränderungen, einschließlich der entschlossenen Klärung der eigenen Lebensgewohnheiten, der Gefühlsnatur und der allgemeinen geistigen Haltung. Selbstdisziplin, weise geplant und durchgeführt, wird zunehmend unerwünschte Nachsicht mit sich selbst ersetzen. Die Freuden aus körperlichen Reaktionen, die von den Sinnen herrühren, werden auf ein vernünftiges Maß heruntergefahren und über kurz oder lang ignoriert, außer dort, wo die Gesundheit und Funktionstüchtigkeit des Körpers auf dem Spiel stehen. In praktisch jedem Aspekt des täglichen Lebens liegt nun der Nachdruck auf der Notwendigkeit, sich selbst zurückzunehmen. Unerwünschte Angewohnheiten und Eigenheiten, die man bis dahin als normal und daher tolerierbar angesehen hat, müssen auf einsichtige Weise aufgegeben werden. Dies wird immer selbstverständlicher, je weniger der Verstand von den Sinnen beherrscht wird, und so schwindet das eigene Verlangen als bestimmender Faktor in der Wahl der Lebensführung immer mehr.

Das Wort *Reinheit* und der gemeinhin als *rein* bezeichnete Zustand, erlangen eine neue Bedeutung. Sauberkeit von Körper, Fühlen und Denken sowie eine wachsende Sensibilisierung werden fast wie von selbst Leitsätze des täglichen Lebens. Reinheit wird nun in Verbindung mit Selbstlosigkeit gebracht, dagegen werden eigensüchtige Gedanken, Taten und egoistisches Besitzergreifen ganz natürlich immer mehr als unrein angesehen. Bestände eine angeborene, tief verwurzelte Selbstsucht weiter, wäre dies ein unüberwindliches Hindernis sowohl für das Angebot wie auch die Annahme einer okkulten Schulung. Man muss sie vollständig ablegen. Das Wort *selbst* in seiner mehr persönlichen Tragweite, verliert nicht nur seine Machtposition, sondern wird tatsächlich zu einem zunehmend unerwünschten Gedanken und Begriff. Während die persönliche Pflege und Regelung der Angelegenheiten des Lebens weitergehen und sogar, was Gesundheit und allgemeines Wohlbefinden betrifft, effektiver werden müssen, verschiebt sich das Zentrum des Interesses vom Eigennutz hin zur Selbstlosigkeit.

Die unvermeidlichen Notwendigkeiten, die das physische Leben und Verhalten des Menschen begleiten, ja sogar beherrschen, hängen zwangsläufig von einem gewissen Maß an Eigennutz zugunsten der eigenen Person und der Familie ab. Trotzdem muss das Motiv des Handelns immer weiter ausgedehnt werden, bis es in der Vorstellung und im Dienst an der eigenen „Familie“ die ganze Menschheit – überhaupt alle fühlenden Geschöpfe – umfasst.

Eindringliche Selbstprüfung, Selbst-Erforschung und Selbst-Reinigung sind unabdingbar, will man das Göttliche in sich selbst und in seinen Mitmenschen wecken. Wie hierin angedeutet, erfordert die Beschleunigung spiritueller Entfaltung und allgemeiner evolutionärer Entwicklung den vollen Einsatz zum Wohl der Mitmenschen. Das Hauptziel, dem man sich freiwillig zuwendet, ist, sich über ein unverhältnismäßig ich-bezogenes Leben und Trachten zu erheben. Wenn dies gelingt, gewinnt man die Fähigkeit, den Mitmenschen von größerem Nutzen zu sein. Über kurz oder lang geht der Eigennutz so stark zurück, dass er fast ganz verschwindet, da er sich mit dem Interesse am Wohlergehen aller verbindet. Allmählich wird genau *das* zum vorrangigen Ideal, sodass man sich immer wirkungsvoller für die Verbesserung des menschlichen Schicksals einsetzen kann. Das ist nicht erzwungen, sondern wird immer natürlicher, je fester der spirituelle Idealismus gegründet ist.

Geben tritt immer mehr an die Stelle des Nehmens, und Großmut, weise eingesetzt, wird zum typischen Merkmal dessen, der durch das Tor gegangen ist, jenes Tor, das den mystischen Pfad freigibt, den jeder Einzuweihende beschreiten muss. Herz und Hand sind offen, kontrolliert vom Verstand, dem immer wachen Hüter, der entscheidet, wann es klüger wäre, nicht zu geben.

Das Wort, das vielleicht am einfachsten und unmittelbarsten die nötige Haltung und das daraus resultierende Verhalten beschreibt, ist *Lauterkeit.* Was auch immer im öffentlichen und privaten Leben darunter verstanden wird, für diejenigen, die aus freien Stücken den Entschluss gefasst haben, den Pfad zu beschreiten, kommt nur die allerstrikteste Anwendung des in diesem Wort enthaltenen Ideals infrage. Dies basiert nicht nur auf moralischen Grundsätzen – obwohl die mehr als genügen sollten –, vielmehr würde, was weitaus ernster ist, das zerstört, was man die Unversehrtheit[40] der Seele nennen könnte.

---

40 Im engl. Original: safety.

Der engagierte Idealist würde nicht nur Gefahr laufen, in seiner Unaufrichtigkeit entdeckt zu werden, was zweifellos ernst zu nehmen ist, sondern es würde, was weitaus ernster ist, seine persönliche Integrität zerstört. Persönliche Lauterkeit ist durch nichts zu ersetzen, wenn man sich einmal auf die Beschleunigung der evolutionären Entwicklung eingelassen hat und sie auf Verstand, Gefühl und Leben gemäß den anerkannten Idealen anwendet.

Der Lauf der Welt, Schwierigkeiten des menschlichen Lebens, die Probleme, die man hat, seine Verpflichtungen anderen gegenüber einzuhalten, die üblichen Unehrlichkeiten seitens der Partner in diesem Prozess *zwingen* einen geradezu, ebenso zu betrügen; denn es hat doch den Anschein, als sei dies der einzige Weg zum Erfolg. Nun kann aber diese Gewohnheit – denn eine solche kann es werden –, wenn man sie praktiziert, als handele es sich um eine unausweichliche, zweckmäßige Lebensweise, den eigenen Geist wie mit einem dunklen Überzug „überdecken", durch den das innere Selbst nicht mehr durchzudringen vermag. Dieser Belag muss entfernt werden, was nur gelingt, wenn man über Wahrhaftigkeit meditiert, sie aus ganzem Herzen annimmt und in die Tat umsetzt. So übernimmt der Strebende das Ideal strengster Wahrhaftigkeit und Aufrichtigkeit in dem Bewusstsein, dass er, wenn er andere täuscht, zunehmend selbst der Täuschung und Verblendung unterworfen ist. Indem er anderen gegenüber wahrhaftig ist, verkörpert er Wahrheit und wird infolgedessen empfänglich für den Einfluss jenes „höheren, unsterblichen Menschen im Inneren".[41] Besser für die, welche den aufwärtsführenden lichten Weg beschreiten, ist es, lieber tausendmal zu schweigen als einmal mit Absicht zu lügen.

Diese warnenden Worte sind keineswegs dazu gedacht, mentale Bedenken oder Zaudern hervorzurufen. Sie stehen einzig und allein da, weil die äußerst kostbare Eigenschaft absoluter charakterlicher Integrität durch absichtliche Unehrlichkeit verlorengehen kann. Der Charakter eines Menschen könnte geschwächt oder untergraben werden, wenn dieser wiederholt dem leider recht beliebten Selbstschutz „der Zweck heiligt die Mittel" nachgibt. Eine solche moralisch schwächelnde Hal-

41 Der unsterbliche Mensch – das reinkarnierende spirituelle Prinzip, siehe Glossar unter Kausalkörper.

tung könnte zu einer ernsten Gefahr werden – sogar dann, wenn sie nur einmal das Verhalten bestimmt.

Vor allem wird Grausamkeit oder das absichtliche Quälen von Mensch und Tier auf ein Minimum beschränkt, bis es schließlich ganz aus der Lebensführung verbannt wird. Leben, ohne Schaden zuzufügen, ersetzt mehr und mehr verletzendes Verhalten, nicht nur, weil man sich vom Rat anderer leiten lässt, sondern auch aus der wachsenden Erkenntnis von der Einheit aller fühlenden Kreatur heraus. Mit der Zeit macht das sorgende Mitgefühl für das Wohlergehen der Mitmenschen Grausamkeit unmöglich. Güte wird zur treibenden Kraft und spontane Hilfsbereitschaft wird zum Auslöser von Handlungen und den Motiven, woraus sie entspringen.

Allgemeine sittliche Maßstäbe von Höflichkeit, Ehrlichkeit und Treue sind an diesem kritischen Punkt in der Evolution der Menschenseele von allergrößter Bedeutung. Hingabe aus vollem Herzen steht an erster Stelle und muss, was besonders wichtig ist, aufrechterhalten werden bei allem, was folgt.

Zusätzlich zur entschlossenen und beharrlichen Selbsterziehung übt sich der Schüler im Gebet, dem Erstreben und Erleben der Einheit mit dem Göttlichen wie auch dessen Manifestationen in der ihn umgebenden Natur. Schließlich muss die systematisch angewandte, nach wissenschaftlichen Kriterien ausgeführte Praxis von Yoga – in der ganzen Bedeutung dieses Wortes – angenommen und zum festen Bestandteil des Lebens gemacht werden.

10

LIEBE UND MITLEID

Liebe und Erbarmen mit allem, was leidet – Höhere Evolutionsstufe verbunden mit dem Drang, wirksamer helfen zu können – Symbolik des Grals – Vollendete als Verkörperungen der Liebe – Die rettende Macht der Liebe – Mögliche Irrwege des Aspiranten – Tätige Hilfe bei Einsamkeit.

Geistig gesunde Menschen, die sich freiwillig auf die Disziplin des spirituellen Lebens einlassen – auch wenn eine solche Entscheidung schwer zu verstehen ist – sind in Wahrheit der übrigen Menschheit entwicklungsmäßig voraus. In ihnen hat sich eine bestimmte Bewusstseinskraft gebildet und wirkt bereits, bei der der Großteil der Mitmenschen noch gar nicht angekommen ist. In der westlichen Psychologie nennt man diese Kraft *Intuition* und in der Uralten Weisheit wird von *Buddhi* gesprochen.[42] Tritt das intuitive oder buddhische Bewusstsein in den Bereich menschlicher Wahrnehmung, besteht eine Wirkung darin, dass die Christus-gleiche Erfahrung erweckt und entwickelt wird, die man nur „herzzerreißendes Erbarmen" nennen kann. Dies fühlt man zutiefst mit allem, besonders mit allem, was leidet, mit dem Menschen und auch den Geschöpfen, die unter einem stehen. Die Worte Jesu Christi über die Heilige Stadt veranschaulichen diese Entwicklung des Mitleids und die Erfahrungen, die sich daraus ergeben.[43] Das Jerusalem, das hier angesprochen wird, ist nicht nur die Heilige Stadt, sondern ein Symbol für die ganze Menschenwelt.

Der Grund, warum die Jünger Christi sofort „die Netze verließen

42 *Buddhi* (sanskr.): Das sechste Prinzip des Menschen, die spirituelle Weisheit, woraus sich die Fähigkeit spiritueller Intuition manifestiert.

43 Matth. 23,37: „Jerusalem, Jerusalem, das die Propheten tötet und sie steinigt, die zu ihr gesandt sind, wie oft habe ich deine Kinder sammeln wollen, wie eine Henne ihre Küken unter ihre Flügel sammelt, und ihr habt nicht gewollt."

und ihm nachfolgten“[44], ist mindestens ein dreifacher, nämlich ein innerer Drang, der sich nicht unterdrücken lässt, das Erreichen einer evolutionären Wachstumsstufe, auf der keine andere Lebensweise mehr möglich ist und Christus-gleiches Mitleid, das bei jedem Schmerz, den ein fühlendes Geschöpf erleidet, noch stärker verspürt wird. Überall sieht man Menschen, die philosophisch unwissend sind, und sich unter dem Gesetz von *Karma* mit selbstgeschaffenem Leid abquälen wie Millionen andere im Verlaufe der Menschheitsgeschichte. Ein so tiefes Mitleid bewegt den Aspiranten, dass er die Lebensweise aus dem Geistigen heraus annimmt. Eine immer tiefere Nächstenliebe macht es ihm gänzlich unmöglich, sich anders zu entscheiden oder die Entscheidung aufzuschieben. Gemäß den heiligen Schriften der Hindus, den *Upanishaden*, „gibt es überhaupt keinen anderen Weg“.

So wird nach dem heiligen Gral der Intuition gesucht, nicht um ihn zu besitzen und stolz nach Hause zu tragen, sondern vor allem aus einem unwiderstehlichen inneren Verlangen heraus, das keine Weigerung zulässt.[45] In zweiter Linie strebt man danach, um jene Kraft und Erleuchtung zu erlangen, die den eignen Wert und Nutzen zum Wohle aller anderen Lebewesen erhöht. Dies ist der große Ruf, das ist die Stimme, die nie verstummt – nämlich der Aufruf, als Glied der menschlichen Familie im Interesse seiner Mitmenschen und der jüngeren Brüder aus dem Tierreich die größtmögliche Wirksamkeit zu entfalten. Die Wahl, die Früchte intuitiver Weisheit in den Dienst der Menschen auf der ganzen Welt zu stellen, wird aus einer inneren, alles vorantreibenden supramentalen Entscheidung heraus getroffen.

Jeder Mahātmā[46], jeder „vollendete Gerechte“[47] hat diese Kraft der selbstlosen Liebe in seiner Natur erweckt, sodass er oder sie wirklich die Verkörperung dieser göttlichen Macht sind. Durch angeborene

---

44 Markus 1,18.

45 Der heilige Gral; hier interpretiert als mystische Erfahrung durch einen Auftrag, der mit dem Kelch, den Christus beim Abendmahl benutzte, zusammenhängt. Idealismus mit eingeschlossen im mittelalterlich-ritterlichen System mit seinem religiösen, moralischen und sozialen Code. Siehe Tennysons *The Idylls of the King* und das Thema der Oper *Parsifal* von Richard Wagner.

46 *Mahātmā* (sanskr.): Großer Geist und Meister oder Eingeweihter des 5. Grades der Großen Mysterien.

47 Hebr. 12,3.

Liebe zu allen Lebenswesen und Dingen und eine natürliche Neigung, bei jeder Gelegenheit Hilfe zu leisten, führen die Meister andere inspirierte Helfer so, dass sie Exponenten der Grundprinzipien der zeitlosen Weisheit werden. Auch durch ihre persönliche Lebensweise und durch ihre Unterweisung betonen sie die Einheit des allem innewohnenden Lebens. Dessen höchstmöglicher Ausdruck ist beständige, wenn auch oft unpersönliche Liebe zu allen anderen. So kommen Mitleid, Menschlichkeit und schlichte Güte im Leben von Einzelnen und Gemeinschaften eine führende Rolle zu. Niemand kann jemals die Höhen geistiger Entfaltung oder persönlicher Entwicklung erreichen, solange Unbarmherzigkeit auch nur den kleinsten Raum im Denken, Fühlen und in den alltäglichen Gewohnheiten einnimmt. Güte, Milde, tiefe Anteilnahme und wache Aufmerksamkeit anderen gegenüber, besonders wenn sie gefährdet sind, sind die, wenn auch bescheidenen Mittel, die das Allerbeste im Leben eines Menschen zum Vorschein bringen. Wollte man die Religion der Meister in ihrer praktischen Anwendung beschreiben, so würde sie lauten: *Sich in tiefer Hingabe um alle anderen kümmern*. Die Evolution der Menschheit hin zum hohen Stand der Adeptschaft hängt von dieser Errungenschaft ab. Daher muss Liebe zum spirituellen, intellektuellen und physischen Ideal werden, wobei eine vernünftige Unterordnung unter die Pflicht ihren äußeren Ausdruck bestimmt.

An diesem Punkt darf man das Augenmerk auf Beispiele richten, bei denen Liebe die Rettung für jene ist, die [oft unbewusst] dem Pfad der Selbstsucht folgen. Da taucht ein guter Freund und im inneren Leben Fortgeschrittener auf, der *Kalyānamitra*[48], der sogar mit dem unlauteren Aspiranten die Begegnung sucht und hilft, die spirituellen Höhen zu erreichen. Der Aspirant und der *Kalyānamitra*, oft ein Vertreter des Meisters, können eine ganz selbstlose und weise ausgerichtete Form der Liebe erfahren, die von größtem Wert sein kann. Die Anleitung durch einen *Kalyānamitra* kann wie ein Leuchtturm wirken, der Schiffen bei Nacht den Weg in den Hafen weist. Dieses Amt lässt sich sogar als Schutz für denjenigen verstehen, der es übernimmt und ausführt; denn ein liebevoll-weiser Dienst am Nächsten kann in dem, der

48 *kalyānamitra* (pali), ein buddhistischer Ausdruck.

ihn leistet, die allerhöchsten Impulse, Motive und Verhaltensweisen seinem Schützling gegenüber auslösen. Suchende des lichten Pfades sind gut beraten, *Kalyānamitras* für sorgsam ausgewählte Empfänger ihrer Hilfe zu werden.

Ein weiteres Beispiel für Liebe als rettende Macht zeigt sich, wenn z. B. jemand vom anderen Geschlecht die Liebe eines Menschen gewinnt, der vorsätzlich nur seinem eignen Vorteil nachgeht, selbst auf Kosten anderer. Das Erwachen wahrer Liebe in einem solchen Menschen und deren Wirkung auf ihn oder sie öffnet das Bewusstsein für Erleuchtung durch das innere Selbst. Diese Erleuchtung vermag nicht nur den Selbstsüchtigen zu retten, sondern auch sein ganzes Wesen zu verändern. Ein entscheidender Faktor ist die moralische Stärke der eben gefundenen geliebten Person. Ist er oder sie eher egoistisch, wird der oder die Liebende ein ähnliches Verhalten an den Tag legen. Ein weiter fortgeschrittener Mensch, der bereits für spiritualisierende Einflüsse empfänglich ist, erkennt den Fehler im geliebten Menschen und bringt ihn oder sie mit Verstand und Klugheit nach und nach dazu, niedere Beweggründe und Angewohnheiten abzulegen. Liebe kann man also als die potenziell höchste Gabe ansehen, die man verschenken oder empfangen kann. So stark kann eine solche Liebe sein, dass Herz und Verstand eines wahrhaft schlechten Menschen geheilt oder gerettet werden können.

Die großen Avatāre[49], die von Gott inspirierten Lehrer und Repräsentanten der Gottheit, die Buddha- und Christus-Gestalten, die sich in die Welt der Menschen hineinbegeben, um zu lehren und zu erlösen, werden allein von der Liebe im umfassendsten Sinne des Wortes geleitet. Alles nehmen sie auf sich. Sogar eine Kreuzigung, um die aus Liebe angetretene Aufgabe zu erfüllen. Diese Lehrer und Erlöser der Menschheit stehen vor der tragischen Situation, dass, wenngleich einige Menschen sie hören, die Masse sich jedoch verschließt. Dieser Misserfolg geht keineswegs auf das Fehlen notwendiger Fähigkeiten bei den Lehrern zurück, sondern ganz allein auf die tiefverwurzelte Selbstsucht, die für den Menschen im jetzigen Zeitalter, mit Recht *Kali Yuga*[50] oder das Dunkle Zeitalter genannt, charakteristisch ist.

---

49 *Avatār* (sanskr.): Göttliche Verkörperung, siehe Glossar.
50 *Kali Yuga* (sanskr.): Das vierte Weltalter.

Heroische Beispiele dessen, was sich als „Errettung durch das [höhere] Selbst“ bezeichnen ließe, hellen jedoch das düstere Bild auf. Eine dargebotene Hand, Worte der Weisheit und Liebe, das Wissen, dass das Wohl des Schülers dem Lehrer zutiefst wichtig ist, können für viele die Rettung sein. Ignoriert aber ein Aspirant den Einfluss und die Wirkungen egoischer[51] Eingebung – wie z. B. das Gewissen – und die Liebe und Hilfe eines Älteren Bruders, dann erwartet den, der sich mit Absicht abwendet, tatsächlich eine Tragödie. Geleistete Hilfe, geschenkte Liebe, wieder in Erinnerung gerufen, können jedoch so mächtig sein, dass sie einen derart Abgestützten retten, sogar aus größter Tiefe. Innere Resonanz auf Liebe kann den Ausschlag geben beim Entschluss, sich selbst aus dem Sumpf der ausschließlichen Beschäftigung mit sich selbst herauszuziehen. Wahre, uneigennützige Liebe ist also tatsächlich eine enorme Kraft, so sehr, dass man versucht ist zu sagen, die mächtigste überhaupt.

Von all den vielen dunklen Schatten, von denen das menschliche Leben tragisch verdunkelt wird, ist wohl keiner so schmerzlich und so schwer zu ertragen, wie der, welcher aus Einsamkeit hervorgeht. Ganz allein zu sein in einer Welt voller offensichtlich gleichgültiger Mitmenschen, das kann sehr wohl einer „Kreuzigung“ gleichen. Natürlich, wie Philosophen zu sagen pflegen, ist diese Erfahrung selbstverursacht, die unvermeidliche Folge eines Verhaltens, das Schmerz von mindestens ähnlicher Intensität erzeugt hat wie derjenige, den man erleidet. Das menschliche Leben wird von Gesetzmäßigkeiten geregelt, und zum Teil besteht die Tragödie des Lebens darin, dass der wahre Grund oder die wahren Gründe dafür unserem Gehirn-Bewusstsein oft völlig unbekannt sind, dem sich reinkarnierenden Ego jedoch natürlich nicht.

Für manche Menschen ist Alleinsein etwas rein Physisches. Familienmitglieder oder Freunde sind entweder verstorben oder haben sich geistig oder physisch oder auf beiden Ebenen zurückgezogen. Schon dies ist schwer zu ertragen, kommt aber das befremdende Gefühl hinzu, geistig allein, isoliert, missverstanden oder ungeliebt zu sein, dann ist der fast ununterbrochene Schmerz wirklich kaum auszuhalten. Diese Erfahrung macht eine der menschlichen Tragödien dieser Welt aus

51 Eingebung aus dem spirituellen Ego oder Ich.

– die Empfindung und die physische Tatsache der Einsamkeit. Diese Erfahrung kann jedoch in etwas sehr Wertvolles umgewandelt werden, z. B. die Entwicklung der Selbstständigkeit, obwohl dem, der darunter leidet, der Preis dafür zu hoch erscheinen mag.

Wie kann ein spirituell Erwachter einem Menschen, der auf diese Art leidet, helfen? Er kann aus seiner Erkenntnis, dass kein Mensch jemals wirklich allein ist, heilsame Gedanken beisteuern. Die göttliche Allgegenwart kann als Teil der höchsten aller Wahrheiten präsentiert werden. Diese umfasst die Existenz eben dieser Allgegenwart in allen Wesen und Dingen als einer immerwährenden, unerschöpflichen Gottheit im Inneren. Solch eine tiefgründige Wahrheit könnte man in einer Form und zu einer Zeit vorbringen, die auf die Verfassung des Einsamen abgestimmt ist. Im Falle jedoch, dass der intellektuelle Ansatz die düstere Stimmung zunächst nicht aufzuhellen vermag, müsste der erleuchtete Helfer versuchen, die geistige Dunkelheit, die den Leidenden umgibt, sorgfältig nach und nach mit „Kraftstrahlen" geistigen Lichtes zu durchdringen. Letzteres ist natürlich die wahre Lösung, da ja sowohl Einsamkeit, als auch der lichtlose Zustand, den sie erzeugt, Trugbilder sind, auch wenn sie während des akuten Leidens als reine Tatsachen erscheinen. Mit diesen beiden Hilfsmitteln wäre ein weiser Ratgeber jedenfalls in der Lage, den Prozess in Herz und Verstand desjenigen anzustoßen, dem es Not tut, jene Selbsterleuchtung zu erreichen, die das einzige dauerhafte Heilmittel für die „Krankheit" ist, an der der Einsame leidet.

Die Möglichkeit von allem, was physisch, intellektuell, und spirituell zu erreichen ist, liegt in jenem kosmischen Samen, der in diesem Werk als die menschliche Monade bezeichnet wird. Die Windungen und Wendungen auf dem Pfad, der durch die Phase der Bewusstwerdung des Selbst in der menschlichen Entwicklung führt, schließen die gegensätzlichen Pole von Dunkel und Licht, Selbstsucht und Selbstlosigkeit, völliger Ich-Bezogenheit und universeller Liebe mit ein. Wahrhaft authentische Literatur über Theosophie enthält einerseits Information zur Ich-Bezogenheit und ihren Konsequenzen und andererseits zur Selbstlosigkeit oder Liebe. Ich-Bezogenheit führt unweigerlich in völlige Dunkelheit, Selbstlosigkeit dagegen zum Licht, zu strahlender Helligkeit, die durch jedes Motiv und jede Tat der Liebe erzeugt wird und daraus hervorscheint. Sphären und Welten von Leben – sowohl menschliche als auch göttliche – jenseits der trennenden Unterscheidung von persönlichem Selbst sind schon von ihrer Natur her, Atom für Atom, voller Licht. Jene Ebenen des menschlichen Bewusstseins jedoch, in denen die Idee eines abgetrennten Selbst vorherrscht, sind im Vergleich dunkel und voller Gefahren. Der Durchgang durch sie wird trotzdem, so wie es die Natur vorsieht, als beleuchtet und sicher empfunden. In anderen Worten: Am Ende des Tunnels scheint ein Licht.

Der Herr des Universums, der *Solare Logos*, lässt zusammen mit den Chören und Orchestern von Engeln und Erzengeln aus dem Mittelpunkt allen Seins heraus das göttliche Thema mit all seinen Variationen erschallen. Vom menschlichen Bewusstsein her gesehen darf man diese zu Recht als Verkündigung der Schönheit und Macht der Liebe, das eine große Thema, betrachten. Die steten Aufrufe, liebevolles Denken bei jeder selbstgewählten Tat zum Ausdruck zu bringen, stellen eine Variation dieses Themas für die Menschheit dar.

11

SELBSTLOSIGKEIT

Motivation aus dem Inneren: Ein immer tieferes Verantwortungsbewusstsein – Dienen – Das Ich, einst wichtig zur Meisterung der physischen, emotionalen und mentalen Ebenen, weicht dem überphysischen Bewusstsein wahrer spiritueller Identität – Die Bedeutung des mystischen Todes.

Die Beweggründe für ein spirituelles Leben dürften in intellektuellen Begriffen schwer zu fassen sein, da man sie intuitiv und instinktiv akzeptiert. Der allerwichtigste Grund ist der einzige, der unfehlbar zum Erfolg führt und das Ziel schneller erreichen lässt: und zwar um zu helfen, sowohl der Menschheit im Ganzen als auch praktisch jedem Menschen, dem man begegnet. Das eine wohlbekannte Wort, das diesen Sachverhalt angemessen ausdrückt, heißt *Dienen*. Je intensiver das innere Erwachen erfahren wird, desto größer wird die Sorge um das Wohl der Menschheit und der unter ihr stehenden Geschöpfe. Dieses Sehnen nach dem allgemeinen Wohlergehen von allem, was lebt, wird immer stärker und fordernder und macht den, der sich zum Dienst berufen fühlt, noch mitfühlender. Er oder sie leben zunehmend für jedes andere und in jedem anderen Wesen.

Vom ersten spirituellen Erwachen an über Schülerschaft und Einweihung in einem Mysterientempel – ob von Menschenhand geschaffen oder nicht[52] – muss jedes Stadium von einem immer tieferen Verantwortungsgefühl begleitet werden. Fehlt dieses Gefühl, dieser Gedanke und das intuitiv empfundene Wissen um die Verantwortung für das Wohl aller anderen, kann man dies mit Recht als die Wurzel des Leids bezeichnen, das das menschliche Leben auf Erden so sehr

---

52 2. Kor. 5,1.

erschwert. Wer ein guter Diener des Nächsten, ein Schüler und Initiierter werden will, muss also zutiefst von einem starken, persönlichen Verantwortungsbewusstsein erfüllt sein. Gerade jene, die noch keine Idealisten sind, brauchen Verantwortung am dringendsten – und doch mangelt es ihnen am meisten daran. Eine Schwäche, unter der Könige, Präsidenten, Staatsmänner und ihre Untergebenen gleichermaßen leiden.

Die Lehren der Weisen während der jetzigen Phase der Menschheitsgeschichte enthielten immer den Aufruf, so zu leben, dass das eigene Handeln anderen eher hilft als schadet. So lautet also die heutige Botschaft an die gesamte Menschheit: „Übernehmt Verantwortung. Kümmert euch um das physische, emotionale und mentale Wohl der anderen!“ Dies ist tatsächlich das Herzstück der Religion des Neuen Zeitalters und wird es glücklicherweise auch für eine immer größere Zahl von Idealisten zum jetzigen Zeitpunkt der Menschheitsgeschichte sein.

Die Anwendung des moralischen Prinzips aktiv wahrgenommener Verantwortung für das Wohlergehen der anderen ist in diesem Buch mit Absicht schon mehrfach erwähnt worden. Bei diesem Ideal geht es um das Erfüllen höchster Bestrebungen – aus innerem Erwachen heraus –, um die Entfaltung von Weisheit und den Fortschritt der gesamten Menschheit zu beschleunigen. Die Akzeptanz des Ideals der Verantwortlichkeit führt zum Allerheiligsten des Mysterientempels. Das Voranschreiten wird jedoch gebremst, wenn der Idealismus nicht wirklich empfunden und nicht in aller Aufrichtigkeit auf Motive und Gewohnheiten des täglichen Lebens angewandt wird.

Die Weisen, die sich dieser erwachenden Spiritualität bewusst sind – ihre eigene hohe Stellung ging ja daraus hervor – raten, übermäßige Ich-Bezogenheit, Beschäftigung mit sich selbst und jede Spur von Selbstgefälligkeit zu vermeiden, da sie Gift für die Seele des Aspiranten sind. Diese außerordentlich wichtigen Grundlagen müssen fest, unverrückbar und unerschütterlich in der Natur dessen verankert werden, der die Initiation in die Großen Mysterien erstrebt. Nur auf einem solchen Fundament kann Erfolg sicher sein, wenn ein Mensch vorzeitig den Pfad von den menschlichen zu den übermenschlichen Ebenen der Evolution bis zum Ende gehen soll. Dies hier ist nicht nur die Darstellung eines Ideals, sondern auch eine Warnung; denn solange der Gedanke an einen persönlichen Nutzen, was den aufwärtsführenden Pfad betrifft, mitspielt – wenn auch unbewusst –, solange ist die Gefahr des Ausrutschens, des Abstürzens auf tiefere Ebenen oder sogar eines sehr schmerzlichen Abstiegs immer gegeben. Aspiranten könnten versucht sein, der Macht nachzujagen, nach Prestige zu streben, skrupellos oder herzlos zu werden – ein schmerzlicher Absturz in der Tat.

Jeder geistig erwachte Mensch, der versucht, das Ich-Bewusstsein zu transzendieren, trifft auf Schwierigkeiten. Das Ich-Bewusstsein wurde zum integralen Bestandteil der menschlichen Persönlichkeit. Dies war nötig zur Entfaltung der Potenziale des [höheren] Egos[53] und der Entwicklung seiner immanenten Fähigkeiten. Das Ich-Bewusstsein war wesentlich, um die Widerstände physischer Substanz, die Illusionen der Emotion und den starken Egoismus des überwiegend konkreten Denkens zu meistern. Jetzt hingegen beginnt sich der Prozess ganz natürlich umzukehren. Dazu gehört der Wandel von der ehemals notwendigen Selbstsucht zu immer vollständigerer Selbstlosigkeit. Die Beschäftigung mit sich selbst muss daher zunehmend der Beschäftigung mit anderen weichen. Dies betrifft natürlich alle anderen und nicht nur jene, für die man besonders verantwortlich ist. Das Ideal ist die immer tiefere mystische Erkenntnis, dass man weniger ein Individuum mit persönlichen Zielvorstellungen ist, sondern vielmehr eine Verbindung des Willens, Lebens, und Denkens dessen, von dem das Universum Ausdruck und Offenbarung ist.

Dies zu erreichen, bedeutet stete und gewissenhafte Arbeit an der Auflösung und Transzendenz der sich getrennt dünkenden Individualität mit ihren ausschließlich ich-bezogenen Zielen und Wünschen. Der noch nicht flügge Adept muss seinen Weg aus der Schale der Getrenntheit herauspicken, nicht nur, um mit übermenschlichen Kräften und Fähigkeiten daraus hervorzugehen, sondern mit immer tieferer Erfahrung, die durch Kontemplation seiner wahren spirituellen Identität erreicht wird. Er erkennt sich schließlich als ein Teil von DEM, das ewig ungeteilt ein Ganzes ist.[54]

---

53 Ego: Das große E [im Englischen] bezeichnet das rein spirituelle Bewusstsein des sich reinkarnierenden Selbst oder Egos.

54 Im Original *THAT, TAT* (sanskr.): Der höchste Geist.

Selbsthingabe ist das Ergebnis von mindestens zwei weiteren Entwicklungen. Eine davon ist die Wirkung auf das abstrakte und das konkrete Denkvermögen durch Einflüsse aus höheren Seinsebenen als den intellektuellen. Sie beinhalten intuitive Einsicht oder Weisheit und uneingeschränkt direktiven Willen oder spirituelle Vollmacht. Wenn sich diese beiden Seiten im Wesen des Menschen genügend weit entwickelt haben, dann ergibt sich die Selbsthingabe ganz natürlich und daher mühelos. Die daraus resultierende Haltung dem Leben gegenüber basiert tatsächlich nicht mehr auf einer Wahl, da man ja keiner anderen Lebensweise mehr folgen kann. Der andere Einfluss ließe sich als die neu erworbene Erkenntnis beschreiben, dass bereits der Gedanke einer vom Ganzen getrennten Existenz völlig falsch ist und es schon immer war. Auch wenn es sich anfangs seltsam liest, sogar die Vorstellung von Individualität oder namentlicher Identität ist ein Irrtum. Wenn einst diese Wahrheit wie das Licht der aufgegangenen Sonne aus den Tiefen der menschlichen Natur hervorstrahlt, dann ist die Getrenntheit des Selbst überwunden, nicht nur als Vorstellung, sondern auch als Motiv jeder größeren Handlung.

Für jene, die [nicht] aus einem inneren Drang das Leben in der Klosterzelle oder im Ashram wählen und sich mehr und mehr von den Aktivitäten und Geschäften des täglichen Lebens zurückziehen, kann das normale objektive Leben weitergehen. Da sie Gewohnheiten und Notwendigkeiten weiterhin befolgen, scheinen diese Selbstlosen kaum verändert. In Wirklichkeit hat sich jedoch ein enormer Wandel vollzogen, der sichtbar wird, wenn Einzelne, auf solche Weise bewegt, sich am selbstlosen Dienst für andere beteiligen. Wahrscheinlich werden sie als wahrhaft Inspirierte erkannt, als echte Genies, als Verfasser von Prosa und Dichtung, als Planer und Lenker, als Heiler, Helfer und Lehrer, ob öffentlich oder privat. Auf diese Art und Weise können sie weit über das Normale hinaus die höchsten Leistungen vollbringen. Um es deutlich zu sagen, sie sind bei der Arbeit, die darauf gerichtet ist, das Wohlergehen von Mitmenschen und Tieren zu fördern, wahrhaft inspiriert. Ein solcher Mensch wird zur Verkörperung mitfühlender Liebe für alles, was lebt und insbesondere für alles, was leidet. Leiten, Heilen und Helfen werden zum Hauptinteresse; zunehmend füllt sich das tägliche Leben mit Plänen und Aktivitäten, um das Los von Lebewesen zu erleichtern.

Dabei kann das Karma eine einschränkende Rolle spielen: die Umsetzung des Ideals und die Reichweite eines hilfreichen Einflusses können begrenzt sein. Der Wert eines Dienstes hängt nicht zwangsläufig von dem ab, was nach außen hin sichtbar ist. Die üblichen, eher weltlichen Einschätzungen solcher Dinge treffen, je weiter man voranschreitet, immer weniger zu. Beispielsweise kann es durchaus bewundernswert sein, einem anderen Menschen, Ananda-gleich,[55] hingebungsvoll zu dienen, um ihm damit die Freiheit zu geben, einer großen Menschenmenge Hilfe zu leisten. Eine unpersönliche Einschätzung wird immer wesentlicher, je weiter man fortschreitet.

Erfolg und Versagen, Fortschritt und Rückfall und natürlich wirklich großartige Errungenschaften auf dem aufwärtsführenden Weg haben so Einfluss auf jedes andere Mitglied der menschlichen Familie. Daher müssen eigennützige Beweggründe abgelegt werden; sie müssen, bildlich gesprochen, sterben in einer idealen Entwicklung, einer Verschönerung der persönlichen Seele und des körperlichen Lebens. Dieser mystische Tod des niederen Selbst muss hauptsächlich um der ganzen Menschheit willen, ja sogar für alles, was lebt, erfolgen.

Der Prozess geht weiter. Wachsenden Zahlen unsterblicher spiritueller Seelen gelingt es, eine wahrhaft spirituelle Geisteshaltung in ihren sterblichen Persönlichkeiten heranzubilden. Diese Errungenschaft führt durch Unzufriedenheit, glühendes Streben, dem man sich nicht versagen kann, bis zur völligen Selbsthingabe an das Ziel, das „vollendete Maß der Fülle Christi", Adeptschaft, zu erreichen.[56]

---

55 Ananda: Ein Schüler Gautama Buddhas, der aus liebender Hingabe an seinen Meister für diesen persönliche Dienste versah.

56 Eph. 4,13.

12

SELBSTSUCHT NACH DEM TOD

Auswirkungen der Selbstsucht jenseits des Todes – Selbsterrichtetes Gefängnis – Unerreichbar für höhere Schwingungen – Rettungsversuche – Die Kraft hoher Initiierter – Selbstsucht, der Fluch der Menschheit.

Die Ansicht, die gewisse religiöse Sekten vertreten, dass nach dem Durchgang durch die Todespforte dramatische Veränderungen und Läuterungen mit der Seele geschehen, ist mit deutlichem Vorbehalt und sogar Zweifel zu begegnen. Tatsächlich bezeugt der entsprechend qualifizierte hellsichtige Beobachter, der in direkter Wahrnehmung die Erfahrungen studiert, die ein Mensch nach dem physischen Tod beim Erwachen in der überphysischen Welt macht, dass keine grundsätzlichen Veränderungen im Charakter zu beobachten sind. Der Verstorbene ist im Allgemeinen in allen Grundzügen, die er oder sie im physischen Leben gezeigt hat, gänzlich unverändert. Ganz sicher, und das muss nachdrücklich betont werden, verwandeln sich Menschen nach dem physischen Tod nicht sogleich in Engel. Im Gegenteil, sie bleiben in vielerlei Hinsicht genau so, wie sie vor diesem Ereignis waren.[57]

Da dem so ist, finden sich diejenigen, die im Leben um des eigenen Vorteils willen gedanklich, gefühlsmäßig und physisch gefehlt haben, wie bereits beschrieben, geistig und moralisch hinter den Mauern und Gitterstäben ihrer gewohnten Einstellungen, Neigungen und Verhaltensweisen gefangen. Zudem erweisen sich die in selbsterrichteten Gefängnissen aus Egozentrik und Selbstsucht Eingeschlossenen als kaum erreichbar für jene, die ihnen Hilfe anbieten und Auswege aufzeigen könnten. Ohne Hilfe von außen oder nicht darauf reagierend und

---

57 Siehe Geoffrey Hodson, *Through the Gateway of Death* (Durch das Tor des Todes).

selbstsüchtig um jeden Preis auf den eigenen Vorteil bedacht, neigen sie dazu, geistig immer tiefer in die dunkle Ummauerung zu sinken, die sie so beharrlich für sich errichtet haben.

Wird das *Ich* zum Namen der von ihnen verehrten Gottheit, werden sie immer unempfänglicher für göttliche Hilfe und auf diese Weise davon abgeschnitten, ob diese nun von außen oder aus ihrem Inneren kommt. Die Wirkungen all ihrer aus dem [niederen] Selbst heraus begangenen Taten sind unausweichlich. Ihre gedankliche Einstellung, ihr Eigennutz um jeden Preis als Motivation, was Prinzipien oder Personen anbelangt, bleiben als einziger Beweggrund, der sie zu Sklaven machte und sie auch jetzt noch versklavt. Spirituelle Impulse treffen bei solchen Menschen nach dem physischen Tod auf immer größeren Widerstand, bis sie diese schließlich kaum mehr empfinden. Spiritualisierende Energien in Form von kraftvollen Schwingungen erreichen sie dann nicht mehr. Das ist der Zustand, der im Okkultismus des Ostens mit *avīchi*[58] bezeichnet wird, was „ohne Schwingungen" bedeutet.

Hier ist auf eine weitere Lehre der okkulten Wissenschaft hinzuweisen, nämlich darauf, dass die Materie eines Universums aus zunehmenden Dichtegraden beschaffen ist. Die Härte des Physisch-Materiellen stellt das Extrem dar, in das die Sonnenstrahlen nicht leicht eindringen. Einen solchen Zustand gibt es auf den überphysischen Bewusstseins- und Seinsebenen, in die die Menschenseele nach dem physischen Tod eintritt, nicht. Allerdings gibt es einen Zustand, der dem mineralischen Bewusstsein entspricht, und eine Substanz, in die die Strahlen des spirituellen Sonnenlichtes und Lebens nicht eindringen können – man möchte dies fast als Ort bezeichnen –, worin sich diese Gefallenen gezwungenermaßen aufhalten müssen.

Solche Wesen sind *niemals* gänzlich außerhalb der Reichweite spiritualisierender Hilfe. Jene, die die Adeptschaft schon fast erreicht haben, sind dazu aufgerufen, solchen Bewohnern der Dunkelheit oder solchen „Seelen im Gefängnis"[59] zu Hilfe zu kommen. Die Möglichkeit und der Grad an Resonanz auf die dargebotene Hilfe, wozu solch ein Verstorbener fähig ist, hängt von vielen Faktoren ab. Einer davon ist das Ge-

58 *Avīchi* (sanskr.): „Ohne Wellen", wie im Text beschrieben, d. h. unempfänglich für spirituelle Schwingungen.

59 1. Petrus 3, 8-19.

setz, die Arbeitsweise des unausweichlichen – aber nicht unwandelbaren – Naturgesetzes von Ursache und Wirkung. Ein anderer betrifft das Ausmaß, das die reine Selbstsucht vor dem Tod angenommen hat. Beispielsweise könnten Handlungen großzügiger oder sogar selbstloser Art dazu beitragen, möglicherweise auf Hilfe anzusprechen. Hat es darüber hinaus Zeiten im physischen Leben gegeben, in denen die Stimme des Gewissens den Menschen dazu veranlasste, Zuflucht zu Religion und Gebet zu nehmen, dann könnte zweifellos das Gesetz von Ursache und Wirkung eine Modifizierung erfahren. Die Fähigkeit, auf Hilfe einzugehen, wäre gewiss Teil des Charakters geworden und somit auch das Vermögen, gut auf geistige Hilfe anzusprechen.

Deshalb wird es, wenn ein heiliger, machtvoll erleuchteter Eingeweihter unter großen Leiden die Welt der tief Gefallenen in ihrem nachtodlichen Zustand betritt, einige geben, die nicht nur fähig sind zu reagieren, sondern aus Verzweiflung oder Dankbarkeit vielleicht die ausgestreckte Hand, die sie erretten will, tatsächlich ergreifen. Große Kraft und große Liebe sind für das Gelingen dieser Rettungsaktion von Nöten, und die Retter haben diese Eigenschaften erworben. Daher erheben sich von Zeit zu Zeit Gerettete aus dieser vollständig verdunkelten Welt zu Gefilden, die vom Sonnenlicht der Wahrheit und der Selbstlosigkeit erhellt werden.

Jeder Mensch ist der Ausdruck einer spirituellen Monade, es sei denn, er hat sich gänzlich, vollständig und mit Absicht von seiner göttlichen Quelle getrennt. Da Rettungsaktionen mit Erfolg durchgeführt werden, kann es unter den Menschen jenen Zustand nicht geben, von dem irrtümlicherweise als von „einer bis in alle Ewigkeit verlorenen Seele“ gesprochen wird. In einigen wenigen Fällen schneidet jedoch der Abstieg in die tiefste Selbstsucht und die absichtliche Ausführung von Handlungen ohne Rücksichtnahme auf das anderen zugefügte Leid auf mysteriöse Weise das Individuum von der monadischen Quelle ab. Ein langsamer und sehr schmerzhafter Zerfallsprozess der ehemaligen Persönlichkeit setzt dann ein. In solch seltenen Fällen muss die Evolutionsgeschichte seit der Individualisierung[60] zu einer selbstbewussten

60 Individualisierung: Eine von der Monade (das Innerste Geist-Selbst des Menschen) erfahrene Veränderung beim Übertritt von der Inkarnation vom Tierreich (Gruppenseele) ins menschliche Reich.

Wesenheit mit *Fehlschlag* überschrieben werden. Dann muss das gemacht werden, was als neuer Anfang beschrieben werden kann. Die Ebene, auf der ein Neubeginn unternommen werden muss, hängt vom Grad der Selbsterniedrigung durch Selbstsucht ab, die zum Niedergang geführt hat.

Diese Kerngedanken – entnommen aus der esoterischen Weisheit und den unauslöschlichen Aufzeichnungen – werden hier keineswegs vorgebracht, um Bestürzung auszulösen, sondern um der Warnung vor Selbstsucht – dem einzig wahren „Fluch" der Menschheit, selbst auferlegt wie er ist – Nachdruck zu verleihen und den Aufruf zu mehr Selbstlosigkeit zu verstärken. Der Aspirant muss beständig auf der Hut sein vor dem Dämon des Eigennutzes, der aus früheren Lebensweisen übriggeblieben sein mag und der zu einem wahrhaften „Teufel" an Zerstörungskraft heranwachsen kann. Als Autor dieses Buches würde ich kläglich versagen, wenn ich nicht in dieser Weise auf eine Gefahr, die jeden erwachenden und gerade erwachten Menschen bedroht, aufmerksam machen und davor warnen würde.

Falls die Ratschläge, die hier gegeben werden, den Anschein übermäßiger Dringlichkeit erwecken, so deshalb, weil die Auswirkungen absichtlicher Nichtbeachtung der Ideale, die von den Lehrern, welche die Menschheit aufsuchen, universell ohne Ausnahme und mit Nachdruck betont werden, den Menschen in ihrer Existenz nach dem physischen Tod nachfolgen. Es ist die reine Wahrheit, dass die nachtodlichen Zustände durch das Verhalten während der physischen Lebenszeit diktiert und auferlegt werden.

Siehe: Annie Besant, *A Study of Consciousness (Eine Studie über das Bewusstsein)*, sowie Geoffrey Hodson, *Lecture Notes of the School of the* [sic] *Wisdom*, Bd. 1.

13

WAHRHEIT, WISSEN UND INTUITION

Ergänzung zur Lehre des Herzens – Verstehen der zugrunde liegenden Naturgesetze – Offenes und geheimes Wissen (Guptavidyā) – Der „Kind"-Zustand als Voraussetzung für den Empfang des geheimen Wissens – maßgebender Entwicklungsstand für die Unterweisung durch einen Meister – Selbstreinigung und Läuterung sind unabdingbar – „Saubere mentale Glasscheiben" – Erwachen der Intuition – Elektrizität und Prāna – Philosophische Wahrheiten direkt erfahrbar – Spirituelles Licht und Glückseligkeit des Höheren Selbst.

Die Betonung selbstloser Liebe, die so schön „die Lehre des Herzens" heißt, braucht als Gegengewicht das Verständnis der zugrunde liegenden Naturgesetze, auf denen das objektive Universum beruht und wodurch es erhalten wird. Wer irgendwann im Leben auf diese göttliche Weisheit stößt, darf sich glücklich schätzen. Noch glücklicher sind jedoch jene, die das geheime Wissen, das geradewegs zum Gottesbewusstsein führt, entdecken und intuitiv annehmen. Diesen Erwachenden tut sich eine neue Welt voller Fragen, Denkanstöße und Beobachtungen auf. Bei ihnen stellt sich eine fast leidenschaftliche Sehnsucht nach noch profunderem Wissen ein und der Gelegenheit, dieses zu studieren und auf die Prozesse des Lebens anzuwenden.

Der zuverlässigste Prüfstein dafür ist im Allgemeinen das uralte Wissen, das im Westen als Theosophie, im Osten als *Brahmavidyā* und als *Guptavidyā*[61] bekannt ist. Ernsthaften selbstlos Studierenden, die Erleuchtung durch Wissen erstreben, das auf Vernunft gegründet ist, wird geraten, sich in diese Quellen zu vertiefen. Außerdem sind sie auch ein Test für wachsendes Verstehen.

61 *Brahmavidyā* (sanskr.): Das Wissen von der höchsten Gottheit; *Guptavidyā* (sanskr.): Esoterisches Wissen.

Die Wahrheit, die die Weisen der Menschheit entdeckt und zugänglich gemacht haben, bewegt sich auf zwei Ebenen, vor allem, was die relative Zugänglichkeit für ein allgemeines Publikum betrifft. Die beiden oben erwähnten Sanskrit-Ausdrücke, *Brahmavidyā* und *Guptavidyā*, zeigen an, dass gewisse Früchte adeptischer Forschung von der öffentlichen Darlegung ausgenommen sind, während andere allen zugänglich gemacht werden, die das Glück hatten, sie zu entdecken und zu studieren. Im Sanskrit heißen letztere *Brahmavidyā* – die Weisheit Brahmās, der höchsten Gottheit. Ist jedoch der innerste Kern dieses Wissens gemeint, wird dies *Guptavidyā* – das Geheime Wissen – genannt. Während *Brahmavidyā* verstandesmäßig erfassbar ist und sich als großartige Quelle der Erleuchtung erweisen kann, erscheint *Guptavidyā* als sehr rätselhaft, und diejenigen, die sich damit beschäftigen, machen den Eindruck seltsamer Zurückhaltung. Man kann diese zwei Methoden der Wahrheitsvermittlung als exoterisch und esoterisch, beziehungsweise offenbart und geheim, bezeichnen.

Seltsamerweise scheinen das offenbarte und das geheime Wissen in gewisser Weise miteinander in Konflikt zu stehen und sich sogar zu widersprechen. Das stimmt natürlich so nicht, was das höchste Wissen betrifft, sondern nur im Hinblick auf seine Darstellungsweisen. Genauso wie Wissen Schülern und Studenten in Vorschulen und normalen Schulen, in Gymnasien und Universitätsinstitutionen stufenweise vorgesetzt wird, so wird auch esoterisches Wissen Stufe für Stufe vermittelt.

Das für die frühen Jahre charakteristische begrenzte Wissen kann den Anschein erwecken, dass es zu dem, was später enthüllt wird, im Widerspruch steht. Dies gilt auch für das Studium dessen, was man als „Arkana“[62] bezeichnen kann. Wie beim Betrachten einer natürlichen Landschaft erscheint das Gesehene anders, je nach dem Standpunkt, den der Betrachter einnimmt. Die Landschaft als solche bleibt jedoch unverändert.

Dass es notwendig ist, auf der Suche nach Weisheit „wieder zum Kind zu werden“,[63] mag als Beispiel für einen anscheinenden, aber niemals echten Widerspruch zwischen der geheimen und der offen-

62 Arkana: Mysterien.
63 Matth. 18,3-4.

baren Weisheit gelten. Von einem Kind darf man nicht erwarten, dass es höhere Mathematik, Naturwissenschaft oder Philosophie versteht. Wozu dann diese Aufforderung? Offenbar ist ein geistiger Zustand, nicht das physische Alter damit gemeint. Der kindliche Geist ist noch nicht, sei es durch natürliche Entwicklung oder aus Gründen des Selbstschutzes, zu egoistisch geworden; überdies ist er einfach, und die Unkompliziertheit trägt dazu bei, dass die Schulbildung in früher Kindheit gelingt. Dieses Kindwerden lässt sich direkt bei der erfolgreichen Aufnahme esoterischer Ideen im Erwachsenenalter anwenden. Die Entwicklung einer selbstschützerischen oder sogar bigotten Geisteshaltung oder das Gefühl der eigenen Wichtigkeit errichten im Geist und der darin befindlichen Region des Verstehens eine fast undurchdringliche Schranke gegen die Aufnahme esoterischer Weisheit. Das ist deshalb so, weil diese Ideen ihrer Natur nach vollkommen unpersönlich und gänzlich universal in ihrer Umsetzung oder ihrem Ausdruck sind. Niemand kann sie jemals besitzen oder für sich beanspruchen. Sie gehören allen Menschen, allen Lebensformen und Intelligenzen, da sie sich vom göttlichen Ausgangspunkt oder Quell über den ganzen Kosmos ausbreiten. Als Illustration dazu könnte man auf der physischen Ebene das Universalgesetz der Schwerkraft nehmen, dem alle Dinge gehorchen und das keines von ihnen für sich beanspruchen kann.

Unterweisungen aus der Mysterientradition sind z. B. schwer, wenn nicht sogar unmöglich zu verstehen, wenn sich die Kenntnis menschlicher Existenz auf die Eigenschaften des physischen Körpers beschränkt, der geboren wird und mit Sicherheit auch stirbt. Ein Gespräch über das ewige Leben und die ununterbrochene Fortdauer der Existenz mit jemandem, der die Menschheit als etwas rein Physisches betrachtet, hätte zur Folge, dass er dies unter Protest, sogar mit Arroganz entschieden bestreiten würde. Diese Reaktion ist ganz natürlich und von jemandem, dessen Standpunkt rein physisch ist, sogar wünschenswert. Bliebe es aber bei dieser starrsinnigen Haltung, wäre das ein ernstzunehmendes Hindernis für die Aufnahme der Wahrheit.

Ein Kind hingegen dürfte noch so viel Respekt vor den Erwachsenen haben, dass es ganz offen und ohne Widerstand Informationen aufnimmt, die zu dem Zeitpunkt das kindliche Verständnis übersteigen. Nur in diesem Sinne und nicht als Ermutigung, blind und sklavisch konventionelle Glaubenssätze zu übernehmen, ist der kindliche Zustand unbedingt nötig, um esoterische Weisheit anzunehmen und schließlich zu verstehen. Bei diesem Bemühen ist völlige Selbstlosigkeit der Schlüssel zum Erfolg, denn sobald ein egoistischer Gedanke auf einer der Ebenen menschlichen Bewusstseins und menschlicher Aktivität auftaucht, schiebt sich eine Schranke zwischen die auf diese Weise überschattete Geistesregion und die Wahrheit als solche.

Das gewählte Beispiel ist vermutlich auch anwendbar, wenn man es auf den Neophyten überträgt, der das heilige Wissen aufnimmt. Unter okkulter Anleitung und Übung öffnet sich allmählich das innere Auge, und die zuvor beteuerte Unsterblichkeit wird zur sichtbaren Tatsache. Zudem wird es möglich, auf Gebieten wie z. B. dem Leben nach dem physischen Tod umfangreiche Nachforschungen anzustellen. Dieser erste Augenblick intuitiver Empfänglichkeit, nicht etwa intellektueller Auseinandersetzung, ist beim Erwerb des okkulten Wissens wesentlich, und es ist diese spontane Reaktionsfreudigkeit, die der kindliche Zustand beinhaltet. Ein solcher ist jedoch hauptsächlich am Anfang der okkulten Schulung von Nutzen.

Nur wer die der Evolution entsprechenden mentalen und psychologischen Voraussetzungen erfüllt, die ihn für den Empfang von *Gupta-vidyā*, der Geheimen Weisheit, als geeignet erweisen, ist fähig, die Unterweisungen aufzunehmen. Es sind die von einem Meister, der Schüler annimmt, nach dessen Gesichtspunkten Auserwählten; denn er vermag unfehlbar zu erkennen, ob der Auszubildende solche Voraussetzungen mitbringt. Das ist gemeint und durch Jesus veranschaulicht, der nach dem ersten Blick auf einige seiner Jünger, sie sogleich aufforderte: „Folget mir nach.“[64] Der kindliche Zustand zeigt sich beispielhaft in der Reaktion derer, die Fischer waren, denn es heißt: „Alsbald verließen sie ihre Netze und folgten ihm nach.“[65] Dem reichen jungen Mann hingegen fehlte es an einer gewissen Offenheit, Einfachheit, Unvoreingenommenheit und Selbstlosigkeit. Aus persönlichem Interesse am Besitz vermochte er nicht, die absolut erforderlichen Bedingungen

64 Matth. 4,19.
65 Markus 1,18.

seines Meisters zu erfüllen, was in der Begründung seiner abschlägigen Antwort deutlich wird: „denn er hatte viele Güter."[66]

Biblische Geschichten beschreiben Ereignisse des alltäglichen Lebens von Menschen, die von Beruf Fischer oder Aufseher sind. Weit üblicher ist es jedoch, dass in der Stille eines Mysterientempels der Ruf gehört und die Lehre aufgenommen wird, einem Ort, der die nötige Abgeschiedenheit verschafft.

Berichte, die, oberflächlich betrachtet, als recht gewöhnliche, wenn nicht zufällige Beispiele menschlichen Handels und Wandels erscheinen, können dem erleuchteten Geist tiefgehende Wahrheiten vermitteln. Sie befassen sich mit der Entfaltung intuitiver und spiritueller Kräfte und Fähigkeiten unter der Führung eines lehrenden Adepten. Jene wesentliche Fähigkeit in einem Menschen, die ihm die richtige Antwort ermöglicht, ließe sich als „intuitiver Instinkt" bezeichnen, der ohne Eingriff des logischen Denkens, speziell des Argumentierens und des inneren Widerstands, arbeitet. Dass ein Kind sofort und mit Freuden schmackhafte Speisen, die Vergnügen bereiten, annimmt, beruht auf Instinkt und nicht auf logischem Denken, das sich später im Leben entwickelt. Ebenso erfordert die umgehende Antwort auf den Ruf und die Bereitschaft für das immense Privileg der Schülerschaft den Zustand des Kindes zu dem Zeitpunkt, wenn dieses große Privileg angenommen wird. Instinktiv und intuitiv sucht ein solcher Aspirant die geöffnete Pforte, die in den Vorhof eines Mysterientempels führt, auch wenn das volle Verständnis für die innere Erfahrung noch fehlt.

Hier darf noch einmal daran erinnert werden, wie wichtig Selbstläuterung im weitesten Sinne des Wortes ist. Beweggründe, psychische Zustände und physische Lebensgewohnheiten müssen allesamt von übertriebenem Eigennutz befreit werden. Mentale und emotionale Unreinheiten sowie physische Interessen und Aktivitäten, die, gemessen am neuen Ideal, nicht akzeptabel sind, müssen selbstverständlich aufgegeben werden. Warum man sich dieser uralten Regel beugt, wenn man spirituelle Weisheit empfangen und das spirituelle Sehen mit Erfolg entwickeln will, ist unschwer einzusehen. Genau wie ein völlig sauberes Glas beim Durchschauen von innen nach außen für Klarheit

66 Matth. 19,16-23.

und Genauigkeit notwendig ist, so müssen auch die mentalen „Glasscheiben“ vollkommen sauber und durchsichtig sein. Wie in der optischen Forschung Reinheit von noch größerer Bedeutung ist, so müssen dementsprechend die Fenster und Teleskope des Geistes absolut sauber und klar sein, wenn das zu erwerbende Wissen von außen und innen bis ins Allerkleinste genau sein soll. So wie ein verunreinigtes Instrument Fehlinformationen liefert, so kann eine verunreinigte psychologische Ausrüstung die Aufnahme von Wissen, Irrtümer und Ungenauigkeiten nach sich ziehen, die sich als ausgesprochen gefährlich herausstellen können.

Vor Fehlern in diesem Stadium des wichtigsten Unternehmens, auf das sich ein Mensch einlässt, muss man sich immer und mit aller Sorgfalt in Acht nehmen. Dies wird ausdrücklich betont, nicht nur, weil es für die allgemeine Suche nach Wissen zutrifft, sondern auch weil falsche Vorstellungen gerade am Anfang der Suche einen Menschen für den Rest seines Lebens in die Irre führen können. Vor allem sei der Sucher vor der ganz natürlichen und sehr menschlichen Neigung gewarnt, die eigenen, soeben gemachten Entdeckungen – mögen sie auch noch so nützlich sein – den Weisheitslehren der Zeitalter gegenüber für überlegen zu halten. Die sich allmählich vertiefende Annäherung und das allmähliche Verstehen dieser Lehren sind absolut nötig, um die wahrhaftig großartigen spirituellen Höhen zu erkennen und schließlich zu erklimmen.

Gedankenprozesse im Laufe solcher Studien lassen einen die fast unermessliche Bedeutung jener Kraft richtig einschätzen, die jetzt im modernen Menschen zu erwachen beginnt, nämlich die direkte, übermentale Erkenntnis der Wahrheit, in einem Wort: Intuition. Fast sofort sieht man sich der seltsamen Tatsache gegenüber, dass die Prozesse des logischen und translogischen – des konkreten und abstrakten – Denkens, auch wenn sie noch so wertvoll gewesen sind, zum jetzigen Zeitpunkt genauso bereitwillig abgelegt werden müssen, wie sie vormals aufgenommen wurden. Das bedeutet aber in keiner Weise, dass *Unvernunft* die Vernunft ersetzen soll, sondern vielmehr, dass das Denken und die übermentale Wahrnehmung immer vollständiger durch den Schleier unzähliger Illusionen hindurchdringen, die früher so völlig real erschienen.

Zum Beispiel muss der Mensch, der auf dem Pfad voranschreitet, der von der endlichen bis zur ewigen Wahrheit, von der Illusion zur Wirklichkeit führt, die wahre Natur von Elektrizität wie auch von *prāna*[67] oder der Lebensenergie entdecken. In den Naturwissenschaften und der Technologie sind Entdeckungen auf ihre Anwendbarkeit zur Erzeugung von Phänomenen getestet und auf ihre Nützlichkeit hin untersucht worden. Immer wenn z. B. ein elektrischer Schalter auf „Ein" gestellt wird, fängt – vorausgesetzt, dass alles richtig vorbereitet wurde – der Strom sofort zu fließen an. Trotzdem sind bis jetzt die Natur und Quelle der elektrischen Energie völlig unbekannt. Die wahren Sachverhalte dieser Art sind noch immer dicht verschleiert und dem noch so durchdringenden, organisierten und entwickelten Menschenverstand entzogen.

Ebenso ist die Existenz jenes Lebensprinzips, dessen An- oder Abwesenheit über den Zustand von Leben und Tod entscheidet, von der Wissenschaft noch nicht bestimmt worden. Wenigstens ein weiterer Faktor, abgesehen von organischen Veränderungen wie dem Herzschlag, entscheidet zwischen einem Verstorbenen und einem lebenden menschlichen Körper. Es stimmt, könnte man sagen, dass gewisse Lebensprozesse im toten Körper aktiviert werden, um das Phänomen der Verwesung hervorzurufen. Konsequenterweise muss man annehmen, dass es andere gibt, die die Verwesung bei lebendigem Leibe *verhindern*. Wie also sind diese Einflüsse und das Prinzip oder die Kraft beschaffen, die diese in solch ausgeprägter Unterschiedlichkeit hervorruft? Es ist jener geheimnisvolle Faktor, oder das Prinzip, das in der Geheimwissenschaft *prāna* oder Leben genannt wird.

Trotz der äußerst bemerkenswerten Entdeckungen und Entwicklungen, die der menschliche Verstand bis heute hervorgebracht hat, lebt und webt der Mensch in einem Universum und in einem persönlichen Umfeld, die von Gesetzen, Prozessen und Kräften bewegt werden, die er kaum oder gar nicht versteht. Wie kann der Mensch zu einem wirklichen Verständnis des Wesens der Wirkungsweise und der vielfältigen Zusammenhänge des für ihn namenlosen, unfassbaren Lebensprinzips kommen, das in und um ihn herum so spürbar aktiv ist?

---

67 *Prāna* (sanskr.): Das kosmische Leben, das sich auf allen Ebenen manifestiert, der Lebensatem.

Die Wissenschaft der Physik, die Mathematik auf natürliche Vorgänge anwendet, ist ein Indikator für das, was verborgen hinter und in den Gesetzen und Abläufen des an die Zeit gebundenen Universums liegt. Aber die Physik muss zur Metaphysik hinführen, denn die Wahrheit selbst liegt in ihrer vollen Wirklichkeit verhüllt hinter den Gesetzen von Zeit, Raum und deren Wechselwirkung. Bis die Menschheit und ihre individuellen Vertreter das Tor finden und aus innerem Antrieb hindurch und durch den äußeren Hof schreiten, der vom intellektuellen Lernen zum intuitiven Wissen führt, werden die schützenden Tore des Tempels der Weisheit immer geschlossen sein. Der menschliche Verstand mag sich wohl vor dem scheuen, was allem Anschein nach die Wissenschaft hinter sich lässt, aber diese Scheu muss überwunden werden. In diesem Zeitalter der erwachenden und sich entwickelnden intuitiven Fähigkeit des Menschen ist die direkte innere Erfahrung philosophischer Wahrheiten das Ziel – das Ziel auf der intellektuellen Ebene – für all jene, die auf der Suche nach der Wahrheit selbst sind. Die Entdeckung der eigenen, individuellen Wahrheit ist möglich für den wirklich beharrlichen Wissensdurstigen.

Die auf diese Weise wahrgenommene Wahrheit ist wie eine Sonne, die niemals untergeht, ein Licht das niemals trübe wird. Im Gegenteil, es gewinnt an Kraft und Glanz, während der Aspirant vom Verstand zur Intuition aufsteigt. In diesem Überschreiten der Grenzen der Naturwissenschaft – von der Physik zur Metaphysik – liegt das eigentliche Diakon-Prinzip,[68] bei dem die Kandidaten für die Initiation um die Freimaurerloge, die den Mysterientempel symbolisiert, herumgeführt werden. Alle Riten, besonders die geheimen, helfen Männern sowie Frauen dabei, die intuitiven Fähigkeiten zu wecken, zu entwickeln und zu gebrauchen, Prozesse, die sich tief in ihrem Inneren abspielen. Ob man diese oder andere Verfahrensweisen benutzt, gefordert ist allein eine immer stärkere Konzentration auf das vorrangige Ideal, nämlich das unmittelbare Erlangen von Wissen. Das zweite Ziel ist es, dieses Wissen an die Menschen zum Wohle der ganzen Menschheit weiterzugeben.

Der aufkeimende intuitive Ausdruck des kosmischen Samens in der menschlichen Monade spornt die Menschen an, erst die Höhen der

68 *Diákonos* (gr.): Diener, Helfer, Bote.

Physik und danach die Höhen der Metaphysik zu erreichen. Es wird noch viele Leben brauchen, bis der Gehirn-Verstand eines Suchenden ausreichend entwickelt ist, um die Lehre der Weisen vom großen Mysterium des menschlichen Lebens und seiner Entwicklung bis zur Vollkommenheit zu verstehen. Es gibt keine angemessene Erklärung der Wirklichkeit mit den Mitteln des begrifflichen Denkens. Obwohl die Wahrheit konzeptionell angegangen werden kann, erreicht der diskursive Intellekt die Wirklichkeit selten. Das formale Denken ist unrettbar konkret und objektiv. Infolgedessen kann der menschliche Geist im illusorischen Labyrinth des Verstandes zum Gefangenen werden, wie es der griechische Mythos von Minotaurus allegorisch darstellt.

Auf lange Sicht wird es zu einem recht radikalen Umschwung kommen, was schwer umzusetzen und noch schwieriger zu beschreiben ist. Der Grund liegt darin, dass die spirituelle Erfahrung über den Denkprozess hinausgeht, sodass Beschreibungsversuche unter Wörtern begraben werden, die abstrakte Ideen wie in einer Zwangsjacke gefangen halten. Das Element des menschlichen Bewusstseins ist daher gewöhnlich in einen Kokon eingepackt, ein Gewebe aus vergänglichen Substanzen, dreidimensional in Raum und Form. Der Menschengeist identifiziert sich und ist gebannt von dieser Illusion, in der Annahme, dass es sich dabei um seine eigene Erfahrung handelt. Kontemplation andererseits führt über den Intellekt hinaus, zurück in die eine wirkliche Welt, die in ihrer ungeteilten Ganzheit immer da ist. Im höheren Bewusstsein verlieren die Dimensionen ihre Bedeutung; denn es gibt dort weder oben noch unten, weder fern noch nah, weder Ort noch Zeit. Alles ist in seiner Gänze gegenwärtig, sodass man, ohne jede Bewegung im Raum, die allerfeinsten Erscheinungsformen des einen göttlichen Prinzips, des alles durchdringenden Lebens, erkennen kann. Die Einheit mit diesem Leben ist inbegriffen und nicht das Ergebnis von Diskussion.

Spirituelle Wahrnehmung ist ohne Schranken, schließt weder Finsternis noch „den Wechsel des Lichts"[69] ein, und wenn das Bewusstsein völlig in formlosen Ebenen zentriert ist, kann es keine objektiven Gegensatzpaare erfahren, denn nur die positiven dieser Paare sind in der

69 Brief des Jakobus, 1,17.

übermentalen Wahrnehmung vorhanden. Dies ist kein Zustand, den man allein durch intellektuelles Erörtern erreicht. Nur allzu oft widersetzt er sich intellektueller Determinierung. Wer ihn [den Zustand] erlebt hat, ist häufig außer Stande, ihn zusammenhängend und logisch zu erklären, und überdies wird der Inhalt recht stark entstellt, wenn er erklärt wird. Es ist eine Tatsache, dass das Bewusstsein des [höheren] Egos unmöglich mitteilbar ist, denn das innerste Selbst des Menschen wohnt in reinem, einfachem und absolutem Gewahrsein, strahlend in seinem eigenen Licht und Ausdruck geheimer unendlicher Freude. Es besteht ein fortwährend harmonisches Glücksgefühl, das zu heiterer Verzückung und unbeschreiblicher Glückseligkeit ansteigt. Manchmal geschieht es, dass diese Heiterkeit und dieses Glücksgefühl die persönliche Wesensart überfluten und in ihr ein ähnliches Gefühl der Harmonie und Freude hervorrufen, wobei sie der Erfahrung im Physischen ein Gefühl der Schönheit und sogar der Süße des Lebens verleihen.

14

ZUR EINHEIT FINDEN

Schwierige Situation – Der göttliche Lebensfunke in stofflichen Hüllen eingeschlossen und kaum wahrnehmbar – Irrtümer, Fehler und Krankheiten als Folge – Versuche, mit der göttlichen Quelle in Kontakt zu kommen – Yoga – Weitung und Erhebung des Bewusstseins durch Kontemplation – Erkennen des Urgrunds alles Seienden ist möglich – Evolutionsziel des Menschen – Entfaltung der dreifältigen Eigenschaften des höheren Selbst – Göttlicher Wille, Liebe, Weisheit und Intelligenz – Entwicklung der vier stofflichen Träger (Persönlichkeit) als deren Ausdrucksmittel.

Das Universum selbst mit dem ihm innewohnenden Leben ist etwas Geschaffenes, das sich immer weiterentwickelt. Nach und nach wird die Materie immer empfindlicher und empfänglicher für das Leben, das seinerseits immer kraftvoller die Materie durchdringt. Dem Prozess der kosmischen Entwicklung wohnt also eine Dualität inne, nämlich das innenwohnende Lebensprinzip und die umhüllende oder verkörpernde Materie. Ein drittes Prinzip ist die Kraft des Geistes,[70] die beides verbindet, wodurch und worin während des ganzen Evolutionsvorgangs Erfahrung gesammelt wird. Der Geist kann also als Prinzip der Gewahrwerdung durch alle Reiche der Natur hindurch betrachtet werden. Das Bewusstsein, besonders das, welches sich auf das Äußere bezieht, scheint sich sehr langsam zu entwickeln, so fest nimmt das schiere Gewicht der trägen Materie das Lebensprinzip gefangen.

Eine Menschheit, die diese Dualität nicht aus der Erfahrung kennt – besonders in der menschlichen Konstitution, physisch und überphysisch, und daher wenig oder gar nicht auf die Beziehung zwischen Le-

70 *Mahāt* (sanskr.): Universaler Geist.

ben und Substanz achtet, außer vielleicht gelegentlich in einem Gebet, schafft es nicht, das Leben und die Probleme des Lebens gewissermaßen in der Tiefe anzugehen. Natürlich, sogar absichtlich, ist sich der Mensch im Wachzustand seiner selbst hauptsächlich als körperliches Wesen bewusst. Das ist der große Fehler, von dem viele menschliche Probleme und Schwierigkeiten herrühren. Aufgrund dieses Nicht-Gewahrseins erkennt der Mensch nicht die Notwendigkeit, ein gutes „Arbeitsverhältnis“[71] zwischen dem inneren und dem äußeren Selbst zu finden. Genau das ist der Grund für so viel menschlichen Irrtum, Wissensmangel und sogar Krankheit. Die regelmäßige Ausübung einer Praxis zur Erhaltung und Ausweitung innerer und äußerer Harmonie ist unerlässlich, um auftretende Irrtümer zu vermeiden. Kirchgänge und das gewohnte tägliche Gebet erfüllen diese Notwendigkeit nur zum Teil.

Das Heilmittel gegen diese und so viele weitere menschliche Übel besteht vor allem in der regelmäßigen Praxis einer engen Verbindung[72] zwischen dem unsterblichen, ewigen spirituellen Wesen im Inneren und dem sterblichen, vergänglichen physischen Träger oder Tempel, der es umfängt. Folglich sollte von Kindheit an, sobald es die Entwicklung erlaubt, jeder eine Form von Gebet, Yoga oder *Pūjā*[73] praktizieren. Das Ziel ist weniger, von einer angenommenen himmlischen Quelle persönliche Wohltaten zu erhalten, als vielmehr richtungsweisende und heilende Energien zu erbitten und sie von der eigenen, göttlichen Natur, dem Gott, der seinen Sitz im Menschen aus Fleisch und Blut hat, zu erlangen.

Der Urmensch nutzt ursprüngliche Mittel, wenn er den Kontakt zu den Kräften herzustellen versucht, deren Existenz ihm seine Lebenserfahrung eingibt. Während der fortgeschrittenere Mensch darüber lächeln oder sich mokieren mag, zeigt der urzeitliche Mensch nichtsdestoweniger die Tendenz, fast in Demut und Ehrfurcht, Hilfe durch eine höhere Macht zu suchen, an die er instinktiv glaubt. Zeremonien kommen ihm zur Hilfe, und in dem Maße, wie sich die Menschheit weiterentwickelt, werden sie in manchen Kreisen immer komplexer,

---

71 Im engl. Original: working arrangement.
72 Im engl. Original: communion.
73 *Pūjā* (sanskr.): Religiöse Zeremonie der Hindus.

aber auch schöner und intelligenter zusammengestellt und ausgeführt. So wächst deren hilfreiche Kraft – besonders für gewisse Temperamente – da sie verfeinert und stärker nach der Verbindung und der Führung durch das Göttliche ausgerichtet sind.

Ein Vorteil des Zeremoniellen ist, man mag dies einsehen oder nicht, dass die Gedanken von der äußeren Erscheinungswelt abgezogen und auf die innere Welt gerichtet werden, wo die spirituelle Wirklichkeit zu finden ist. Gebete, Anrufungen, Psalmen und Hymnen verleihen der Verehrung und dem Vertrauen in das Göttliche eine Stimme. Gesten und Gewänder sowie der Einsatz von seit Urzeiten benutzten Symbolen verbinden sich, um das Bewusstsein von der Erde zum Himmel zu erheben, wo angenommen wird, dass die höchste Gottheit ihren Wohnsitz hat.

Schließlich senkt das Bedürfnis, ja die [innere] Forderung, nach direkter Verbindung mit geistigen Sphären und Wesen und nach Bewusstseinszuständen, in denen Kontakt mit ihnen aufgenommen werden kann, den Gebrauch des Zeremoniellen und lässt der persönlichen Bemühung mehr Raum. Der Suchende macht sich auf die Suche nach Gott, sei es als abstraktes Prinzip, als eine zu entdeckende „Person" oder sogar drei Personen. Eine solche Suche kann von einem mehr oder weniger einfachen Interesse ausgehen, wird jedoch zu einer verzehrenden Sehnsucht. Diese erlangt eine solche Macht über den Geist, dass der Ruf zum Höchsten nur durch wirklich angemessene Anstrengungen beantwortet werden kann. Man sucht nach der wirkungsvollsten Methode, sowohl aus literarischen Quellen als auch durch Experimente mit verschiedenen physischen und geistigen Annäherungsversuchen.

Im Osten bietet seit undenklichen Zeiten die Yoga-Praxis – besonders im Sinne von Bewusstseinszuständen statt nur körperlichen Übungen und Haltungen – einen wirksamen Weg, um zum Göttlichen in uns zu gelangen. Was das innere Leben betrifft, so kann man wahrhaftig sagen, dass das große Bedürfnis der Menschen im heutigen Zeitalter – und immerdar – die tagtägliche, ganz persönliche Ausübung einer Form von Yoga ist. Dieses Wort aus dem Sanskrit bedeutet Identität, Verbindung, Einheit, und wird für alle aufrichtigen, hingebungsvollen Bestrebungen zur eigenen Spiritualisierung angewandt, ob es sich nun um östliche oder westliche, alte oder moderne handelt. Jedes Problem, das auf die Menschheit zukommt, kann durch Yoga, und zwar einzig und allein durch Yoga, gelöst werden. Dieses Buch wäre unvollständig, wenn es keine Yoga-Anleitung, sowohl als meditativen Prozess als auch als wissenschaftliche Methode enthielte, die sich auf jeden Aspekt des menschlichen Lebens anwenden lässt.

Was also macht die Ausübung von Yoga aus? Yoga besteht aus ruhiger und regelmäßiger Kontemplation, Reinheit des Lebens und einem Verhalten, das auf dem Ideal der Familienbeziehung beruht. Die Kontemplation schließt ein sorgfältig strukturiertes System der eigenen Schulung mit ein. Die Regeln dazu und jegliche notwendige Anleitung sind seit Langem genau wie heute noch zugänglich.

Anfangs übt man in einer etwas förmlichen Routine. Dies ist bei jedem Menschen verschieden, je nach dessen Strahl[74], dessen physischen Umständen, einschließlich der Gesundheit und den allgemeinen Neigungen geistiger Aktivitäten. Durch Ausprobieren wird ein Ablauf gefunden, entwickelt und regelmäßig angewandt, passend und abgestimmt auf die Natur und das Temperament des betreffenden Menschen. Angeleitet durch erhältliche Information, findet jeder zukünftige Yogi seine/ihre eigene Technik, legt sie sich zurecht und folgt ihr.

Manche Menschen z. B. finden oder versuchen, ihren Pfad zur Einheit mit dem Göttlichen zu finden, indem sie ihre Arbeit, ob von Hand, kulturell oder intellektuell, immer weiter vervollkommnen. Die eigene Vervollkommnung durch alle Tätigkeiten hindurch wird unweigerlich zur bestimmenden Orientierung in ihren Yoga-Übungen, zu Karma Yoga. Anfangs suchen die, welche so arbeiten, nach beständiger Verbesserung hauptsächlich um ihrer selbst willen. Nach und nach jedoch dämmert ihnen die Erkenntnis, dass es nur einen Arbeiter gibt, nämlich die Gottheit, die im ganzen Kosmos ihr Werk verrichtet, und dass diese Gottheit inkarniert ist als das wahre Selbst des Menschen. Von da an wird intuitiv und mit ganzer Willensanstrengung jede Arbeit bewusst immer mehr im Namen Gottes und für Gott, als dem höchsten ‚Arbeiter' schlechthin, getan. Jede Arbeit wird göttliches Tun und muss daher so effektiv, schön und logisch wie nur möglich ausgeführt werden. Die Persönlichkeit des Dienenden tritt immer stärker in den

---

74 Strahl, spezifisches Charakteristikum. Siehe Geoffrey Hodson, *The Seven Human Temperaments* und Kapitel 25.

Hintergrund und wird durch den Geist des göttlichen Architekten und Schöpfer des Universums ersetzt.

Andere bewegen sich mit Methoden, die ihnen und ihrem Temperament entsprechen, demselben Ziel der Vereinigung mit dem Göttlichen und letztlich dem Aufgehen darin entgegen. Für diese Männer und Frauen besteht Religion in der immer tieferen Verwirklichung dieser grundsätzlichen Tatsache der Einheit. Das religiöse Leben bedeutet für sie in der Tat, dass sie die Kraft, die Gott ist, immer wirksamer zur Vervollkommnung ihres eigenen Lebens wie auch zum Ordnen kleinerer und größerer Gemeinschaften einsetzen. Diese Einswerdung ist das wahre Ziel beim Ausüben von Yoga: göttlicher Gedanke, intuitive Weisheit und Wille wohnen dann, wie man weiß, jedem Yogi und auch der ganzen Schöpfung inne. Identifikation damit wird selbstverständlich, da die Illusion der Dualität praktisch verschwunden ist. Der Yogi oder die Yogini[75] verschmilzt bewusst damit, wissend, dass er oder sie für immer mit dem namenlosen Prinzip vereint ist, das man nur als Sein oder im Sanskrit als *Sat* bezeichnen kann.[76]

Eine solche Erfahrung wirkt sich unvermeidlich auf den Charakter, die Moral und die Selbstbeherrschung desjenigen aus, der die große Entdeckung macht. Da man sich diesem Zustand bewusst nähert, stellen Methode, System und Ausübungsart immer weniger Ansprüche, werden weniger notwendig, so unabdingbar sie auch vorher waren. So seltsam diese Aussage auch klingen mag, sogar das Ziel der Erfahrung der Einheit mit dem Lebensprinzip verschwindet, da es ja fälschlicherweise auf der Idee der Dualität gegründet war, der Vereinigung zweier anscheinend getrennter Wesenheiten oder Bewusstseinszustände und Existenzen. Ersetzt wird dies durch die transzendentale Erkenntnis, dass nur das Eine existiert und dass der Yogi dieses Eine ist. Das ist *Samādhi* oder *Nirvāna*.[77] Einmal erreicht, sind Methode, System oder Übungen als einzelne Anstrengungen nicht mehr nötig; denn das Ziel ist errungen. Hier geht es nicht um die gelungene Vereinigung *zweier*

75 Yogini: Weiblicher Yogi.

76 *Sat* (sanskr.): Sein, das Seiende; der abstrakteste Ausdruck für die Gottheit.

77 *Samādhi* (sanskr.): Der Yogi-Zustand, in dem der Asket das Bewusstsein jeglicher Individualität, einschließlich seiner eigenen, verliert; *Nirvāna* (sanskr.): Der Endzustand menschlicher Entwicklung, in dem das Bewusstsein so geweitet ist, dass es den Kosmos umspannt.

Dinge, die getrennt oder verschieden waren, sondern um die Identität mit dem *Einen*, dem Unteilbaren.

Da die Menschheit natürlicherweise dem Pfad der Evolution folgt, wird der Zustand verwirklichter Einheit immer leichter erreichbar. Nicht nur die Fähigkeiten des menschlichen Bewusstseins, das Einswerden zu verstehen und zu erleben, nehmen zu, sondern auch die Materie oder Substanz des Gehirns sträubt sich immer weniger dagegen. Das Attribut oder *guna* der Trägheit[78], das eine große Rolle spielte beim Einschließen des Bewusstseins im Gefängnis der Getrenntheit, verliert allmählich seine Macht. Der eigentliche Kerkermeister ist die Materie selbst, und es wird noch eine geraume Zeit schwierig sein, diese Einkerkerungsfunktion zu überwinden. Deswegen liegt auch die Betonung so konsequent auf der regelmäßigen Ausübung von Yoga – Tag für Tag oder sogar stündlich –, sei es als Gebet oder in der Kontemplation des Einsseins mit dem Göttlichen. Der Yogi steht vor der Aufgabe, die Einschränkung, die die Materie dem Bewusstsein auferlegt – was konkrete Gedanken, erlebte oder ausgedrückte Gefühle und physische Dinge betrifft –, aufzuheben, darüber hinauszugehen.

In den meisten, allerdings nicht in allen Fällen, wird der Studierende ganz allmählich darin unterrichtet, wie man das Zentrum der Selbstwahrnehmung in immer feinere Bewusstseinsträger verlagert, sodass er oder sie lernt, die Aufmerksamkeit willentlich in den einen oder anderen zu lenken. Die Mittel bestehen natürlich aus Gedankenprozessen. Man selbst stellt sich dazu in positiver, konstruktiver Weise nur kurz, aber realistisch, bewusst im Körper und in der Welt der Gefühle vor. Dann denkt man sich selbst in den Bereich der Mentalität von normalen Denkprozessen. Das hat den Zweck, die Reichweite der schwingenden und daher bewussten Reaktion der Gehirnzellen und daher des Gehirnbewusstseins zu heben. Gelingt dies, bringt es den Studierenden an die Schwelle seines spirituellen Wesens und Bewusstseins.

Es geht hier um einen zweifachen Prozess. Einerseits besteht er aus der schrittweisen Entfaltung der dreifachen spirituellen Eigenschaften des Menschen aus der Latenz zu ihrer vollen Stärke. Andererseits besteht sein Fortschritt in der Entwicklung seiner vier materiellen Träger

78 *Guna* (sanskr.): Eigenschaft der Materie, siehe Glossar.

bis zu einem Zustand, in dem sie seine dreifachen spirituellen Kräfte vollkommen offenbaren. Die innere Entfaltung wird von der äußeren Entwicklung der vier Körper begleitet, bis sie zu einem vollkommeneren Tempel und Ausdruck der inneren Gottheit werden.

Yoga könnte man also beschreiben in Begriffen eines seiner Hauptziele, nämlich als ein Mittel zu einer immer engeren wechselseitigen Kommunikation zwischen Gehirn und spiritueller Intelligenz, zwischen dem sterblichen Menschen und seinem wahren, unsterblichen Selbst. Der wahre Yogi ist somit in keiner Hinsicht ein Träumer, noch ist er oder sie ein Mensch, der einfach *nur* Tag für Tag eine gewisse Zeit in bestimmten körperlichen Positionen und der Ausübung gewisser mentaler und spiritueller Aktivitäten verbringt. Auch wenn diese im Alltag ihren Platz behalten mögen, wird die darauf verwendete Zeit immer weniger, da der Yogi naturgemäß dazu übergeht, in der voll bewussten Erfahrung der göttlichen ewigen Individualität, dem *wahren* Selbst, zu leben. Weise haben schon immer gelehrt, dass Yoga in diesem Sinne weniger der Rückzug für eine gewisse Zeit am Tag in die Meditation ist – so wichtig das auch sein mag –, als vielmehr eine Lebensweise, nämlich die Erkenntnis und Verbindung mit dem Göttlichen, die das gesamte Leben umfasst.

Die Verwirklichung dieser Einheit kann man auf verschiedenen Wegen erreichen. Der Yogi kann lernen, die Ebene des gebräuchlichen und im Alltag funktionierenden Bewusstseins über die Beschränkungen des konkreten Denkens hinaus in die Region der abstrakten, relativ formlosen Zustände des Seins und der Intelligenz zu heben. Oder er kann die Fähigkeit gewinnen, die Gegenwart des ewig fließenden formfreien, alldurchdringenden Lebensprinzips sowohl innerhalb wie auch außerhalb aller Formen zu erkennen, zu fühlen und zu spüren. Oder er kann beides verbinden bis schließlich die sogenannte „Flucht der Seele" aus dem Gefängnis der Materie und der Form möglich und tatsächlich erreichbar wird. Das führt zu einem vertieften Verstehen seiner inneren spirituellen Verwandtschaft mit all seinen Mitmenschen. Ist dies ausreichend entwickelt und wird zur treibenden Kraft in Motivation und Handlung, können allmählich die Wahrnehmungen und die Empfindungsfähigkeit gegenüber Wesen und Zuständen sogar außerhalb des Planeten erworben werden.

Obwohl es viele Yoga-Übungen gibt, reichen einige wenige aus, um den selbstgeschulten Yogi zu befähigen, in den Zustand der Erleuchtung einzutreten und schließlich in einem Dauerzustand darin zu leben. Das grundsätzlich Notwendige ist, ein wirkungsvolles Mantra zu sprechen, sorgsam das Zentrum des Denkens und Wissens im dreifachen spirituellen Selbst im Inneren zu verankern, sowie körperliche Ruhe. Auch der Geist muss einigermaßen zur Ruhe gebracht, das Denken, das mit Zeit, Raum und Formen zu tun hat, muss auf ein Minimum reduziert werden. Der Ansturm intellektueller Begriffe, der das Vakuum füllen könnte, muss letzten Endes aufhören. In der nahezu wundersamen Stille, die von selbst das mentale Feld zu besetzen scheint, wird Ruhe zum Zustand des zum Schweigen gebrachten Denkens und durchdringt nach und nach das gesamte Bewusstsein.

Nach und nach tritt an die Stelle des begrifflichen Denkens mühelos das, was sich nur als zeitlose, formlose, raumlose Erkenntnis der innersten Natur jener Dinge beschreiben lässt, die vom Denken ausgeschlossen worden sind. „Innerst" beschreibt passend sowohl diese Erleuchtungen als auch ihre Quelle. In dem, was beinahe, aber nicht vollständige Leere ist, kann die übermentale und bis dahin völlig unverständliche Basis für alles Seiende wahrgenommen werden. Anfangs ist das unverständlich, schon deshalb, weil es die Denkfähigkeit weit über das menschliche Verstehen und die normale Fähigkeit, so etwas auch nur anzugehen, übersteigt.

Es bringt die Erkenntnis mit sich, dass der wahre Urgrund des Universums ein Prinzip oder DAS[79] ist, welches ohne Begrenzungen so wie die geographische Richtungsbestimmung ohne bestimmte Ränder oder Abgrenzungen, ohne Einzäunungen irgendwelcher Art und ganz besonders ohne die geistige Idee einer Beschränkung ist. Das *EINE* Leben ist DAS, was überall ohne Grenzen ist, ewig seiend, ohne Anfang und Ende und, obwohl Worte notgedrungen versagen, allumfassend, was darauf hindeutet, dass es weder Ort noch Zeit gibt, in denen es nicht existiert.[80] Der Versuch, der nur natürlich ist, ihm Attribute irgendwelcher Art beizulegen, misslingt völlig, so lange das verstandesmäßige Zentrum des Bewusstseins beibehalten und in diesem gänz-

79 Im engl. Original: THATNESS.
80 Siehe Geoffrey Hodson, *A Yoga of Light*.

lich formlosen Zustand erhalten bleibt. Das Grundprinzip ist nämlich weder wellenförmig noch stillstehend, auch wenn ein solcher Widerspruch für den Verstand nicht annehmbar ist. Es ist weder farblos noch farbig, weder rhythmisch noch bewegungslos, nicht nur hier und jetzt, sondern überall und ewig. Diese völlig gegensätzlichen – zugegebenermaßen unfassbaren – Attribute, die normalerweise jedes Erzeugnis des begrifflichen Denkens zerstören würden, werden nichtsdestoweniger aus der Tiefe der rein spirituellen Erkenntnis freigesetzt. Die passendste Bezeichnung für das allem innewohnenden Prinzip ist *DAS*.

Die obigen Aussagen mögen wohl – und sogar erlaubterweise – als reinster Unsinn abgetan werden, denn sie sind Unsinn für einen Verstand, der nur über die Sinne funktioniert. Im kontemplativen Zustand jedoch kann das vorher nie geschaute Innere der Spitze des Füllhorns erfasst werden.[81] Die Symbolik ist vielsagend; denn das ewig unfassbare zugrunde liegende Prinzip ist dennoch die Quelle, aus der die ganze Natur und alle natürlichen Produkte oder Gaben in die objektiven Welten hinausströmen. Da angekommen, stehen sie in verschwenderischer Fülle zur Verfügung, ein unbeschränktes, zeitloses Angebot all dessen, was der Mensch jemals nötig haben kann. Der umfangreiche und zum größten Teil nicht zu verstehende Prozess, wodurch Leben im Mineral zum Leben in der Pflanze, im Tier, im Menschen und danach im Adepten wird, strömt ebenfalls aus dieser unfassbaren Quelle. Ihr eigentlicher Anfang könnte vielleicht auch mit der Spitze des Füllhorns verglichen werden.

---

81 *Cornucopia, Cornu copiae* (lat.): klassisches Symbol für Fülle, bestehend aus einem Ziegen- oder Büffelhorn, übervoll mit Blumen und Früchten, im Besitz der Nymphe Amalthea in der griechischen Mythologie. [Hrsg.]

15

SCHÜLERSCHAFT

Geistiges Erwachen eines Menschen von höherer Seite wahrgenommen – Bei notwendiger Reife beginnt die geistige Führung und Unterweisung – Demut und Bescheidenheit als Voraussetzungen – Gefahr von Stolz und Selbsttäuschung auf Seiten des Schülers – Leitsatz: Streng mit sich selbst, nachsichtig mit den Schwächen anderer.

Wenn die verborgenen Aspekte der menschlichen Natur langsam aus okkultem Schlaf erwachen und anfangen, das innere und das äußere Leben des Menschen zu beeinflussen, wird dies, wie bereits erwähnt, von einem Vertreter der Adepten der Höheren Mysterien wahrgenommen. Geistige Führung bietet sich dem Erwachenden an, und in dem Maße, wie er darauf reagiert, entsteht eine engere und bewusstere Verbindung zwischen ihm und dem Lehrer. Der Neophyt wird nun zum Schüler eines Adepten und Meisters. Dies ist eine äußerst bedeutsame und wichtige Entwicklung, besonders hinsichtlich der Möglichkeiten, die Entwicklung zu beschleunigen. In dem Maße, wie der Schüler die Beschleunigung durchzuhalten und daraus Nutzen zu ziehen vermag – und da liegt die Verantwortung eindeutig beim Meister – beginnt er, die normalen Grenzen und Stadien menschlicher Entwicklung in Richtung Adeptschaft[82] zu überschreiten. Diese Erfahrung steht in Verbindung mit der weniger offensichtlichen Evolution des Menschen, insbesondere mit dem reinkarnierenden Selbst, das mit seinen persönlichen Bewusstseinsträgern später zum Eingeweihten und schließlich zum Adepten wird.

Die Erfahrung, dass jemand spirituellen Rat erhält, wird vom Lehrer sehr sorgfältig geplant – auch wenn es gelegentlich den Anschein hat,

82 Siehe Geoffrey Hodson, *The Pathway to Perfection.*

dass sie fast zufällig ist. Wie bereits gesagt, sind Würdigkeit und Verdienst des zu Fördernden das erste Kriterium; die Lebensführung, die allgemeinen Beweggründe und der Grad spirituellen Erwachens werden ebenfalls sorgfältig bedacht. Die Intelligenz oder Vernunft des Betreffenden muss ihrerseits eingeschätzt werden, und sei es nur, um herauszufinden, inwiefern spirituelle Intervention verstandesmäßig aufgenommen wird.

Während ein menschlicher Elternteil sich um die physische und intellektuelle Entwicklung des Sohnes oder der Tochter kümmert, überlässt der adeptische „Elternteil" das körperliche Wohl dem Schüler und legt den Schwerpunkt auf geistige und spirituelle Entfaltung. *Entfaltung* beschreibt wirklich die Beziehung, denn der Einfluss des Meisters wirkt sich nicht nur von außen, sondern vielmehr von innen heraus aus. Führen und lehren weise und liebevolle Eltern ihre Sprösslinge durch Beispiel und Wort, so erweckt der Meister allein durch seine Präsenz bis dahin schlummernde spirituelle Fähigkeiten. Dazu gehören [auf Seiten des Schülers] ein eiserner Wille, eine direkte intuitive Wahrnehmung, ein sich fortwährend erweiterndes Wissen sowie Erfassen und Anwenden der Motive auf die Grundprinzipien göttlicher Manifestation; denn auch wenn es so scheint, dass auf allen Ebenen Vielfalt herrscht, so sind die zugrunde liegenden Gesetze und Vorgänge doch immer dieselben.

Auf diese Weise inspiriert (eher als belehrt), kann ein schnelles Wachstum des Schülers erfolgen. Der Meister wacht über ihn, damit diese so neuen spirituellen, intuitiven und intellektuellen Erfahrungen bei der Umsetzung im täglichen Leben nicht zu Fehleinschätzungen führen. Dies ist eine sehr reale Möglichkeit; und die Geschichte des Pfades seit ihrem Beginn auf Erden weist sowohl Erfolge als auch Misserfolge auf.

Zusätzlich zu den rein menschlichen und persönlichen Verbindungen zwischen Schüler und Meister und deren ausgesprochen positiven Auswirkungen (wie z. B. von Christus und Buddha überliefert), beginnt in zunehmendem Maße die geistige Führung und Unterweisung. Sie beschäftigt sich mit den tieferen Aspekten der menschlichen Natur und ihren Entsprechungen mit Substanzen und höheren Intelligenzen, die es in den Regionen des außerplanetarischen Raumes gibt. Der

Empfang der geheimen Weisheit – der gewöhnlich einem angenommenen Schüler von seinem Meister zuteilwird – verleiht dem Geist und der äußeren Persönlichkeit des Empfängers nicht nur übernatürliche Stärke, sondern ist in sich schon kraftspendend.[83] Wenn man annimmt, dass elektrischer Strom die Gehirnleistung eines Menschen stimulieren und vergrößern könnte [damaliger wissenschaftlicher Stand], so könnte man vielleicht eine solche Anwendung einerseits und die grenzenlosen Möglichkeiten andererseits, die im Strom selbst und seinen Quellen liegen, damit vergleichen.

Sowohl wegen der stark erhöhten Sensitivität, die sich in Schülern entwickelt, und aufgrund der Kräfte, die sie erlangen, wurden ehemals Zeiten der Abgeschiedenheit und Schweigegelübde als Teil der verborgeneren okkulten Funktionen der Mysterienschulen eingerichtet. Für eine gewisse Zeit wurde die äußere Welt der Mitmenschen durch den Umgang mit denen ersetzt, die in jener inneren Welt wohnen, in der die Höheren Mysterien zunehmend Vorrang haben. Ein Bote des Hierophanten hat wiederum den Erwachten eingeladen, mit ihm durch die nun geöffneten Tore des Tempels zu schreiten. Hilfreich strecken sich ihm unverzüglich starke Arme entgegen, und der Selbstlose wird in dieser neuen Welt des Lichtes, in die er den Weg gefunden hat, vorbehaltlos willkommen geheißen.

Diese Worte sind jedoch hauptsächlich bildlich zu verstehen. Denn sowohl das Tor wie auch der Tempel sind heutzutage im Allgemeinen, um mit der Bibel zu sprechen, „nicht mit Händen gemacht".[84] Sie sind jedoch weit wirklicher, wie der Wanderer, der jetzt auf dem „Heimweg" ist, selbst entdeckt. Sichtbare Tempel, geheime Schreine und Zufluchtsorte vor einer selbstsüchtigen und lärmenden Welt gibt es sehr wohl. Das wirkliche Tor ist jedoch im Geiste des Aspiranten und der heilige Schrein im Inneren seines Herzens, auch wenn sie in der äußeren Welt noch so fest erbaut scheinen. Auch wenn scheinbar dem Blick der Öffentlichkeit entzogen, gibt es diese Institutionen, und sie sind heute noch immer in der gleichen Weise aktiv. Heute treten

83 Einige dieser positiven Wirkungen wären: die Beschleunigung der menschlichen Evolution zur Vollkommenheit, spirituelle Führung, die Gabe, wirkungsvoller zu lehren, zu heilen, böse Geister auszutreiben, inspirierende Berichte über das Leben und die Lehre des Meisters zu schreiben.

84 2 Kor. 5,1.

Führung und Unterstützung in Zeiten großer Belastung, Prüfung und Versuchung und, wenn möglich, Veränderung der Umstände – geringfügig oder schwerwiegend – an die Stelle der Zulassung zu den Tempelriten von einst.

In moderner Zeit sind die benötigten Hilfen wegen der Entwicklungsphase, in die sich die Menschheit begeben hat und die sie weiterhin durchläuft – nämlich die Entfaltung des Intellekts –, zunehmend auf das Denkprinzip ausgerichtet. Uralte philosophische Lehren, die ewige Wahrheiten enthüllen, werden neu formuliert und aufgelegt, und zwar so, dass sie für den sich entwickelnden und infrage stellenden menschlichen Geist verständlich und annehmbar sind.

Heutzutage müssen solche Schüler oft für ihren Lebensunterhalt arbeiten, weil die Lebenskosten so hoch sind, und sie können daher nur teilweise ein zurückgezogenes Leben führen. Während sie den Kontakt zur Welt nicht abbrechen lassen und auf sehr disziplinierte Weise weiterhin mit dem weltlichen Leben verbunden bleiben, pflegen sie hauptsächlich, wenn auch nicht ausschließlich, Umgang mit ihren Mit-Aspiranten. Ihr Heim wird ihr Ashram und ihre „Klosterzelle". Die Lebensgewohnheiten müssen angemessen kultiviert sein; vegetarische Ernährung und striktes Einhalten höchster moralischer Prinzipien sind Beispiele dafür. Im Inneren sind sie jedoch genau wie früher Mitglieder eines anerkannten Mysterientempels, und sie leben nahezu in jeder Beziehung, was man mit Recht als Tempelleben bezeichnen kann. Nur wenig von all dem ist, falls überhaupt, für ihre Besucher und für diejenigen, die von ihnen lernen, offenkundig, auch wenn allgemein ihr evolutionärer Vorsprung anerkannt wird. Psychologisch, intellektuell und spirituell leben sie genauso abgeschieden wie ehemals und in fast ununterbrochener überphysischer Verbindung mit ihren Älteren [Brüdern].

Gelegentlich bietet einer von ihnen, der die Stufe des Hierophanten erreicht hat, seinen Rat an, einer, der darüber hinaus gewillt ist, in aller Stille das, was er erreicht hat, in Form wahrnehmbarer aurischer[85] Kräfte und deren Ausstrahlung mitzuteilen [mit anderen zu teilen], was im Schüler den Willen weiter festigt, dieselbe Stufe zu erreichen.

85 *Aura* (gr. und lat.): Eine subtile, physisch unsichtbare Essenz, die von menschlichen, tierischen und sogar unbelebten Körpern ausgeht, siehe Glossar.

So kann, sei es in privilegierter Zurückgezogenheit oder inmitten von Pflichten, die in der äußeren Welt zu erfüllen sind, das okkulte, zunehmend spiritualisierte Leben gelebt werden, sogar während man den Anforderungen aus Pflicht und Karma früherer Inkarnationen gerecht wird.

Es besteht die Gefahr, dass die persönliche Führung durch einen Meister persönlichen Stolz und Selbstgefälligkeit aufflammen lässt, was nicht nur den Plan des Lehrers vereiteln, sondern sogar den Rest der Inkarnation verderben kann. Werden okkulte Privilegien als Zeichen persönlicher Größe und Bedeutsamkeit missdeutet, zwingt das nicht nur den Lehrer, sich zurückzuziehen, sondern führt zu ernsthafter Selbsttäuschung. Eine okkulte Erfahrung kann z. B. fast völlig missverstanden, voll Stolz angenommen werden, sodass derjenige, der diese Erfahrung machte, schweren Täuschungen erliegt, was deren Ursache, Natur und Quelle betrifft. Größenwahn kann also dazu führen, dass ein Mensch sich jeglichen Gewinn aus der dargebotenen Hilfe verscherzt, wenn er der Idee in seinem Geist Raum gibt, dass ein Kommunikationssystem aus ultraplanetarischen und kosmischen Quellen ganz speziell für ihn eingerichtet worden sei. Leider sind heutzutage viele Opfer dieser Selbsttäuschung geworden und haben in der Folge eine zunehmende Zahl ihrer Anhänger in die Irre geführt, die ihrerseits in ähnlicher Weise der Selbsttäuschung erlegen sind. Feinstes, höchst weises Unterscheidungsvermögen und intelligente Einschätzung solcher Erfahrungen sind dringend nötig, wenn ein an sich vielversprechender Mensch erfolgreich geleitet werden soll.

Die Meister, die die Menschheit führen – angefangen von jenen, die diese Stufe eben erreicht haben, bis hin zum Höchststehenden aller, dem Einen Initiator[86] –, sind in großer Sorge um alle jene, die dem Größenwahn verfallen und so ihr hohes Ziel verfehlen könnten. In alten Zeiten ist daher eine sorgfältig geplante Schutzmaßnahme ergriffen und bis auf den heutigen Tag beibehalten worden. Der Lohn sowohl für den erfolgreichen Kandidaten als auch für die ganze Menschheit war

86 *Sanat Kumara* (sanskr.): „Der ewige Jüngling"; der Höchste in der okkulten Hierarchie der Adepten dieses Planeten". Siehe Geoffrey Hodson, *Lecture Notes of the School of the [sic] Wisdom* Bd. 1, S. 497.

und ist immer noch so groß, dass solche Vorsicht weiterhin dringend geboten ist.

In allen Fällen supranormaler Erfahrung gilt als *erste* Notwendigkeit – wenn der Plan des Meisters gelingen soll –, alle selbstherrlichen Gedanken, die eigene Wichtigkeit und das Gefühl, „auserwählt" zu sein, vollständig von der Intervention des Meisters und dem möglichen Ergebnis zu trennen. Was es schwierig macht, diese Forderung zu erfüllen, ist die Tatsache, dass Intellektualität eng mit Stolz und was man allgemein „Persönlichkeit" nennt, verbunden sein kann. Im heutigen intellektuellen Zeitalter kommt Hochmut tatsächlich oft vor dem Fall. Nicht der leiseste Gedanke oder die Annahme eigener Überlegenheit sollte auftauchen oder in Kontakten mit anderen Menschen eine Rolle spielen. Demut ist in der Tat eine der herausragenden Eigenschaften jener, die erfolgreich voranschreiten. Dies ist keine vorgetäuschte Bescheidenheit, die einer Annahme spiritueller Größe entspringt, sondern diese Demut gründet sich auf das Wissen um die eigene wahre Stellung auf der Leiter der Evolution – einer Stellung, die bis dahin noch nicht über die unteren Sprossen hinausgekommen ist. Himmelhoch darüber stehen jene, die sich als Erste der Schüler annahmen und später ihre Lehrer wurden, die sie nun durch die offensichtliche Vielschichtigkeit der okkulten Wissenschaft und der Anwendung dieses Wissens im täglichen Leben hindurchführen. Unter ihnen – rein im evolutionären Sinne und keineswegs als minderwertig betrachtet – stehen jene, die ihnen später nachfolgen, um den schwierigen Aufstieg zu den Höhen zu versuchen.

Übertriebene Askese, die die Aufmerksamkeit anderer auf sich lenken würde, ist zu vermeiden, auch wenn ein wohlgeordnetes, reines Leben zu leben ist. Streng mit sich selbst ist der Schüler, der so weit gekommen ist, immer nachsichtig mit den Unzulänglichkeiten anderer; niemals würde er von ihnen eine Lebensführung verlangen, die sie aufgrund ihres Entwicklungsstandes nicht imstande wären einzuhalten. Er spricht besonnen und betont eher die guten Eigenschaften und das gute Betragen der anderen, statt sie zu kritisieren.

Eine Ausnahme von dieser Regel betrifft ein Verhalten, das mit Absicht Schmerz verursacht. Niemals darf dies gutgeheißen werden, vorallem dann nicht, wenn aus Grausamkeit oder Vergnügen jemandem zur eigenen Genugtuung Leid zugefügt wird. Schon sehr früh auf der großen Suche gilt solches Verhalten als verabscheuungswürdig, derartige Motive als Ausdruck tiefster Selbsterniedrigung. Er ist bereit, gegen schwere Verstöße und absichtlich übles Verhalten mit Nachdruck zu protestieren. Manchmal brennt gerechte Empörung in ihm wie ein verzehrendes Feuer, das zu einem Ausbruch von Entrüstung führen kann; aber auch dies wird mit der Zeit willentlich immer besser beherrscht.

Fast jeder, der die Stufe der Schülerschaft erreicht hat, wird so unweigerlich zum Lehrer. Dies ist seine Sendung im Leben, was den Kontakt mit anderen Menschen betrifft. Unweigerlich kommt die Zeit, wo jene, die eben erwacht sind, Rat und Hilfe suchen. Da die Gesetze des okkulten Lebens niemals ungestraft gebrochen werden dürfen, muss der Lehrer darauf bestehen, dass das Befolgen dieser Gesetze grundlegend für die okkulte Entwicklung und den spirituellen Fortschritt sind. Seine Lehrmethode ist jedoch vom Predigen weit entfernt, er verlässt sich fast gänzlich auf das Beispiel und die Erkenntnis der Studierenden, dass er, auch wenn er so bescheiden auftritt, ihnen in Wirklichkeit weit voraus ist. Demgemäß suchen diese immer häufiger seinen Rat, nehmen ihn an und folgen ihm in Dankbarkeit. Sogar wenn er sich aus der menschlichen Gesellschaft zurückzieht, ist es offensichtlich, dass er zutiefst dem Göttlichen zugewandt ist, sodass sein Leben in steter Verbindung damit verläuft.

Der zukünftige Eingeweihte bewegt sich also bescheiden, umgänglich, und mit einer gewissen gleichmäßigen bewussten Normalität in der Welt, besonders in den Beziehungen zu denen, die das Ideal des Pfades noch nicht gefunden haben. Ein wahrhaft Erwachter ist ein Mensch, der allen, mit denen er in Verbindung tritt, großzügig Licht, Leben, Weisheit, Ermutigung und die dargebotene Hand bietet. Im Gegenzug verlangt er nichts, höchstens, dass man ihm mit einer gewissen stillen Unpersönlichkeit und Normalität in allen Beziehungen dieser Art begegnet. Er strebt nicht danach zu glänzen, sondern eher, sich unsichtbar zu machen, nicht danach, Beifall zu ernten, sondern eher in aller Stille für selbstverständlich genommen zu werden, wobei seine überphysischen Fähigkeiten bestenfalls ignoriert werden sollten. Das Göttliche jedoch scheint aus ihm und erweckt den Wunsch nach Erleuchtung in allen, die fähig sind, dies wahrzunehmen.

16

ERZIEHUNG ZUR INITIATION IN DER ZUKUNFT

Überbetonung des Intellekts hemmt die Entfaltung der Intuition – Das inzwischen verbreitete universelle Wissen über Kosmos, Mensch und Natur sowie über Yoga in die Lehrpläne aufnehmen – Ziel: die Entdeckung der göttlichen Präsenz im Inneren und Äußeren und der Dienst an der Gemeinschaft – Kern der Religionen zugedeckt durch Feindseligkeiten und sektiererische Abtrennung – Gründung der Theosophischen Gesellschaft zur Orientierung im mystischen und okkulten Leben – Meditation und Entfaltung der Intuition in abgeschiedenen Gegenden und Zentren.

Während die Menschheit das jetzige Zeitalter durchlebt, bedürfen die Entwicklungsphasen vom relativ naiven zum initiierten und danach zum vollkommenen Adepten dringend der Beschleunigung. Die Überbetonung wissenschaftlicher und anderer rein intellektueller Errungenschaften steht in der heutigen Zeit der vollen Erleuchtung des menschlichen Geistes im Wege. Diese Erleuchtung geschieht dann, wenn das intuitive Vermögen voll funktionsfähig ist. Ist allerdings der konkrete Verstand voll aktiv, wird das Wirken der Intuition weitgehend verhindert. Für manche hat diese Entwicklung, wenn auch nur in kurzen, aber prophetischen Geistesblitzen, schon begonnen. Spirituell ausgerichtete Menschen nehmen zahlenmäßig zu.

Die Menschheitsgeschichte wiederholt sich immer wieder, und wenn auch genau die gleichen Methoden früherer Zeiten – die Mysterienschulen – nicht unbedingt wiederkommen, so wird doch ihr Geist und ihre allgemeine Methode immer deutlicher sichtbar. Heute werden sogar in noch größerer Fülle, Unmittelbarkeit und Stärke, die wundersamen Mysterienzeremonien, die Lehren und Hinführungen zu einem spirituellen Leben inmitten weltlicher Verpflichtungen nach und nach wiederhergestellt. Statt der mächtigen ägyptischen, griechischen und römischen Tempel mit ihren prächtigen Zeremonien, bei denen den Initianten im Verborgenen immer tiefere Grade von Wahrheit enthüllt wurden, erfolgt nun eine allgemeine Verbreitung der universellen Weisheit. Die Tempel werden weit stärker, wenn auch nicht gänzlich, intellektuell in ihrem Charakter sein, ihre Riten weniger symbolisch als vielmehr befasst mit tatsächlicher okkulter Erfahrung. Aufgrund ihres Wissens um die verborgenen Mächte, Kräfte und die Intelligenzen in der Natur sowie deren Existenz und Wirken im Menschen werden die Neophyten in vielen Fällen wiedergeborene Mitglieder uralter Mysterienorganisationen sein und in verschiedenen Graden auf direkte Enthüllung von Wahrheiten über den Kosmos, den Menschen und deren Wechselbeziehungen vorbereitet sein. Die Verbreitung von Wissen über Theorien und Praktiken des östlichen – aber eigentlich des universellen – Yoga in der ganzen westlichen Welt, die jetzt stattfindet, ist nur ein Beispiel für diese Tendenz.

Der Vorgang muss natürlich ganz allmählich erfolgen, allein schon deshalb, weil, wann immer rituelle Einweihungen vorgenommen werden, der äußeren Persönlichkeit von Empfängern möglicherweise zusätzliche Kraft übertragen wird. Aufgrund bösartiger Neigungen, die noch in der Natur der Kandidaten verblieben sind, dürften Laster, wie etwa Hass, Zorn und deren Ausdruck in Form von Grausamkeit, viel schwerer auszumerzen sein. Daher müssen jene, die das Privileg haben, eine spirituelle Beschleunigung zu erfahren, sorgfältig ausgewählt werden. Die Menschheit muss sich also noch gründlicher von diesen Eigenschaften der menschlichen Natur reinigen. Kriege müssen aufhören und Streitfälle – ob nationale oder persönliche – müssen zunehmend gelöst und beigelegt werden, indem beide Seiten aufeinander zugehen, indem sie Überzeugungskraft im besten Sinne des Wortes als Prinzip annehmen und anwenden.

In der Epoche des menschlichen Lebens und der menschlichen Entwicklung, in die wir jetzt eintreten, muss eine neue Form der Erziehung für junge Menschen eingerichtet werden, die man als Erziehung für Jünger und Initiierte bezeichnen könnte. Die Zeit muss also kommen, in der Bildungssysteme und Institutionen die Möglichkeit erkennen, dass sich Studierende beiderlei Geschlechts von Natur aus zum religiösen Leben berufen fühlen und danach streben, den Schwerpunkt ihrer Studien auf entsprechende Fächer und Projekte zu richten. Die ganze Welt – insbesondere die sogenannte nahöstliche und die westliche Welt – muss sich dringend auf die Ankunft von jungen Menschen in Familien und folglich in Schulen und Universitäten einstellen, die sich nicht problemlos oder erfolgreich in Lehrpläne oder in Tätigkeiten außerhalb des Klassenzimmers einfügen, welche materiell ausgerichtet sind.

Zugleich sollten weder die Erziehungsbehörden noch solche Studierende andeuten, dass sie oder ihre Lebensweise der ihrer Kameraden überlegen sei. Natürlich wird man sie als anders empfinden, und man muss Maßnahmen ergreifen, sodass sie ihren eigenen Idealen und Lebensweisen in vollkommener Freiheit und ohne Einmischung des Lehrkörpers oder anderer Mitschüler folgen können. Man darf annehmen, dass am Ende ganze Schulen entstehen werden, die keinen anderen Zweck verfolgen, als Idealisten aller Altersstufen zu unterweisen. Selbstverständlich müssen Lehrer gefunden werden, die von denselben Idealen beseelt sind, dieselben Ziele verfolgen und von denselben Lebensgrundsätzen beflügelt werden. Wiedergeborene Yogis, Idealisten, Schüler von Adepten und solche, die in die Mysterientradition eingeweiht sind [in früheren Leben], werden natürlicherweise von der Zielsetzung eines solchen Bildungssystems angesprochen. Sie werden unter den Studierenden sein, die den Unterricht besuchen, wie auch unter den Unterrichtenden, die die Richtung weisen und lehren. In dem Maße, wie sich der Zustand der Welt und der menschlichen Lebensbedingungen vom Standpunkt internationaler Beziehungen und des Weltfriedens aus langsam verbessert, werden – was zu erwarten ist – immer mehr junge Menschen fähig sein, positiv auf solche Einrichtungen zu reagieren.

Das Alter, in dem Menschen idealistische Tendenzen aus früheren Leben erfahren und darauf ansprechen, ist ganz unterschiedlich. Wie im Falle von Wunderkindern antworten manche bewusstseinsmäßig sehr früh darauf, oder indem sie besondere Fähigkeiten an den Tag legen. Andere wiederum fühlen sich vielleicht erst am Ende ihrer Teenagerzeit oder noch später im Leben von der spirituellen Lebensweise und dem Ideal des Dienens angezogen. Viele Faktoren spielen bei diesen Unterschieden eine Rolle, einschließlich der familiären Bedingungen, der frühkindlichen Erziehung und der Weltlage – insbesondere Krieg oder Frieden –, in die sie hineingeboren werden.

Normalerweise liegt das Alter, in dem der Drang nach dem Spirituellen übermächtig und bestimmend wird, bei Männern zwischen dem 28. und dem 33. Lebensjahr und bei Frauen etwas früher, obwohl es natürlich Abweichungen gibt. Zugegebenermaßen müssen noch andere Vorkehrungen als nur besondere Schulen getroffen werden, um ältere Aspiranten zu ermutigen und ihnen zu helfen, während eine Menschheit, die weiterentwickelt ist als die gegenwärtige, sich inkarniert. So braucht es ein neues Bildungsprinzip. Es umfasst Lebensweisen – eine Erziehung und Religion –, die so ausgerichtet sind, dass sie all jene, die sich wirklich für den spirituellen Lebensweg entschieden haben, willkommen heißen, ermutigen und unterstützen. Alles, was für eine wirksame Erziehung und Entwicklung vom Jugendlichen bis zum Erwachsenen notwendig ist, wird darin enthalten sein.

Zusätzlich wären Unterricht und Ausbildung, sowohl in der mystischen als auch in der praktischen Erfüllung der Ziele und Zwecke für das menschliche Leben, Teil des Lehrplans. Diese Grundsätze müssen festgehalten werden, und eine solche Erklärung muss die folgenden theosophischen Lehren über die Konstitution des Menschen enthalten:

> Der Mensch ist jenes Lebewesen, in dem der höchste Geist (die Monade) und die niedrigste Materie (der Körper) durch den Intellekt verbunden sind.
>
> Das spirituelle Selbst des Menschen (die Monade) bringt fortwährend im Keim angelegte Fähigkeiten hervor; diese zu entwickeln ist der Zweck seines Daseins.
>
> Dieser Prozess gipfelt im Erreichen vollkommenen Menschentums, in der Adeptschaft.

Die menschliche Evolution vollzieht sich durch aufeinanderfolgende Leben oder Wiedergeburten.

Die Bedingungen und Erfahrungen des Menschen sind Ergebnisse menschlichen Verhaltens entsprechend dem Gesetz von Ursache und Wirkung oder Karma. Güte schafft Gesundheit und Glück, Grausamkeit bringt Krankheit und Elend.

Die Evolutionsprozesse lassen sich beschleunigen. Das „Himmelreich" kann im Sturm erobert werden. Das erfordert Selbsterziehung, regelmäßige Meditation und selbstloses Dienen.

Jahrhundert für Jahrhundert erscheinen vollkommene Männer und Frauen, die seltenen Blüten der Menschheit. Adepten hat es schon lange auf Erden gegeben.

Seit Urzeiten und immer wieder haben gewisse Adepten die von ihnen entdeckte Weisheit und Erkenntnis mit der Menschheit geteilt. Das wird *Brahmavidyā* (sanskrit), *Theosophia* (griechisch), Theosophie in der modernen Form genannt.

Im Mittelpunkt dessen was in Elternhäusern, Schulen, Universitäten und in Gemeinschaften älterer Menschen, die auf diesen Prinzipien basieren, vor sich geht, wird die Akzeptanz zweier unabdingbarer Ziele stehen: Das Erreichen geistiger Verwirklichung oder das verwirklichte Einssein und das selbstlose Dienen, um das Los der Mitmenschen zu verbessern. Ohne diese beiden werden sich heute und für immer alle Bekundungen von Idealismus, was die Resultate anbetrifft, als nutzlos erweisen.

Alle, die gewillt sind, *dem Ruf aus den Höhen* zu folgen, müssen ihre ganze Energie, all ihre Kräfte und Interessen mit diesen beiden Zielen vor Augen, zusammennehmen. Die großen Lehrer, Gründer oder Impulsgeber heute noch bestehender Religionen betonten ihre Wichtigkeit ihr Leben lang, indem sie deren Annahme und Anwendung beispielhaft darstellen. Solche Ideale würden inspirierte Leiter und Lehrer hervorbringen, die, durch eigenes Wissen befähigt, ihrerseits die Menschheit in Richtung des lebendigen Kerns aller Religionen führen könnten, nämlich zur Erfahrung der Einheit mit dem Göttlichen und deren Ausdruck in weise geführtem, liebevollem Dienst.

Wenn die Menschheit zu diesem spirituellen Ideal und dessen praktischer Verwirklichung hingeführt werden soll – dadurch allein kann sie in eine Ära der weltweiten Bruderschaft fortschreiten –, dann ist es unbedingt nötig, dass mit der Jugend der Anfang gemacht wird. Die Schulen der Zukunft, genauso wie Hochschulen und Universitäten, müssen die Gedanken ihrer Schüler und Studenten auf den hier dargelegten Idealismus richten; denn sie bekommen ihrerseits den Ansporn und werden befähigt, jene Weltreform durchzuführen, wodurch die Menschheit vor sich selbst gerettet werden könnte.

Bildung und religiöses Leben müssen eins werden. Eine neue Definition von Religion[87] ist dringend nötig und könnte sehr wohl durch das Medium der Bildung geschaffen werden. Man muss wieder sehen, was der Gottesdienst in Wirklichkeit ist und muss damit aufhören, ihn hauptsächlich als Kirchgang zu verstehen und zu praktizieren. Der Gottesdienst hat in Wirklichkeit einen geistig erhebenden, inspirierenden Platz im inneren Leben des Menschen. Wird er jedoch zu sehr als notwendige, konform-treue Handlung und zu wenig als Zwiesprache mit dem eigenen göttlichen Selbst betrachtet, kann das den Menschen veranlassen, sich in der falschen Annahme zu wiegen,[88] dass der Kirchgang als solcher wichtiger ist als die innere Erfahrung der Einswerdung[89] mit Gott.

Leider ist der geistige und praktische Kern jeder Weltreligion von der Betonung der äußeren Handlungen, Zeremonien und weltlichen Weisungen und Zielsetzungen überlagert worden. Zeremonien und feierliche Handlungen können nützliche Hilfen sein, um innere Erleuchtung zu erlangen, wie auch Weisung zum spirituellen Idealismus in der Praxis des täglichen Lebens. Die Gefahr besteht jedoch, dass Zeremonien und die traditionellen Bräuche das Übergewicht bekommen. Darüber hinaus findet man religiöse Feindseligkeiten und enge sektiererische Abgrenzungen anstelle des Lebens in einem weltumspan-

---

87 Religion, *religere* (lat.): Zurückbinden.
88 wörtlich: einlullen (engl. *lull*). [Hrsg.]
89 Im engl. Original: communion.

nenden Mysterientempel, der jenen erreichbar ist, die ihn mit reinem Herzen und geordnetem Denken zu finden und zu betreten suchen. Zusammen mit den schon erwähnten Schwierigkeiten verzögern diese die Wiederherstellung einer einheitlichen Methode in Schule und Tempel zur Schulung im spirituellen Leben. Der eigentliche Sinn der Existenz von Weltreligionen – die Entdeckung der göttlichen Präsenz sowohl im Äußeren als auch im Inneren – mag wenig oder gar keinen Platz mehr haben weder bei der Ausführung religiöser Zeremonien noch bei der Teilnahme daran.

Eine Veränderung ist nötig, damit die Kontemplation des Göttlichen täglichen Raum im religiösen Leben des Einzelnen einnimmt. Dann könnte der Gottesdienst als Mittel angesehen werden, zur Einheit mit Gott zu gelangen. Gewisse Bräuche, die den Alten Mysterien entstammen und nach deren Methoden weitergeführt werden, können sich als sehr hilfreich erweisen, besonders für jene Menschen, die außer Stande sind, subtilere philosophische Gedanken zu verstehen. So können sie in ihrem Inneren zur Erkenntnis von solch ewigen Wahrheiten kommen wie die Allgegenwart des einen göttlichen Lebens in der ganzen Natur und durch unmittelbare Erfahrung wissen, dass dieselbe Göttlichkeit in ihnen lebt und webt.

Also ist eine Balance nötig zwischen dem vollständigen Rückzug vom aktiven ins kontemplative Leben einerseits und dem Kirchgang als einziger Aktivität andererseits – wenngleich beides Respekt verdient. Natürlich muss bei einer solchen Abwägung die menschliche Veranlagung entsprechend berücksichtigt werden, da Menschen von Natur aus verschieden sind, was das Bedürfnis und die Reaktion auf unterschiedliche Formen der Religion betrifft. Manche Menschen erleben z. B. ein Hochgefühl und finden Erbauung durch prächtig dargebotene und ausgeführte religiöse Zeremonien. Andere hingegen mögen empfinden, dass dies Geist und Herz von der inneren Vereinigung, die sie anstreben, ablenkt. Für manche ist das Erkennen und Beschreiben von Schönheit – in der Kunst und ihrer Umgebung – ein ebenso tiefes religiöses Erlebnis wie der Kirchgang. Andere begreifen Religion als die Suche nach Realität, insbesondere wenn es gelingt, durch das Durchdringen der Illusion zur Wahrheit selbst vorzudringen. Die ewige Wirklichkeit, die durch diesen Prozess enthüllt wird, ist eine Erscheinungsform des Göttlichen, und ihre Entdeckung durch den Geist und im Geiste ist eine Form des Gottesdienstes und dessen Erfüllung. Für Menschen dieser Art ist Gott einfach Wahrheit, und die Kontemplation besteht in der intellektuellen und intuitiven Suche.

Einer der Gründe, warum die Theosophische Bewegung ins Leben gerufen wurde, war es, ein einigermaßen zentralisiertes System der Orientierung im mystischen und okkulten Leben zu schaffen. Dies wurde im ersten Jahrhundert ihres Bestehens teilweise erreicht. In der Tat hat die Theosophische Gesellschaft durch ihre Mitglieder in den ersten hundert Jahren ihres Bestehens hervorragende Arbeit geleistet, indem sie die grundlegenden Lehren der Theosophie der Menschheit eindrucksvoll nahegebracht hat. Dies, so können wir sicher sein, wird die Theosophische Gesellschaft auch weiterhin tun.

Eine Ausweitung der Tätigkeit der Gesellschaft auf diesem speziellen Gebiet dürfte heute durchaus einer Überlegung wert sein. Es könnten zusätzlich zur Gründung von Sektionen und Zweigen Gruppen gebildet werden, die das unterstützen, was man als „Tempelleben" bezeichnen könnte. Nützlich wäre die Gründung einer weltweiten Meditations- und Kontemplationsorganisation, die einzelne Gruppen zusammenschlösse, ohne ihre Freiheit zu beschneiden. Geschieht das nicht, würde die Trennung zwischen Gruppen, die sich nicht einfach zusammenbringen lassen, bewirken, dass sich die Wiedereinrichtung und das Wachstum einer modernen Mysteriengrundlage für die gesamte Menschheit verzögern.

Diese Bewegung, wenn sie denn erfolgreich ist, könnte nicht nur für alle, die ernsthaft das innere Licht suchen, sehr hilfreich sein – manche sind ja wiedergeborene Mitglieder der Alten Mysterien –, sondern könnte auch allmählich und auf ganz natürlichem Wege zu dem führen, was man eventuell die *Mysterienmethode* nennen könnte. Eine auf diese Weise sorgfältig und klug eingerichtete Bewegung würde von Stufe zu Stufe durch die Grade der Probe, der Schülerschaft, der Initiation und schließlich der Adeptschaft fortschreiten. Vermutlich wären diejenigen, die darauf ansprächen und Zugang erhielten, Menschen, die *den Ruf aus den Höhen* vernommen und ihm entsprochen hätten.

Zur Zeit der Alten Mysterien stand der Rat des Meisters zur Verfügung – Imhotep und Hermes Trismegistos sind mögliche Beispiele dafür –, was Gründung und Ausrichtung der größeren Tempel Ägyptens, Griechenlands und anderer Länder anbelangt. Wäre es wohl zu vermessen, auf die Wiedereinsetzung dieser Mahātmischen Lenkung in moderner Gestalt zu hoffen? Ob auf sichtbare oder unsichtbare Weise wären dann solch vollkommene Anweisungen zum Festlegen von Studien- und Meditationsmethoden und die Anwendung der Ergebnisse im Alltag verfügbar. Die Theosophische Gesellschaft, wie sie ursprünglich geplant war und sich seither weiterentwickelt hat, ist ein Beispiel einer von den Meistern inspirierten Unternehmung.

Zweifelsohne werden in abgeschiedenen Gegenden Zentren entstehen. Menschen von ähnlicher Gesinnung werden zusammenkommen, oft weit entfernt vom Leben in der Stadt oder selbst von Städtchen auf dem Land. Das wird sicherstellen, dass eine einigermaßen ungetrübte physische und intellektuelle Privatsphäre und entsprechende Umstände vorhanden sind. Diese besonderen Bedingungen sind wesentlich für die Entwicklung der intuitiven Fähigkeit und einer uneingeschränkten Spiritualität, die das Leben physisch, emotional und intellektuell durchdringt. Die „Hierophanten" der Zukunft werden Manifestationen spirituellen Willens in Bewusstseinsträgern von reinstem, klarstem, intuitivem Erkennen sein. Die Berührung mit dem Thyrsusstab[90] wird dann dargestellt und erfahren als strahlendes Aufblitzen unmittelbaren Wissens. Dies dürfte sich oft als nicht kommunizierbar erweisen, allein schon deshalb, weil es viel subtiler ist, als es jede verbale Mitteilung in intellektuellen Begriffen je sein kann. Sie ist von ganz besonderer Bedeutung für jeden Empfänger, der sie in der Stille seines Herzens als Schatz bewahrt.

Unterdessen muss die fortwährende Verbreitung der Weisheit der Zeitalter weiterhin die Grundlage all jener Tempel bleiben, die nicht von Menschenhand errichtet werden. Das Allerbeste, was diejenigen tun können, die beim Eintritt – in vielen Fällen dem Wieder-Eintritt – der Menschheit in die Mysterienreligion mithelfen wollen, ist, jene *Theosophia*, die wahrheitsgetreu *Göttliche Weisheit* heißt, erst zu erfassen, dann auf ihr eigenes Leben anzuwenden und schließlich Ratsuchenden zur Verfügung zu stellen. Hier ist der Ruf. Das ist die

90 Thyrsus: Stab (Symbol der Macht) des Hierophanten.

Gelegenheit. Ein großer Teil der Weisheit ist bereits wieder in das menschliche Denken, Fühlen und weltliche Leben eingeflossen. Sie wird sich sozusagen aus sich heraus der gegenwärtigen und zukünftigen Menschheit enthüllen.

Solcher Art ist die Möglichkeit, die sich jetzt vor der Menschheit auftut. Das wird teilweise deutlich durch die Gründung der Theosophischen Gesellschaft, die aus H. P. Blavatskys Verkündung hervorging, dass ihr persönlich bekannte große Adepten auf Erden leben. Die wachsende Anzahl von Yoga- und Meditationsgruppen, die sich heute bilden und Jung und Alt anziehen, lenken die Aufmerksamkeit auf diese Möglichkeit und unterstützen die Idee einer entsprechenden weltweiten Bewegung. Auf solche Art und Weise – und zweifellos auf manch andere – kann sich der Pfad zum inneren Licht für den mystischen und ernsthaft suchenden Aspiranten offenbaren.

17

DER BEDENKLICHSTE ABSTURZ

Die Entscheidung, den Pfad zu beschreiten, ist von großer Bedeutung – Ausdauer und Zielgerichtetheit erforderlich – Das Brechen des Gelübdes und der Rückfall in frühere Verhaltensweisen sind eine Gefahr – Die Möglichkeit der Rückkehr – Bedeutet eine Verzögerung auf dem Pfad in späteren Leben.

Die überaus wichtige und bedeutungsvolle Entscheidung, den Pfad zu beschreiten, der die Entwicklung zur Vervollkommnung des Menschen beschleunigt, ergibt sich aus dem fortgeschrittenen Entwicklungsstand des reinkarnierenden Selbst; denn mit dieser Entscheidung erwacht eine bis dahin schlummernde spirituelle Eigenschaft. Wenn diese sich regt, nimmt sie immer dieselbe Form an – den Entschluss, den Pfad der Schülerschaft zu suchen, zu finden und zu beschreiten. Welchen Ausdruck dies findet, hängt von Einflüssen wie der Vorherrschaft des einen oder anderen der sieben Strahlen ab, die in der jetzigen Persönlichkeit aktiv sind. Die häufigste Wirkung ist jedoch als vermehrte Willensstärke wahrnehmbar, die voll entschlossen einzig darauf gerichtet ist, das Ziel der menschlichen Evolution so schnell wie möglich zu erreichen. Gleichgültig welcher Strahl, welche Erziehung, welche Bildung, welche Lebenserfahrung, welche Umwelteinflüsse, welche soziale Voraussetzung und natürlich welcher Gesundheitszustand – diese zwingende, innere Entscheidung bestimmt immer stärker die Motivation fast einer jeden Handlung.

Der Grad, die Art und Weise und besonders die Ausdauer, mit der diese innere Entscheidung umgesetzt wird, sind von allergrößter Bedeutung. Weitere Ratschläge hinsichtlich der Gefahren und Fallstricke für jeden, der die geistigen Höhen anstrebt, sollen hier angefügt werden. Am allerwichtigsten ist die Geisteshaltung, mit der dieser Versuch unternommen wird, wie intensiv Bestreben und Ausdauer sind, sogar wenn die Bestrebung nachlässt oder zeitweise sogar zu schwinden scheint. Der Gedanke könnte aufkommen, dass der Pfad zu steil, das Terrain zu schwierig, die Höhe zu hoch und die Sehnsucht nach den gewohnten Annehmlichkeiten und Vergnügungen eines weltlichen Lebens zu stark seien. Alle diese und noch weitere Verzögerungen können den inneren Geistesimpuls und die Begeisterung, den Eifer und sogar den Wunsch, das Ziel zu erreichen, unterminieren.

Wie sehr sich auch die spirituellen „Füße" schleppen, langsamer werden oder zeitweise den Aufstieg verzögern, der Schüler darf sich nie geschlagen geben. Jene, die den Gipfel erklommen haben, raten denen, die noch nicht durch das höhere Ego regiert werden, fortzufahren, weiterzumachen, koste es, was es wolle. Denken und Verhalten sollten dauerhaft durch den Willen geleitet und, wenn auch nicht völlig, ständig unter Kontrolle gehalten werden, sobald das innere Erwachen einmal verstandesmäßig erfasst und bewusst im Leben umgesetzt wird. Während Gewicht und Auswirkung dieser Entscheidung von Mensch zu Mensch verschieden sind, kann die Wichtigkeit, sie zu verstehen und im Gedächtnis zu behalten, gar nicht genug betont werden.

Das Bemühen, die spirituellen Höhen schnell zu erreichen, wird *immer* um des allem innewohnenden Lebens willen unternommen, das sich auf Erden entfaltet. Das ist deshalb so, weil, wie schon gesagt, die eigentliche Lebensessenz in der emporstrebenden Seele identisch ist mit der in jedem anderen Wesen in allen Reichen der Natur. Gewiss, die Persönlichkeit mag sich dieser äußerst engen Beziehung und ständigen Wechselwirkung nicht sogleich voll bewusst sein und übernimmt die Verantwortung dafür nicht, besonders auf der Ebene des formalen Verstandes. Nichtsdestoweniger wurde im Physischen ein Gelöbnis wiederholt, das die ganze Natur des Schülers und das sich in allen Formen entwickelnde Leben zutiefst betrifft, in der Tat viel tiefer als man allgemein zuerst erkennt. Wird dieses Gelöbnis gebrochen und verhält man sich in einer Weise, die eindeutig den Regeln des spirituellen Lebens zuwiderläuft, so handelt es sich um wahrhaft ernste Verfehlungen. Das ist der Grund dieser Warnung, die auf den ersten Blick übertrieben scheinen mag.

Diese Verantwortung ist von hochprivilegierten Schülern eines Adept-

Lehrers freiwillig übernommen worden; denn sie waren es selbst, die diesen Lehrer aufsuchten und gelobten, sich als Schüler ihrem Gewissen entsprechend zu verhalten. Sogar bei der Durchführung der Dinge des weltlichen Lebens – beispielsweise im Geschäftsleben – werden Ehre, Ehrlichkeit und Regeln des inneren Lebens getreulich eingehalten und als unabdingbar betrachtet. Weit mehr noch gelten diese für das moralische Miteinander zwischen einem Menschen und einem Mitglied der Adept-Hierarchie.

Gibt ein Mensch absichtlich und ohne recht die Konsequenzen zu bedenken – besonders wenn es sich um gebrochene Gelöbnisse handelt –, alle Bemühungen auf, die evolutionäre Entwicklung zum Wohle der ganzen Menschheit zu beschleunigen, so wird er zum Verräter. Die hier erwähnte Treue gilt nicht nur für die Beziehung zwischen dem äußeren Menschen und dem inneren Selbst, sondern auch für die zwischen Schüler und Meister und ebenso zwischen diesem Schüler und all seinen Mitmenschen.

Sich von dem großen Ideal abzuwenden, heißt so viel wie sich Gottes Willen zu widersetzen. Das absichtliche Aufgeben der ganzen idealistischen Suche und die eigenmächtige Wiederaufnahme schlechter Gewohnheiten führt mit Gewissheit in die Katastrophe. Gibt man sich willentlich Versuchungen hin und kommt eine geradezu trotzig-aggressive Haltung und eine negative Ausdrucksweise den Pfad betreffend auf, schadet das sehr, sowohl demjenigen, der auf diese Weise abfällt, als auch all denen, die davon betroffen sind.

Dass man sich nach spirituellen und okkulten Anstrengungen, besonders solchen intensiverer Art, Ruhe gönnt, ist durchaus zulässig. Dass man sich von äußeren Aktivitäten, wenn man sich überanstrengt und übermüdet fühlt, in Ruhe zurückzieht, ist nicht nur erlaubt, sondern eine weise Alternative, da wenig oder gar kein Schaden dabei entsteht. Denn ein körperlicher Zusammenbruch kann den ganzen Prozess verderben, nicht nur für den Aspiranten selbst, sondern auch in den Augen jener Neophyten, die vielleicht die heiklen Sachverhalte, um die es geht, nicht verstehen.

Ein offener Bruch der Regeln, das Leugnen von Idealen, und – sogar noch schlimmer – Ausfälle gegen Gefährten und Führer auf dem Pfad nach oben, müssen unbedingt unterlassen werden. Dieses Buch würde seinen Zweck verfehlen und sich als wertlos erweisen, wenn dies hier nicht in aller Deutlichkeit gesagt würde. Das gilt nicht nur um seiner selbst oder der moralischen Vorstellungen willen, sondern auch wegen der möglicherweise langfristigen schädlichen Auswirkungen auf das jetzige Leben und die nachfolgenden.

Solche Abstürze waren entweder Teil eines früheren Lebens oder haben sich neu eingestellt als Folge sinnlicher Befriedigung und körperlicher Vergnügungen. Hat man einmal auch nur die ersten Schritte auf dem selbst erwählten Pfad nach oben gemacht, gibt es kein Zurückschauen oder Zurückgehen mehr, wie die Geschichte von Lots Frau veranschaulicht.[91] Stürzt jemand wiederum auf diese Weise ab, indem er weiterhin seine Aufmerksamkeit auf materielle Ziele richtet, alte und unerwünschte körperliche Gewohnheiten wieder aufnimmt, in hemmungslosen sinnlichen Emotionen und selbstsüchtigen, besitzergreifenden, sich über alle anderen erhaben fühlenden Gedanken schwelgt, dann senkt sich unvermeidlich ein Vorhang oder Schleier über die bis dahin allmählich durchsichtiger gewordene Schranke zwischen dem höheren und dem niederen Denken. *Antahkarāna*, der Pfad oder die Brücke zwischen der höheren, abstrakten Intelligenz und dem niederen formalen Denken, schließt sich, wobei die Kommunikation zwischen der unsterblichen geistigen Seele und der sterblichen Person gekappt wird.

Eine Auswirkung davon zeigt sich als Abgestumpftheit während des Wachzustandes und ein gewisses Nachlassen der Empfänglichkeit für den inspirierenden, erleuchtenden und stärkenden Einfluss des inneren Selbst. Das Monaden-Ego verliert dann einen großen Teil seiner Macht über die Persönlichkeit des Menschen. Wie dem auch sei, wenngleich die Regeln der Natur zum Gelingen der Spiritualisierung durch das [höhere] Selbst an sich streng sind, erweist sich ihre Befolgung – besonders bei einem sogenannten Mann oder einer Frau von Welt – als eher lasch. Wenn allerdings der Entschluss, trotz aller Hindernisse fortzufahren, weiterhin besteht, so ist es möglich, sich von Ausrutschern, Stolpersteinen und unerwarteten Stürzen zu erholen. Jedes Mal jedoch, wenn Schüler *mit Absicht* die Augen in eine Richtung wenden, von der sie wissen, dass sie der idealen Haltung entgegengesetzt ist,

91 Moses 18,26: Als Allegorie zu verstehen.

schwächen sie ihre geistige Leistungskraft und verlangsamen ihren spirituellen Fortschritt.

Glücklicherweise sind solche Stürze nicht unwiderruflich. Weitere Leben werden folgen, in denen die Ideale des spirituellen Lebens wiederum aufgenommen und mit Erfolg als „Regeln auf dem Weg" angewendet werden können. Helfende Hände finden sich immer, um den Sturz zu verhindern oder den Aufprall zu lindern und die Heilung zu unterstützen, es sei denn, dass tragischerweise die Entscheidung, sein Selbst zu verdunkeln, unumstößlich geworden ist.

Obwohl Schüler in unseren Zeiten weiterhin in wachsender Zahl erscheinen, gibt es nur wenige solcher Abstürze. Die warnenden Worte haben den Zweck, jene, die der Masse voraus sind, vor solchen Verfehlungen zu bewahren und sie zu leiten. Ein absichtliches Hinwenden zum Bösen und zur Schwarzen Magie ist natürlich weit ernster zu nehmen, bedarf aber hier kaum der Erörterung, allenfalls nur um der Deutlichkeit willen.

Die Welle spiritueller Inspiration bewegt sich wie Ebbe und Flut. Persönliche Umstände und astrologische Einflüsse spielen eine Rolle. Jeder Schüler sollte sich wappnen und in Gedanken und in der Meditation zum unabänderlichen Schluss kommen, dass eine solche Rückkehr zu vergangenen Lebensgewohnheiten niemals und unter keinen Umständen erfolgen darf. Auf diese Weise wird eine Art *Selbstschutz* aufgebaut. Ferner sollte man sich zur eigenen Belehrung und emotional immer gänzlich losgelöst mit den Lebensgeschichten und lebenden Beispielen derer befassen, die bekanntermaßen das Ideal vom Pfad als Maßstab ihres Denkens und Lebens aufgegeben haben. Auf diese Weise kann Selbsterziehung durch das Leben selbst gewonnen werden. „Weiter und immer höher" wird gleichsam durch Gewohnheit zum Lebensmotiv, nachdem der Ruf vernommen und erwidert wurde. Dies ist tatsächlich das Leitmotiv in den Gedankengängen derer, die – um der maximalen Wirkungsfähigkeit willen im Dienst ihrer Mitmenschen – so schnell wie möglich das Ziel erreichen möchten, das Paulus beschreibt, „dass wir zum vollkommenen Menschen werden und Christus in vollendeter Gestalt verkörpern"[92].

92 Eph. 4,13.

Von dieser Art also ist das unendlich fesselnde Ideal, das zunehmend die Kontrolle über das persönliche Denken und Leben des Aspiranten einnimmt, welcher in Bruder Laurence' Worten „vom Sturmwind des Heiligen Geistes erfasst wurde"; denn es ist wahr in der Tat, dass er „sogar im Schlafe vorwärts geht." [93]

---

93 Bruder Lorenz, *Im Angesicht Gottes*, Olten 1951. (Brother Laurence, *The Practice of the Presence of God).*

18

FALLSTRICKE

Wachsamkeit des Aspiranten angesichts der geänderten Grundsätze und Lebensweise – Hindernisse, die den geistigen Fortschritt verzögern – Hochmut, Selbstüberschätzung, extreme Intellektualität, Sinnlichkeit, unerwünschte Beziehungen, Ausschweifungen, Drogen – Als Gegenmittel Gebet, Kontemplation göttlicher Wahrheiten, Meditation, Übung der Selbstbeherrschung und Willensstärke – Kampf im Inneren – „Goldene Stufen" (H. P. Blavatsky).

Prioritäten zu setzen, ist für jeden Menschen, der sich auf den Pfad der Selbsterkenntnis, des spirituellen Selbstausdrucks und des Dienstes am Nächsten begibt, von sehr großer Wichtigkeit. Er oder sie muss beständig auf der Hut sein, damit frühere Interessen und Lebensweisen die erwachende Spiritualität mit ihrer idealisierenden Wirkung auf Denken, Emotionen und Lebensweise nicht in den Hintergrund des Bewusstseins drängen. Wachsamkeit wird für alle Neophyten zu einem Wort von größter Wichtigkeit, wenn sie dem inneren Impuls folgen. Dieser mag anfangs nicht sehr stark sein, führt jedoch schließlich zu einer radikalen Veränderung sowohl der Lebensgrundsätze als auch der Lebensweise. Bis das spirituelle Selbst die volle Herrschaft über den sterblichen Menschen erlangt – besonders was seine körperlichen Bedürfnisse betrifft – besteht die Tendenz, dass revolutionäre Umwälzungen verschiedenster Art in den unterschiedlichen Temperamenten[94] Widerstand hervorrufen. Psychologisch oder verstandesmäßig kann das als Sinneswandel erfahrbar sein, oder das Karma kann einen unaufhaltsamen Wandel im physischen Leben, in Gesundheit, in Arbeit oder in persönlichen Bekanntschaften beschleunigen oder aber

94 Charaktertypen. Hodson unterscheidet sieben Temperamente gemäß den sieben Strahlen (s. Kap. 25). [Hrsg.]

als ernsthafte Versuchung, die den Schüler an der einen oder anderen Stelle, an der er verwundbar ist, auf die Probe stellt.

Hindernisse sind unvermeidlich bei der Verwirklichung des spirituellen Ideals, was u. a. bedeutet, dass man den Entwicklungsschritt über die normale Geschwindigkeit hinaus forciert. Die Hindernisse rühren daher, dass die Vergangenheit noch immer schwer auf der Gegenwart wie auch auf der Zukunft lastet. Gewohnheiten, die Erfordernisse des physischen Lebens und was damit zusammenhängt, Interesse an den Phänomenen, inmitten derer man lebt, alle diese tendieren dazu, die Aufmerksamkeit abzulenken. Sie fordern und fesseln das Interesse in einem Lebensmodus, bei dem immer schon das Ich im Mittelpunkt stand und von da aus seine Prioritäten setzte.

Der physische Leib und seine eng damit verbundenen elementaren Neigungen sind zu einem Wesen geworden, das sich nach Gewohnheiten richtet. Diese sind durch ununterbrochene Anwendung in einer konventionellen Lebensweise sozusagen automatisch geworden – angefangen vom Erwachen am Morgen bis zum Schlafen in der Nacht – und lassen sich nicht so leicht ablegen, ganz besonders am Anfang der großen Suche. Dazu kommen Elemente, die im Sanskrit *skandhas*[95] genannt werden, was hier Eigenschaften und Attribute jener Substanzen bedeutet, aus denen der mentale, emotionale und physische Körper aufgebaut ist. Verinnerlicht aufgrund der jeweiligen Herkunft oder durch übermäßige Genussfreudigkeit können nun gewisse Neigungen, die früher latent vorhanden waren, mit außergewöhnlicher Kraft ausbrechen. Ein Aspirant dürfte darauf nicht wirklich vorbereitet sein, da dies unvermutet auftritt, und er kann daher von seinem großen Ideal abgelenkt werden, sich gehen lassen und sich von Hochmut, von Streben nach Besitz, von Sinnlichkeit oder sogar von Gier leiten lassen.

Es kann zu Abstürzen kommen, die sich entweder auf den Rest des physischen Lebens oder nur auf eine gewisse Zeit auswirken. Natürlich muss man sich so gut wie möglich davor schützen und, falls sie eintreten, schnell in den vorigen Zustand zurückfinden, auch wenn man sich dazu zwingen muss. Diejenigen, die danach streben, die *Gnosis* oder Wahrheit unmittelbar zu suchen und zu verstehen, dürfen in ih-

95 *Skandha* (sanskr.): Siehe Glossar.

rem Bestreben nicht nachlassen, wie laut auch das ruft, was man gar nicht so unangemessen „die Welt, das Fleisch und den Teufel" nennen könnte. Ein Beispiel eines tragischen Misserfolges ist Judas Ischariot, der hinter dem Ideal des Strebens nach Vollkommenheit unter einem Adepten und Meister kläglich zurückfiel.[96] Judas wurde das Opfer der zweifachen Verlockung: Anerkennung seitens der Herrschenden und Stellung unter den Privilegierten einerseits und der Geldgier andererseits. Der Wunsch nach Beliebtheit und die Schwäche der Begierde brachten ihn für dieses Leben zu Fall, was allegorisch dargestellt wird durch seinen Selbstmord.[97]

Ein Absturz besonderer Art oder die Tendenz dazu, kommt durch die anfangs unbewusste Entwicklung des Eigenwillens. Die spirituelle Willenskraft wird so stark, dass sie ein gefährliches Ungleichgewicht im Charakter des Schülers hervorrufen kann. Das kann tatsächlich so zwanghaft werden, dass dieser entweder für die eigene innere Stimme des Gewissens oder die des Lehrers unempfänglich wird oder diese sogar aus dem Bewusstsein verliert. Dies ist eine der größten Gefahren, die jemandem auf dem Pfad der beschleunigten Entwicklung zustoßen kann. Ein bis dahin beeinflussbarer, vernünftiger Mensch kann sich zu einem selbsternannten Vorgesetzten entwickeln, der von seinen Mitstreitern und anderen Menschen Gehorsam verlangt.

Stolz auf die eigene Macht kann auch von der Überlegenheit des Intellekts herrühren und dem zusätzlichen Wissen, das er verleiht. Die intellektuelle Entwicklung, die sich auch unter dem Einfluss des Meisters vollzieht, kann im formalen Verstand und der physischen Persönlichkeit des Schülers eine Überbetonung des analytischen Denkens hervorrufen, wenn es darum geht, Probleme des Lebens anzugehen, sodass die Beurteilung relativer Werte *völlig* falsch ausfallen mag. Die formale Intelligenz neigt dazu, zum Test zu werden – buchstäblich zum Säuretest – da sie harsche Kritik und Urteile mit sich bringt sowie das Beharren, dass nur Erwägungen dieser Art die einzig richtigen seien, denen es zu gehorchen gilt. Hier passt das okkulte Axiom „Der Verstand ist der Töter des Wirklichen. Lass den Schüler den Töter töten"[98]

96 Matth. 26,14.
97 Matth. 27,5.
98 H. P. Blavatsky, *Die Stimme der Stille.*

besonders gut. Alle Aspiranten sollten ständig vor den schlimmen Fehlern wie übersteigertem Selbstbewusstsein, Selbstüberschätzung und Eigenwillen auf der Hut sein. Kurz gesagt: *Hochmut* auf dem Pfad ist einer der am meisten ernstzunehmenden Fallstricke.

Eine weitere Schwierigkeit hat mit den früher gewohnheitsmäßigen Überlegungen zu tun, wie das eigene Leben wohl auf andere wirkt. Das kann sehr wohl ein ernstes Hindernis sein, wenn man sich aufmacht, ein zunehmend spirituelles Leben zu führen. Während man noch immer in der Welt lebt, kann das durchaus von denen, die noch nicht auf diese Weise erwacht sind, schiefe Blicke einbringen. Solche Leute folgen von Natur aus Regeln und Formalitäten, die vorschreiben, wie sich Menschen vor ihren Mitmenschen zu verhalten haben. An diesem Punkt könnte jener Rückzug aus der Welt auf Zeit oder für immer notwendig sein. Das esoterische Leben scheint ein etwas einsames Unternehmen zu sein. Tatsächlich aber beeinflussen den voll erwachten Aspiranten weltliche Maßstäbe und die, welche ihnen folgen, immer weniger, auch wenn sie für weltlich gesinnte Menschen durchaus richtig sein können.

Ein weiterer ganz anders gearteter Irrtum ergibt sich aus einem sich vertiefenden intuitiven Bewusstsein vom Band der Einheit, das alle Wesen eng miteinander verbindet, sodass Einssein klar erkennbar wird. Solche Erfahrungen kommen in der Meditation vor und im Aufblitzen einer intuitiv erfassten Identität zwischen dem eigenen Leben und dem anderer Erscheinungsformen in menschlichen und den darunterliegenden Reichen. Diese Entwicklung, so wertvoll und wichtig sie auch ist, muss verstanden und weise in die rechte Richtung gelenkt werden. Sonst kann ein so mit allen verbundener Mensch überempfänglich für persönliche und von anderen empfangene Liebe werden. Das kann zu unerwünschten Beziehungen, zu Sinnlichkeit und zu Erlebnissen führen, die den sonst vielversprechenden Fortschritt auf das Ziel der Adeptschaft hin ernsthaft verzögern und sogar für dieses Leben ganz unterbinden.

Hindernisse wie Hochmut, der bedingungslosen Gehorsam verlangt, Sinnlichkeit, unerwünschte Beziehungen, harsche Kritik und tyrannische Werturteile, gepaart mit unreflektiertem Eigenlob, können einen Panzer um den Schüler bilden. Diese Fehler neigen dazu, eine

Art von Exklusivität herzustellen, nicht nur den Mitmenschen, sondern sogar dem Meister gegenüber. Der Schüler sollte immer auf der Hut sein, um diesem Irrtum nicht zu verfallen. Selbstverständlich müssen Gewohnheiten und Genüsse vollständig weggelassen werden, die den Verstand im Gehirn betäuben können und als Folge von Ausschweifungen dieses Organ für Okkultes und Geistiges unempfänglich werden lassen. Alle Nahrungsmittel, Getränke und Medikamente (außer nach ärztlicher Verordnung), die den Geist trüben, sind zu vermeiden. Diese Abstinenz muss zum vordringlichen und entschiedenen Gebot werden, das durch nichts zu erschüttern ist. Das Vergnügen an Genuss verschaffenden Drogen – z. B. Rauchen und Cannabis – muss aufhören, weil sie jene Bereiche im Gehirn abstumpfen, die Impulse und Anweisungen vom inneren Selbst aufnehmen. Dazu gehören die Hirnanhang- und die Zirbeldrüse mit dem sie umgebenden Gehirn und der Thalamus. Wenn der innere Ruf gehört und positiv beantwortet wurde, muss jegliches Verhalten, das die spirituelle Reaktionsfähigkeit des Gehirns vermindert, aufhören – je früher desto besser. Ferner muss die Einnahme von Stimulantien, besonders Alkohol oder bewusstseinserweiternden Drogen auf ein Minimum beschränkt werden und schließlich ganz aufhören.

Der moderne Mensch hat seine wachsenden geistigen Fähigkeiten darauf verwendet, die Geheimnisse natürlicher Produkte und deren Wirkung auf den Körper zu erforschen. Diese Wirkungen können sowohl hilfreich als auch schädlich sein, und die Folgen in beiden Fällen mitunter extrem. Heilmittel und andere natürliche Erzeugnisse sind natürlich von großem Nutzen, ihre Entdeckung muss daher durchaus als lobenswert angesehen werden. Leider machen falscher Umgang und Missbrauch diese Mittel potenziell schädlich für den Körper, das Verstandesgehirn und für den, der sich in beiden inkarniert hat. Dies wird besonders deutlich, wenn ein spirituell erwachender, halb erwachter oder – was wirklich tragisch ist – hellwacher Mensch in Gewohnheiten verfällt, die zur Abstumpfung führen. Dieser Fehler bedarf kaum weiterer Erklärung oder Kommentierung, denn das alleinige Ziel kontemplativen Lebens ist das Erreichen einer ständig zunehmenden Empfänglichkeit für das innere Selbst. Kontemplation in völliger Stille, meditative Betrachtung abstrakter Ideen, die als echte

Wahrheiten wahrgenommen werden, das Sprechen von Gebeten und Mantras[99] sind zwangsläufig, auch wenn sie noch so ernsthaft, aufrichtig und korrekt verrichtet werden, zum Scheitern verurteilt, wenn derjenige, der sie ausübt, dies mit einem drogenbenebelten Gehirn tut. Wie kann man eine zart auf leise gestellte Musik, eine feine, sanfte Stimme, das Näherkommen von Schritten, auf die man gewartet hat, hören, wenn das Hörorgan so verkümmert ist, dass es auf die feineren Töne nicht mehr reagiert? Ohne eine gesunde Lebensführung verfehlt alles Yoga der Welt sein Ziel, nämlich eins zu werden mit dieser namenlosen geistigen Essenz, die auch das EINE genannt wird.

Jeder normal intelligente Mensch wird diese sehr eindeutigen Anweisungen verstehen und darauf ansprechen. Sie sind in dieses Werk mit aufgenommen, damit die Führung auf dem inneren Pfad so vollständig, umfassend und schutzbietend wie möglich ist. Die Geschichte der Mysterientradition enthält Berichte über Fehlschläge, auf die hier hingewiesen wurde, die tragischerweise alle Hoffnungen auf ein weiteres Fortschreiten auf das Allerheiligste zu, auf das Eintreten und schließlich das Einswerden damit zunichtemachen, wenigstens für das jeweilige Leben. Daher diese warnenden Worte.

Ablenkung ist eine weitere ernsthafte Gefährdung, die jeden Aspiranten in Bedrängnis bringt. Der moderne Mensch, der in der modernen Welt lebt, hat sich selbst einen regelrechten Berg von Ablenkungen geschaffen, Man kann diese Situation als typisch für ein Zeitalter wie das unsere ansehen, in dem die Menschheit zunehmend vom Intellekt beherrscht wird. Bequeme Reisegelegenheiten auf kurzen oder langen Strecken, Kommunikation sowohl örtlich als auch weltweit, eine Presse, die unsere Aufmerksamkeit beständig auf Nachrichten von nah und fern lenkt, unzählige Formen der Unterhaltung zu Hause und außerhalb – all dies zusammen mit den Notwendigkeiten des Lebens – macht es äußerst schwierig, das Antworten auf den inneren Ruf nicht abbrechen zu lassen. Infolgedessen wird die Stimme der Seele anfangs, inmitten all der weltlichen Ablenkung, nur schwach vernommen. Sie verliert viel Kraft, um das Denken und Verhalten eines Men-

---

99 *Mantras* (sanskr.): Sprechweisen. Eine Form von Wörtern oder Silben, die rhythmisch angelegt sind, sodass wenn sie ertönen, kraftvolle Vibrationen erzeugt werden, die eine gewünschte Wirkung auf höheren Ebenen erzielen.

schen zu leiten, der gewöhnt ist an und hauptsächlich bestimmt wird durch persönliche, häusliche, städtische, nationale und internationale Ereignisse und Krisen.

Wie soll denn ein erwachender Mensch inmitten dieser immer weiter zunehmenden Ablenkungen voll auf den inneren Ruf reagieren? Die empfohlene Antwort ist, wie oben beschrieben, regelmäßiges tägliches Gebet, Meditation, Kontemplation sowohl der göttlichen Wahrheiten als auch der göttlichen Gegenwart in allem, was ist –, um dadurch die Einheit mit ihr zu erfahren. Das ist ein Schutz und eine Quelle der Kraft für Kopf und Herz, wodurch der Aspirant guten Halt auf dem Weg nach oben finden dürfte. Glücklicherweise ziehen sowohl Instinkt als auch Interesse in diese Richtung.

Dazu und genauso wichtig, wenn nicht wichtiger, sollte es zur Gewohnheit werden, sich allem willensstark zu widersetzen, was außerhalb der pflichtgemäßen Anforderungen liegt, insbesondere dem, was das Interesse an Vorübergehendem und Vergänglichem erhöht. Das Ewige sollte – und eines Tages *wird* es das auch – zunehmend Verstand, Herz und Interessen absorbieren. Tatsächlich muss das Ewigwährende mit immer größerer Intensität rufen, bis das wahrhaft Unvergängliche allein die Macht hat, die innere sowie die äußere Aufmerksamkeit des erwachenden Wanderers auf sich zu ziehen und zu halten inmitten der Fallstricke und Gefahren des weltlichen Lebens.

Diese und andere Schritte zur Selbstdisziplin können schwierig oder aber einfach und natürlich sein, je nach dem Fortschritt in Richtung vollständiger Selbstbeherrschung, der in früheren Leben gemacht wurde. Eine erfolgreiche Erholung von einem Absturz hängt von Faktoren ab wie dem Grad der Selbsterniedrigung, und inwiefern die Wahl um einer Befriedigung willen Absicht war oder ein Versagen, da die Anspannung zu groß war, der Körper und die Umstände die Willenskraft des Aspiranten erdrückten. Zu erwähnen ist auch die Versuchung, die insbesondere von einem Verführer zum eigenen Vergnügen oder von einem Werkzeug der dunklen Mächte inszeniert wird.

Im letzteren Fall könnte das Hindernis auf dem Pfad arrangiert – oder benutzt – worden sein von jener Art Wesen, die von den Kräften und der Neigung zur Zerstörung beherrscht werden. Man kann sie als einen Zweig des Baumes der okkulten Wissenschaft betrachten, der mit Kräften und Wesenheiten zu tun hat, die „entgegengesetzt" sind. Solche Wesen sollten vollständig ignoriert werden – es sei denn, Neophyten werden mit ihnen konfrontiert, von ihnen angegriffen oder geistig verwirrt. Eine Ausnahme bildet der akademische Okkultismus.

Dem Aspiranten wird in der Tat geraten, solchen Wesen den Rücken zuzukehren und keinerlei Gedanken auf sie zu verwenden. Sind jedoch die fortgeschrittenen Grade der Mysterien durchlaufen und wurde dem Eingeweihten die notwendige Instruktion übermittelt, dürfen die Macht und das Wissen, um andere wirksam vor solch feindlichen Kräften zu schützen, zum eigenen Schutz benutzt werden. Der Adept und Meister kennt alle diese Notlagen und erweckt im Schüler, bzw. verleiht ihm das Maß an spiritueller Kraft (Ātma), die ihn befähigt, mit solchen Situationen fertig zu werden.

Bis zum Erreichen der Adeptschaft ist kein Mensch völlig frei von dem, was das „Entgegengesetzte" genannt werden könnte. Die Materie selbst ist zum gegenwärtigen Stand der Evolution noch weit davon entfernt, völlig frei von dem zu sein, was man vielleicht als „den Zug zum Irdischen" beschreiben könnte. Daher ist der sterbliche Teil des Menschen, der aus solch grober Materie besteht, keineswegs gefeit gegen grobe materielle innere Neigungen oder ordinäre Einflüsse, die ihn von außen verführen.

Jetzt beginnt sozusagen ein Kampf zwischen der Vergangenheit und ihren Forderungen und der Zukunft mit ihrem Weckruf, der erst nur periodisch auftritt. Den Ruf zu leugnen oder zu verdrängen, mit einem Achselzucken die wachsende Tendenz zu einer reineren, gesünderen und schöneren Art zu leben, abzutun und weiter zu machen wie zuvor, ist eine Versuchung – die wirkliche „Versuchung in der Wüste"[100] –, auf die die Neophyten immer vorbereitet sein müssen.

Das gehört zum sogenannten „Krieg", der Schlacht, die auf dem Feld von „*Kurukshetra*"[101] geschlagen wird, was vor allen Dingen ein innerer, psychologischer Konflikt ist. Gewiss werden alle diese Kriege in den heiligen Schriften und in der Mythologie als äußere Schlachten dargestellt zwischen denen, die gegensätzliche Einflüsse und Vorstel-

---

100 Matth. 4,1-11.

101 *Kurukshetra*: Schlachtfeld, auf dem die Ereignisse aus der *Bhagavad Gītā* stattfanden.

lungen verkörpern. Nichtsdestoweniger bieten sich die „echten Kriege im Himmel“, wie z. B. Konflikte zwischen Helden und ihren Feinden, leicht an für die Interpretation als Mythen. Sie beschreiben allegorisch die verschiedenen Arten, wie die verfeinernden Tendenzen und die materialisierenden Einflüsse einander bekriegen – was tatsächlich in Wirklichkeit geschieht.

Der Aspirant hat sich freiwillig auf einen wahrhaftigen Kampf eingelassen, in dem die Gewohnheiten und Sitten fast all seiner Mitmenschen gegen ihn stehen. Es ist doch klar, dass jeder, der den Rhythmus der Natur, einschließlich der Geschwindigkeit normaler Entwicklung, herausfordert, wie David allein vor Goliath steht und in jedem einzelnen Kampf siegen oder verlieren muss. Diese Geschichte passt besonders gut zur bewusst gewählten Selbstbeschleunigung und der Kraft und Fähigkeit zu siegen, wofür die Steinschleuder und die Steine stehen, womit sich die Davide dieser Welt selbst ausrüsten.

Der Kampf wird am Ende gewonnen werden, aber der Sieg kann durch die Art und Weise, wie ein geistig erwachter Mensch vom ersten Augenblick an auf den inneren Ruf antwortet, vorangetrieben oder hinausgezögert werden. Der Aspirant mag sehr wohl zuerst vor einer solchen Veränderung zurückschrecken, weil er weiß, dass sie revolutionär sein wird. Letzten Endes verändern sich die Kräfte in der menschlichen Natur, zwischen denen ein wahrer Krieg ausgetragen wird, sozusagen an „Zahl“ und „Bewaffnung“, denn die Vergangenheit verliert unvermeidlich ihren Einfluss auf die Gegenwart, während die Zukunft ihre Wirksamkeit auf allen Ebenen täglich steigert. Allmählich werden im Menschen intellektuelle, philosophische und spirituelle Bestrebungen so stark, dass sie fast von allein dem Hang zu üblen Gewohnheiten ein Ende setzen.

Nichtsdestoweniger ist Hilfe immer vorhanden, hauptsächlich in Form von Inspiration, allgemeiner Unterweisung und Führung in besonderen Situationen. Auch wenn es keinen besonderen Adepten oder Ältesten gibt, der angeblich wacht, nehmen berufene Ältere in ständiger Wachsamkeit daran Anteil. Ohne sich über Gebühr in das Privatleben des Einzelnen einzumischen, wird in aller Güte sein allgemeiner Zustand und der Grad seines Fortscheitens beobachtet.

Der Schüler eines Adepten und Meisters, eines Fortgeschrittenen und Eingeweihten der großen Mysterien erfährt einen Schub an Entschlusskraft, an Entschlossenheit, um seiner Mitmenschen willen weiterzumachen. Die Fähigkeit fortzufahren, bis man über die sogenannten Schwächen der menschlichen Natur hinausgewachsen ist, nimmt zu. Trotzdem wird es die oben genannten Gefahren weiterhin geben.

Die nötigen Ideale hat H. P. Blavatsky klar und schön in ihrer Darstellung, die als „die goldenen Stufen" bekannt sind, zusammenfasst:[102]

Reines Leben, offener Sinn, lauteres Herz,
reger Verstand, ungetrübte geistige Wahrnehmung,
mutiges Ertragen persönlicher Ungerechtigkeit,
beherztes Sich-Bekennen zu den Grundsätzen,
tapferes Verteidigen der ungerecht Angegriffenen,
den Blick unverwandt gerichtet auf das Ideal
menschlichen Fortschritts und menschlicher Vervollkommnung,
wie es die Heilige Wissenschaft beschreibt –
das sind die goldenen Stufen,
auf denen der Lernende zum Tempel
der göttlichen Weisheit emporsteigen kann.

---

102 H. P. Blavatsky, *Die Stimme der Stille.*

19

SCHUTZMASSNAHMEN

Wie können Abstürze und Rückfälle vermieden werden? – Das System der Selbstdisziplin und regelmäßige Meditation – Bei Abstürzen nüchterne Selbstanalyse – Das Aufspüren der charakterlichen Ursachen – Wege zur Überwindung von Mängeln gemäß der Mysterientradition.

Es versteht sich von selbst: Je weiter entwickelt das sich reinkarnierende Selbst ist, desto weniger wahrscheinlich ist – sei es nur eine Zeit lang oder endgültig – ein persönlicher Absturz, und desto rascher, sollte es doch dazu kommen, fängt man sich wieder auf. Vom Selbst geleitet, stellt der sterbliche Mensch – Mann oder Frau –, der den steilen Weg gefunden und die ersten Schritte erfolgreich zurückgelegt hat, meist fest, dass er im wahrsten Sinne des Wortes von einer fast überwältigenden Entschlossenheit getrieben wird, das Ziel zu erreichen. Die Forderung des erwachten inneren Selbst duldet keinen Widerspruch. Um der Zeit „ein Schnippchen zu schlagen" muss man regelmäßig und mit Verstand – fast wissenschaftlich – so etwas wie „spirituelle Ungeduld" auf die täglichen Gewohnheiten anwenden. Allerdings darf man nicht erwarten, dass diese Ideale sich sofort manifestieren, außer in jenen Menschen, denen sie bereits in früheren Leben als Leitsätze dienten. Das Fortschreiten muss immer mit kluger Einsicht, niemals zu schnell, niemals zu langsam, und immer mit Sorge um das geistige, emotionale und physische Wohl, einschließlich der Gesundheit, einhergehen. Gesunder Menschenverstand, Vernunft und Angemessenheit sind die absolut notwendigen Leitlinien, die auf jedem Schritt des Weges zu befolgen sind.

Der Strebende kann im Zustand seelischer und geistiger Erhebung zu erhellenden Einsichten kommen. Diese Einflüsse neigen dazu, die Aufmerksamkeit von nicht-spirituellen Gedankengängen und Gefühlen, körperlichen Interessen und Erfahrungen fernzuhalten. Folglich kommen Versuchungen seltener vor, falls überhaupt. Materielle Errungenschaften und flüchtige Glücksmomente verlieren ihren Reiz und verflüchtigen sich, bevor deren Annahme überhaupt infrage kommt, da sie keinerlei dauernde Befriedigung bieten. Vergnügungen, die nur einen selbst betreffen, werden für den bedeutungslos, dessen Bewusstsein sich mit dem aller menschlichen und nicht-menschlichen Wesen zu vereinigen beginnt. Nur jene Errungenschaften, die dem Ganzen zugutekommen, sind akzeptabel, alle anderen sind nicht nur schal, sondern abstoßend, da sie sich auf eine einzelne Person beschränken. Hinzu kommt, dass im Allgemeinen ein System der Selbstdisziplin gefunden und angenommen wird; wird es unerschütterlich befolgt, kommen die Füße von dem schmalen Pfad nicht ab. Ein solcher Mensch behält vom Aufstehen am Morgen bis zum Schlafengehen am Abend eine gewisse Wachsamkeit und einen gewissen Selbstschutz bei. Mit der Zeit ist ein Teil seines Geistes sowohl in der Betrachtung der *Theosophia* im Allgemeinen als auch in den Idealen spirituellen Lebens im Besonderen verankert, um sie tatsächlich nie wieder zu verlassen.

Nun wenden wir uns der Art und Weise zu, wodurch die ideale Einstellung und das ideale Verhalten zur Gewohnheit und möglicherweise nach Stürzen, die noch immer eintreten können, in Eigenkorrektur wiedergewonnen werden können. Hier sind einige Maßnahmen, die von dem strebenden Neophyten und den weiter Fortgeschrittenen ergriffen werden können, um nach schwereren oder leichteren Stürzen das Gleichgewicht wiederzuerlangen.

1. Der Aspirant sollte sich einer sorgfältigen und unvoreingenommenen Selbstprüfung unterziehen auf der Suche nach den charakterlichen Mängeln, die den Sturz verursacht haben.

2. Hat er sie gefunden, sollte er sich jene, die tief eingewurzelt sind, besonders merken, weil sie mit Stumpf und Stiel ausgerottet werden müssen. Auch solche, die aus Nachlässigkeit, „Unachtsamkeit“, entstanden sind und so in die Irre führten, müssen ebenfalls sorgfältig beobachtet werden. Manche

Fehler entstehen, schneller, als man erwartet, oder einfach indem man mit dem fortfährt, was bis dahin natürlich und erlaubt war; daher die Notwendigkeit, wachsam zu bleiben.

3. Sind die Fehler tief eingewurzelt, bedarf es einer unvoreingenommenen vollständigen Untersuchung des eigenen Naturells auf der Basis aufrichtigen Bedauerns und vielleicht des Gefühls der Scham. Ganz besonders muss eigennütziges Streben aus früheren Lebensweisen, in denen es erlaubt oder sogar notwendig war, endlich eliminiert werden.

4. Das Verhalten, um das es hier geht, sollte bis zur Wurzel untersucht werden, bis die tiefsitzende Ursache zutage tritt. Dies ist eine sehr wichtige Prozedur.

5. Ist die wahre Ursache gefunden, sollte sich der Aspirant bestmöglich (niemals leichthin oder nur gelegentlich) auf die Tugend oder die Eigenschaft konzentrieren, die Beweggrund und Verhalten hätten steuern sollen und die das Fehlverhalten hätten verhindern können.

6. Die Zeit, die es braucht, um das „Unkraut" auszujäten, hängt hauptsächlich vom Grad ab, inwieweit man bereit ist, sich einzusetzen, von Entschlossenheit und weiterer Anwendung der beschriebenen Prozedur. Dies sollte mit höchster Intensität geschehen und soweit wie möglich durchgehalten werden, indem man sich – soweit es andere Pflichten erlauben – fast ununterbrochen mit dem Ideal oder der Tugend befasst. Durch diese Methode wächst man schnell aus relativ geringfügigen Fehlern und kurzen „Stürzen" heraus. Tiefer sitzende Charakter- und Verhaltensfehler benötigen natürlich eingehendere Beachtung, wobei man sich länger auf die entgegengesetzten Tugenden konzentrieren muss.

7. Ein kaum berechenbarer Faktor trägt zur Geschwindigkeit bei, wodurch Fehler gelöscht werden, und zur Leichtigkeit,

> wodurch Heilung ohne Rückfall erreicht werden kann. Es geht dabei um die Intensität und Echtheit des Bedauerns, die der Sturz nach sich zieht. Das Fehlverhalten muss nicht nur erkannt und zugegeben, sondern auch zutiefst bedauert werden, so sehr sogar, dass ein Gefühl der Scham aufkommt. Dies kann daher rühren, dass andere Menschen von dem Sturz erfahren haben, oder dass man sich schmerzvoll vor sich selber schämt. Sowohl die eine wie auch die andere Erfahrung sollte, richtig aufgenommen, zu einem tapferen direkten Angriff auf die Charakterschwäche führen. Dieses lobenswerte Schämen-vor-sich-selbst sollte so durchdacht und logisch wie möglich sein, denn nur dann kann sich die geistige Heilung wirksam vollziehen.

In allen anderen Dingen, soweit es das Leben auf dem Pfad betrifft, sollte es zur Regel werden, sich selbst zu vergessen. Sogar während der Aspirant sich seines Bedauerns und seiner Scham bewusst ist, sollte er eine ausgewogene Geisteshaltung beibehalten. Da Aspiranten noch immer Menschen sind, sind Fehler unvermeidlich. Fehlerlosigkeit erreicht nur der Adept, nicht nur in seinem vervollkommneten Bewusstsein, sondern auch, wenn er in seiner physischen Persönlichkeit fungiert.

Die regelmäßige Praxis von Gebet, religiösem Studium und Zeremoniell, meditativer Kontemplation der Einheit mit Gott sind nicht nur höchst segensreich an sich, sondern sensibilisieren auch Geist und Gehirn und machen sie zunehmend empfänglich für das, was man als „spirituelle Gnade“ bezeichnet. Besonders wichtig ist regelmäßige tägliche Meditation. Von Anfang an sollte eine Form meditativer Kontemplation, die den Körper nicht überstrapaziert, die intellektuell akzeptabel und passend ist, Tag für Tag beibehalten werden. Diese Praxis muss fortgesetzt werden, zuweilen sogar eher forciert, wenn man möglicherweise mit dem Herzen nicht mehr so ganz bei der Sache ist. Solchen Widerstand wird es fast sicher geben, wenn auch zunehmend weniger bei denen, die im Laufe früherer Leben den spirituellen Pfad betreten und Fortschritte erzielt haben.

Der Wert regelmäßiger täglicher Meditation – idealerweise sollte man damit so früh wie möglich nach der Antwort auf den inneren Ruf und den Aufbruch zur großen Suche beginnen – liegt zum Teil darin, dass sie dabei hilft, den Wechsel von egoistischen Beweggründen zum selbstlosen Dienst an anderen zu vollziehen. Regelmäßiges nach innen gerichtetes Denken und spirituelles Erkunden seiner selbst weisen darauf hin, wie ausgesprochen wichtig die mystische Erfahrung ist, die durch Meditation ausgelöst wird und in die man eintritt. Dies führt nicht nur direkt zu erleuchteten geistigen Erfahrungen – so wertvoll diese auch sind – sondern fast automatisch zur Annahme einer selbstlosen Lebensführung. Dieser Wechsel vollzieht sich durch mündliche Anleitung, durch Literatur und durch Beispiele anderer, aber noch viel durchschlagender und nachhaltiger als Antwort auf die fortwährend sich vertiefende Erfahrung der Einheit mit dem Leben aller anderen Wesen. Selbstsucht und rein selbstbezogene Motive verlieren dann auf natürliche Weise ihre Kraft, die Beweggründe für das Verhalten und somit das Verhalten selbst zu beeinflussen. Obwohl das zum Leben Notwendige herbeigeschafft werden muss – es sei denn, man zieht sich ganz in eine spirituelle Gemeinschaft zurück –, wird das Verhalten immer idealistischer, das Wohl der anderen ist das vorrangige Ziel für fast alles, was man tut.

Ist das einmal erreicht und ganz natürlich geworden, sind alle Gefahren, womit sich die Kapitel über Fallstricke befassen, auf ein Minimum beschränkt; denn während Fehlurteile noch immer möglich sind, verringern sich die eigennützigen Beweggründe im Leben und Charakter des Aspiranten bis zur Bedeutungslosigkeit. Dann, und erst dann, sind alle Hürden genommen und alle Versuchungen wirkungslos. Sogar die Wünsche derer, die man am meisten liebt, z. B. die Mitglieder der Familie, können nicht länger erfüllt werden, es sei denn sie erlauben – was kaum denkbar ist – das Verfolgen einer Lebensweise, die sich gänzlich dem Wohl von allem, was ist, widmet.

Zusätzlich zur Fortführung der meditativen Praxis – „Muskelaufbau“ sozusagen – müssen die bereits freiwillig aufgenommenen Maßnahmen zur Reinigung aufrechterhalten werden. Auch wenn das Herz gelegentlich schwach wird, sollte das dem Körper nicht erlaubt werden, denn körperliche Exzesse und ein Verhalten, das das Hirn vernebelt, verleiten zu Stürzen. Da der Körper sowohl Schrein als auch Kerker ist, wird im spirituellen Leben die tägliche Pflege und die Erhaltung der Gesundheit besonders wichtig. Der Körper dient der Gottheit als Schrein, dem sie während jedes Erdenlebens innewohnt, und der auch als Mittel zur Begegnung dient. Es braucht spirituellen Willen wie auch Gedankenkraft, wenn die Annäherung an das Geistige im Inneren erfolgreich sein soll. Nichtsdestoweniger ist es der Teil des Geistes, der den Hirnzellen innewohnt und der, im Wachzustand benutzt, den hellwachen Denker in das Licht führt, das von der Gegenwart im Inneren erstrahlt. Wird das Gehirn durch Krankheit, Schlaflosigkeit, Ernährungsmangel, unzureichende körperliche Reinheit und Reinlichkeit trüb, kann es ganz unmöglich von diesem Licht erleuchtet werden, von dem sein wahres Selbst so hell erstrahlt. Unter solchen Bedingungen kann der Körper wahrlich ein Kerker sein. Daher muss man, wenn *der Ruf zu den Höhen* gehört und beantwortet wurde, angemessen Sorge tragen, dass diese notwendigen Dinge gewährleistet sind. Ohne sie kann nur ein trübes Licht erlebt werden, falls überhaupt eine spürbare Inspiration empfangen wird.

Wenn ein gewohnheitsmäßiges Verhalten gegen die festgesetzten Regeln und Lebensweisen, die mit der Spiritualisierung durch das Selbst einhergehen, verstößt – Gewohnheiten, die den Körper derber werden lassen und seine Empfänglichkeit für Idealismus verringern –, dann muss solches Verhalten nicht nur aufhören, sondern ins Gegenteil gewandelt werden. Ferner muss erniedrigendes Benehmen, das auf egoistische Vergnügungen wie die Befriedigung sinnlichen Verlangens abzielt, ebenfalls aufhören. In alter Zeit wurde solches in den Mysterientempeln nicht nur streng beschränkt, sondern *gänzlich verboten,* besonders wenn der Übergang von einem Grad oder Rang zum nächsten möglich wurde. Jede Sprosse der bildlichen Leiter zwischen Erde und Himmel kann nur erklommen werden, wenn abträgliche Gewohnheiten aus der Vergangenheit aufgehört haben.

Diese und andere Methoden, sich von den abstumpfenden Gewohnheiten aus vorhergehenden Lebensweisen zu befreien, stehen unter dem Motiv der Selbstläuterung. Damit muss fortgefahren werden, bis der ganze sterbliche Mensch – Körper, Emotionen und intellektuelles Denken – bildlich gesprochen „weißer als Schnee" geworden ist. Das sind nur minimale Forderungen für den recht intelligenten Menschen, der auf der Suche nach jener Kraft ist, durch die innerer Fortschritt bewirkt und der Menschheit ein Maximum an Gesundheit beschert werden kann.

Ein Reglement regelmäßiger Meditation, die Erneuerung persönlicher Gelöbnisse, Motive und das Verhalten betreffend, und die Ausübung von Achtsamkeit – all das wird von den Ältesten des Menschengeschlechts und ihren Vertretern draußen in der Welt der Menschheit eingeprägt. Die Aufgabe dieser Schüler ist es, diejenigen zu suchen, zu ermutigen und zu führen, die das spirituelle Erwachen und den Ruf des inneren Idealismus erfahren. Trotzdem können fast bis zum Ende der Reise Verzögerungen eintreten. In den frühen Epochen der Menschheitsgeschichte, als die Egos der Menschen noch weniger ausgeprägt waren, kam es zu solchen Fehlern, und es traten tatsächlich Ausrutscher und Stürze auf. Dies war sowohl für den Einzelnen als auch für die Menschheit als Ganzes äußerst tragisch, da es dazu führen konnte, dass das gesamte Vorhaben scheiterte. Heutzutage, da die Evolution mehr spirituell erwachte Menschen und mehr fähige Mystiker, Schüler und Eingeweihte hervorgebracht hat, verringern sich diese Tendenzen und Möglichkeiten. Daher nimmt natürlich die Gefahr von Abstürzen, ob begrenzt oder endgültig, immer weiter ab. Nicht nur Warnungen aus der okkulten Literatur und von Lehrern persönlich ausgesprochen, sondern auch das Studium des Weltgeschehens innerhalb der historischen Ära, mit Intelligenz gelesen, kann wertvolle Führung vermitteln. Zusätzlich kann der Aspirant aktuelle Beispiele von Fehlern beobachten, vor denen er sich beständig in Acht nehmen sollte.

Zusammengefasst bestehen Schutzmaßnahmen vor Fehlern aus Folgendem: wachsame Selbsteinschätzung; Vermeiden ungebührlichen Eigeninteresses; regelmäßige Praxis der Kontemplation des Göttlichen; Yoga mit dem Ziel, sich selbst auszublenden und bewusst mit dem göttlichen Prinzip in der Natur zu verschmelzen; ein immer tieferes Interesse und wachsende Sorge um das Wohlergehen und Glück aller anderen, was zum Dienst an ihnen und zu spontanen Taten der Güte führt; sich für eine oder mehrere Sachen einsetzen, die dazu bestimmt sind, das Wohl der Menschheit zu fördern und unpersönlich – doch immer wohlüberlegt – einen Beitrag zum Verwirklichen der Ziele dieser Bewegungen zu leisten. All dies sollte idealerweise, ohne allzu sehr zu rationalisieren, ausgeführt werden; vielmehr aus einer immer tieferen, aufrichtigen Liebe zu den anderen, besonders denen, die leiden. Auf diese Weise kann der Aspirant sicher den alten Pfad beschreiten, der zur Initiation in die Großen Mysterien führt.

20

ERFOLGE UND MISSERFOLGE TROTZ ALLEM

Weitreichende Wechselwirkungen auf geistigen Ebenen, wo es kein körperliches Getrenntsein gibt – Fortschritte des Schülers positiver Natur, Abstürze schädigend für die anderen in seinem Umfeld, sogar für die gesamte Menschheit – Kraftströme aus höheren Bereichen können durch fortgeschrittene Schüler an Mitmenschen, besonders Erwachende, weitergeleitet werden.

Natürlich weiß jeder, dass niemand – außer einer sehr kleinen und abgeschiedenen Gruppe von Einsiedlern – als völlig abgetrenntes Individuum leben, sich bewegen und seinen Platz in der Gesellschaft einnehmen kann. Niemand vermag völlig auf sich gestellt und in einem Zustand gänzlicher Unabhängigkeit zu leben. Jeder Schritt in Richtung eigener Unabhängigkeit hängt, wenn er erfolgreich sein soll, von einer Anzahl immer wieder anderer Menschen ab, von Laien und Professionellen. Fast auf jeder Ebene finden Wechselwirkungen statt, angefangen von der Beschaffung physisch notwendiger Nahrung, Kleidung, einer Behausung bis hin zur Bildung, zur medizinischen Versorgung und zur Religion. „Interaktion" ist in der Tat ein Schlüsselwort und eine unvermeidliche Tatsache für jeden Menschen vom Augenblick seiner Geburt an. Diese Wahrheit beherrscht das Leben so durchgehend, dass sie als selbstverständlich gilt und man sie daher außer Acht lässt, es sei denn, man studiert gezielt das Leben und die Erfahrung innerhalb der Gesellschaft.

Ganz ähnlich gibt es im Reich des Geistigen eine dauernde und weit engere Beziehung zwischen Mensch und Mensch – in der Tat zwischen Mensch und jedem anderen sich manifestierenden Wesen. Die materielle Verbindung ist fast gänzlich äußerlich, aber die geistige bewegt sich ganz im Inneren. Folglich kann es niemals Schranken geben – solche können daher nie als Trennungsursachen zwischen dem unsterblichen Individuum und der Daseinsebene, auf der es sich befindet, fungieren. Hier besteht und herrscht völlige Einheit ohne jede Einschränkung. Jedoch Materie, wenn sie zu Objekten geworden ist, bringt Teilung und Trennung in Universen, deren spiritueller Aspekt andererseits grenzen- und schrankenlos ist.

Dieses Ergebnis ist von höchster Bedeutung sowohl für den Wissenden oder *Gnostiker*[103] als auch für die gesamte Menschheit. In dem Maße, wie die innere Wahrheit gefunden und das Denken – sowohl das abstrakte als auch das konkrete – voll erleuchtet wird, kommt das, was ein einzelner Mensch erreicht hat, der „Familie" der Menschen zugute. Tatsächlich ist die gemeinsam erlebte Erleuchtung Teil der unbewussten und sogar positiven Motivation für das Durchhalten auf der großen Suche geworden. Sie hält den Suchenden aufrecht, während er durch jene dürren Zeiten geht, Etappen verminderter Leistung, die jeder Aspirant unvermeidlich durchmachen muss.

Anfangs und in den früheren Stadien seines Strebens, ist sich der Neophyt dieser engen Beziehung und wechselseitigen Einwirkung kaum bewusst. Dennoch entsteht sie ausnahmslos durch geteilte Erleuchtung. Natürlich hängt der Grad der Wirkung auf andere vom Fortschritt des Neophyten ab. Von dem Augenblick an, in dem ein Mensch innerlich erwacht, verstärken sich die Wirkungen des Erwachens und von allem, was folgt, um ein Vielfaches. Seltsamerweise ist es so, als ob der beschleunigte Entwicklungsschritt und die Zunahme des spirituellen Kräftestroms, der durch die gesamte Natur des Menschen fließt, diesem eine zusätzliche Dynamik verleiht, vergleichbar einer Verstärkung der elektrischen Stromzufuhr. Es ist nur natürlich, dass von da an solche Menschen, die spirituell und okkult erweckt sind, wo immer sie hingehen – und besonders bei allen spiritualisierenden Tätigkeiten – eine besondere und erweiterte Wirkungskraft in sich tragen. Dies kann sich in dem Vermögen ausdrücken, in anderen deren Inspiration und die Fähigkeit zu lehren und zu heilen zu erwecken und

---

103 *Gnostiker:* Ein Mensch, der von esoterischem Wissen oder der *Gnosis* Kenntnis hat.

in einigen Fällen jenen Funken zu entzünden, der andere auf den Pfad beschleunigter Evolution führt.

Dies gipfelt darin, dass die Teilhabe mit jedem anderen Menschen bemerkenswert anwächst; denn niemand, kein menschliches Wesen, ist gänzlich außer Reichweite des Bewusstseinszustandes eines jeden anderen. Vom niedrigsten Verbrecher bis zum größten Heiligen und durch alle dazwischenliegenden Entwicklungsstadien hindurch ist jedes Mitglied der Menschheitsfamilie in Kontakt mit allen anderen, sodass jeder mehr oder weniger stark alle anderen Menschen beeinflusst. Wird von einem Einzelnen die volle Adeptschaft erreicht, überträgt sich ein beschleunigender Impuls auf der Ebene des spirituellen Selbst durch die ganze Menschheit hindurch, besonders auf jene, die sich vom klösterlichen oder dem Leben in einem Ashram angezogen fühlen.

Auch wenn diese enge Verbundenheit von allem etwas überbetont und als eine äußere Reaktion dargestellt wird, ist der Prozess tatsächlich auch ein innerer. Das ist besonders dann der Fall, wenn ein Mensch das Stadium erreicht, in dem der höhere Verstand mit seinem Vermögen, abstrakt zu denken, zur funktionierenden Kraft wird. Danach wird der Austausch mit jedem anderen Menschen innerlich, insofern seine Ergebnisse so erlebt werden, als kämen sie als instinktive Neigungen aus dem Inneren und nicht nur als Impulse von außen.

Bevor wir dieses Thema verlassen, sei eine Bemerkung zu dem erlaubt, was man vielleicht die Transzendenz der Zeit nennen könnte. Auch wenn diese Aussage übertrieben erscheinen mag, so wird doch jeder Mensch, der sich auf eigenen inneren Wunsch und aus spiritueller Motivation heraus auf den steilen, aufsteigenden Pfad begibt, zu einem Einfluss auf alle anderen, die auf ähnliche Weise erwachen werden, und zwar nicht nur in der jetzigen Zeit, sondern auch weiterhin in der für Menschen unermesslichen Zukunft. So gibt es also eine zeitlose oder die Zeit transzendierende spirituelle Verwandtschaft zwischen all denen, die erwacht sind und den Pfad betreten haben, und denen, die in der Zukunft ein Leben der Selbsterziehung, der Selbstdisziplin und des selbstlosen Dienens leben. Vielleicht lässt sich diese besondere Verwandtschaft zwischen Erwachten und zukünftigen Aspiranten in etwa mit der tiefen Zuneigung vergleichen, die zwischen einem Elternteil und einem besonderen Kind bestehen kann – für den Vater

z. B. zu seinem erstgeborenen Sohn oder für die Mutter zum letztgeborenen Kind. Diese Beziehung verneint in keiner Weise das normale Verständnis und die Zuneigung, die alle Mitglieder einer Familie zusammenhält, sondern besteht aus einem intensiveren Interesse und aus einer zärtlicheren Liebe zu demjenigen, dem solch tiefe elterliche Zuneigung gilt. Bei dieser Erfahrung geht es überhaupt nicht darum, jemanden auszuschließen, sondern nur um die natürliche Betonung der Zusammengehörigkeit. Zugegeben, dieses Bild ist nicht ganz passend, da das geistige Erwachen ja nicht von persönlichen Beziehungen abhängt. Die besondere Vertrautheit, wovon hier die Rede ist, gibt es jedoch unabhängig von Zeit, Stellung oder gegenseitiger Bekanntschaft. Das wird natürlich deutlicher und viel dynamischer zwischen Schülern und Adepten.

Der aufwärtsführende Weg ist in der Tat sehr steil, dornig und steinig, und es ist nicht ungewöhnlich, dass Ermüdung, Verletzungen und Ausrutscher zu Abstürzen führen, wie oben beschrieben. Diese betreffen nicht nur denjenigen, der für eine gewisse Zeit oder gänzlich versagt, sondern sie erschweren auch ebenso den versuchten Aufstieg für andere. Genauso wie eine Infektion in der Blutbahn den Körper als Ganzes negativ beeinflussen kann, so kann der spirituelle, okkulte, moralische oder physische Abfall eines Menschen schädigende Auswirkungen auf die gesamte Menschheit haben. Dasselbe trifft, wenn auch in geringerem Maße, auf Staatenverbände, Stämme, Gruppen und Familien zu. Zu einem gewissen Grad, je nach günstigem oder ungünstigem persönlichem Zustand, wirkt jeder Mensch als Teil des Ganzen auf das Schicksal aller Menschen ein. Ist ein Mensch auf dem Pfad erfolgreich, wird dieser für alle ein klein wenig leichter, und die Gefahr des Absturzes verringert sich.

Der Fortschritt mag anfangs langsam erscheinen. Das Licht der Inspiration kann trübe werden und die Intensität des inneren Feuers schwanken. Diese Schwierigkeiten können zuweilen so offensichtlich werden, der Fortschritt so langsam scheinen und sogar Abstürze so unerwartet geschehen, dass die innere Eingebung von Verzweiflung überschattet wird – ein gefährlicher Moment. Körperliche Ruhe, Zeiten, in denen man sich zurückziehen kann, und fortwährendes Studium der zeitlosen Weisheit sind u. a. die hilfreichsten Mittel gegen das, was man das Verzweiflungssyndrom nennen könnte. Den Grad spiritueller Aktivität – Yoga und körperliche Übung – darf man, wenn der Wunsch besteht, verringern. Jene Vergnügen des Lebens, die dem Ideal der Reinheit in keiner Weise entgegenstehen, darf man in Ruhe genießen. Auf alle Fälle muss *nil desperandum*[104] zur Losung werden, insbesondere für jene, die gerade erst erwachen und noch nicht lange dem Ruf eines spirituellen Lebens folgen.

Diejenigen, die der Versuchung erliegen und hinter dem Ideal zurückbleiben, sollten sich in Schweigen hüllen und sich ganz besonders Taten oder Worten enthalten, die möglicherweise Mit-Aspiranten verletzen könnten. Ein frisch erwachter Mensch, ob physisch jung, mittleren oder hohen Alters, ist besonders empfänglich und verletzlich durch die Verfehlungen derer, die abstürzen. Ein Aspirant sollte niemals auch nur ein einziges negatives Wort über das ganze großartige Unterfangen fallen lassen. Er sollte schweigen, sich ruhig verhalten, nicht nur um seiner selbst, sondern auch um seiner Mitmenschen willen.

Zu einer Art Kampf muss es allerdings kommen. Eine kriegerische Auseinandersetzung ist unvermeidlich und ließe sich als Krieg beschreiben zwischen der Vergangenheit und der Gegenwart, dem Alten und dem Neu-Geborenen, zwischen allgemeinem Brauch, Gepflogenheiten und Ähnlichem einerseits und dem Drang, Neues einzuführen, andererseits. Auch wenn die Entscheidung, sich zu verbessern, im Inneren entsteht, ist die Veränderung größtenteils äußerlich und mit der Art des Denkens, der Gefühle und des Verhaltens verbunden, das man bis dahin gepflegt hat. Einigem muss man allmählich entwachsen, während anderes ganz aufzuhören hat. Wie bis jetzt immer wieder festgestellt und sogar betont wurde, besteht die hauptsächliche Veränderung auf allen Ebenen darin, dass das Ich, der Eigenwille und der Eigennutz vom Thron gestoßen werden müssen. Ersetzt werden müssen sie durch das leitende Motiv der Selbstlosigkeit oder durch das, was das Beste für andere ist. Wenn einmal die bedeutsame Entscheidung getroffen und man zum Kampf angetreten ist sowie einige Erfolge verbuchen kann, schwindet der Gedanke an das Ich – und sogar das Wort selbst – und wird durch den Gedanken an andere ersetzt.

---

104 Nil desperandum: Verzweifelt nicht.

Die Natur dieses inneren Kampfes, die Fehlschläge oder Erfolge der beiden „Kämpfenden“ – des inneren und des äußeren Menschen[105] – müssen voll erfasst werden. Ohne in übermäßige Egozentrik zu verfallen, sollte man sie studieren, um die Dinge wirklich zu verstehen. Die Region des Denkens, die einen zum Handeln bringt – hauptsächlich die Motivation –, mag sich dann auf Änderungen einlassen, die schließlich zu einem vollständigen Wandel führen. Ist dieser geistige Impuls in der richtigen Richtung einmal etabliert und übernimmt er zunehmend die Führung, ist der Sieg gewiss, und die Standarte wird über der eroberten Region aufgepflanzt. Die Farben und Symbole, die darauf prangen, verkünden dann:

„Fürsorge für andere nimmt zu, Sorge um sich selbst nimmt ab.“

---

105 Höheres, spirituelles Ego und irdische Persönlichkeit. (Hrsg.)

21

DAS PROBLEM DER WELT

Fehleinschätzung der Wirklichkeit – Missbrauch des Intellekts – Verlust der Orientierung – Mörderisches Gewinnstreben – Blindheit gegenüber dem Gesetz der Reinkarnation – Unkenntnis der zusammengesetzten Natur des Menschen und seiner Entwicklung – Allgemeines Gefühl von Angst und Bedrohung – Profit- und Sicherheitsstreben als Folge – Konflikte auf allen Ebenen – Arbeit der UNO durch nationale Interessen beeinträchtigt – Die Menschheit im Krieg mit sich selbst – Bewusstsein der Einheit allen Lebens als einzige Lösung – Präambel der UN-Charta, Prinzipien des Roten Kreuzes und der Pfadfinder als Fortschritte – Leider von der Mehrheit ignoriert.

Untersucht man die Ursache fast jeder Form menschlichen Zerstörungsdrangs und Leids in allen Einzelheiten, so lässt sich dies auf das fehlende Wissen zurückführen, dass Zerteilung in die Irre führt, Einheit jedoch *die* Tatsache ist, welche das menschliche Leben – überhaupt alles Leben – ausmacht. Das, was für die Sinne offensichtlich so wirklich und unveränderlich ist, stellt weder die Wirklichkeit noch die Ewigkeit dar. Die Phänomene der physischen Welt werden als echt und wahr angesehen und auch fälschlicherweise als Beispiele einer unveränderlichen Realität wahrgenommen. Dies ist Teil des großen Leid schaffenden Irrtums, der von den Sinnen ausgeht und in den die Menschheit gefallen ist. Da für den Menschen im normalen Zustand der Wahrnehmung diese irreführenden Erscheinungsformen der Natur und des Lebens die Gesamtheit machbarer Erfahrung ausmachen, ist der Irrtum – oder eher die falsche Betonung von Werten – nur natürlich.

Tatsächlich besteht die Wirklichkeit aus jenen *Ursachen*, die den Phänomenen, die objektiv real zu sein scheinen, zugrunde liegen. Die wechselvolle Geschichte der Menschheit, die durch ihr Zeitalter der Bewusstwerdung geht, zeigt die dringende Notwendigkeit mentaler und spiritueller Erkenntnis. Geistige Schätze sind unendlich und unerschöpflich vorhanden und allen zugänglich. Die Menschheit nimmt einige wenige davon auf und, von Ausnahmen abgesehen, missbraucht sie um vereinzelter persönlicher und nationaler Vorteile willen. Die Ergebnisse sind katastrophal, denn die Früchte der Forschung wirken sich ausgesprochen schädlich, ja sogar zerstörerisch auf das Wohl der Menschheit aus.

Dr. Malcolm S. Adeseshiah, Generaldirektor der UNESCO, schrieb beispielsweise „Die UNESCO kann doch nicht weiterhin eine Million Dollar pro Jahr für Friedensmaßnahmen ausgeben, wenn jedes Jahr 200 Millionen Dollar für den Aufbau eines Waffenarsenals zur totalen Vernichtung budgetiert werden. [...] Wann werden wir endlich lernen, dass das Leben aus einem unteilbaren Ganzen besteht, einer riesigen, geheimnisvollen Verflechtung von Spezies, dass die Erde die Wohnstätte aller ist, und was die einen gefährdet, schließlich eine Wirkung auf alle anderen haben muss?"

Gewiss haben edler Idealismus und bewundernswerte Ideale einen Teil der Menschen dazu geführt, das Wohl der Menschheit zu ihrem ausschließlichen Ziel zu erklären. Ihre Stimmen sind jedoch viel zu wenige, und infolgedessen pfeift die mörderische Mehrheit auf das Ideal. Ohne zu zögern, handelt sie weiterhin zu Gunsten von persönlichem und nationalem Gewinn, gleichgültig wie hoch die Kosten für die anderen sind und wie schädlich das Ergebnis ihrer Handlungen nach dem unausweichlichen Gesetz des Ausgleichs [Karma] auch ist. Es ist diese egoistische, auf sich selbst bezogene Verhaltensweise, die sich nicht um die Auswirkungen auf andere kümmert und die der Grund ist für den von Krieg und Krankheit heimgesuchten Zustand der Menschheit während der genannten Zeitspanne – fälschlicherweise das intellektuelle Zeitalter genannt.

All dies wurde von jenen spirituell erleuchteten, übermenschlichen Besuchern, die in der historischen Ära auf Erden erschienen sind, vorausgesehen, wobei sie die Menschheit vorwarnten. Vor langer Zeit, auch wenn diese Tatsache nicht nachweisbar ist, warnten sie jene, die bereit waren, ihnen Gehör zu schenken und ihre Lehren lasen, vor dem

Zustand der Ödnis, auf den die Menschheit zusteuerte und in den sie eingehen würde, wenn der angebotene Rat nicht aufgenommen und auf das Leben angewendet würde.

Eines der ernsthaftesten Hindernisse für die Annahme des Ideals der Einheit durch die Menschen, lässt sich als die tiefsitzende Überzeugung beschreiben, wonach der Mensch nur einen Körper und nur ein Leben hier auf Erden hat. Daher lebt er im Glauben, er sollte lieber das Beste daraus machen, was Erfolg in der Welt, emotionale Selbstbefriedigung und Sicherheit auf der Basis von physischen Mitteln und Versorgung anbelangt. Physische Sicherheit ist jedoch nicht allein durch physische Mittel erreichbar, was uns die tragische, von Kriegen erschütterte Weltgeschichte vor Augen führt. In Wahrheit ist körperliche, häusliche, nationale und internationale Sicherheit – gemeint ist Abwesenheit von Gefahr – nicht erreichbar, indem man sich allein auf intellektuelle und materielle Mittel verlässt. Der Mensch besitzt auch überphysische Körper, in denen innewohnend göttliche Kraft und Gegenwart inkarniert sind.

Solange dieser feine und unsichtbare Teil der menschlichen Natur unbeachtet bleibt – trotz der Lehren göttlicher Weiser –, sind die Menschen einer fortdauernden physischen Bedrohung ausgesetzt, die Unsicherheit und weitverbreitet Angst davor auslöst. So herrscht Furcht in den Herzen und Gedanken der Menschen, angefangen vom bescheidensten Hütten- oder Zeltbewohner bis zu jenen, die gewählt wurden, die Verantwortung für die Sicherheit von Menschen und Nationen zu übernehmen oder diese ererbten. Diese Angst – manchmal und bei gewissen stressvollen Geschehnissen kommt sie einer Hoffnungslosigkeit gleich – muss Glück und Frieden des menschlichen Lebens so lange bedrohen, wie das Leben nur als etwas rein Physisches betrachtet wird. Eine solche Überzeugung läuft darauf hinaus, dass das menschliche Leben ausschließlich auf mentaler und materieller Tätigkeit beruht und dem gemäß gelebt wird. Die Lebensgeschichte der Menschheit zeigt, dass eine solche Lebensweise tatsächlich keine Sicherheit und nicht einmal die Fortdauer der Existenz garantieren kann.

Individuelle Verbrechen und die Kriminellen, die sie verüben, Gruppen und Klassen, die auf Kosten von weniger mächtigen Gemeinschaften nur nach ihrem eigenen Wohl streben; die nur natürliche

Entschlossenheit seitens nationaler Führer, größtmögliche Sicherheit und Gewinn zu erzielen – all diese sind im Verlauf der Jahrhunderte für Blutvergießen, Krieg und Tod verantwortlich gewesen, die ständigen Charakteristika des menschlichen Lebens auf diesem Planeten. Tatsächlich ist es so, dass die Nationen einander fürchten, und aus dieser Angst erwächst sowohl die Notwendigkeit als auch die Entschlossenheit, sich selbst zu schützen, weswegen sie so stark am eignen Profit interessiert sind. Das wirft ein anderes Licht auf die Sache, und man ist versucht zu sagen, es rechtfertigt fast nationale und persönliche Selbstsucht, obwohl es sich in Wirklichkeit um eine Form der Angst handelt.

In diesen Tagen und in diesem jetzigen Zeitalter geht die Menschheit durch eine schwierige und gefährliche Epoche, die man vielleicht am besten mit *Konfliktsituation* beschreiben könnte. Auf fast jedem Gebiet menschlicher Betätigung bekriegen sich gegensätzliche Interessen – nationale, kommunale, personelle. Harmonische und kooperative Beziehungen zwischen Menschen und Nationen können nur nach vielen Enttäuschungen und Fehlschlägen zustande kommen. Konzipiert, in Form gebracht und abgeschlossen werden sie nur mit beträchtlichen Schwierigkeiten. Verbündete können sich praktisch in jedem Augenblick als Feinde gegenüberstehen, im kommerziellen wie auch im militärischen Sinn. Ehemalige Feinde wiederum stellen plötzlich fest, dass sie sozusagen Verbündete sind.

Diese Unsicherheiten in nationalen und internationalen Beziehungen sind in der Tat äußerst gefährlich. Sogar die Welt-, die National- und die Gruppenbeziehungen für menschliche Solidarität und Menschlichkeit – von den Vereinten Nationen und all ihren Agenturen bis zu humanitären Anstrengungen – finden die Wirksamkeit ihrer Bemühungen, das Wohl von Mensch und Tier zu verbessern, durch gegensätzliche, persönliche Interessen stark vermindert. Die Weltorganisation, die mit so großem Idealismus gegründet wurde und, wie es schien, so extrem große Hoffnung unter den Nationen der Welt auf Frieden, Hilfsbereitschaft und Zusammenarbeit machte, schafft es nicht, die ursprünglichen Ideale umzusetzen.

Der Grund liegt darin, dass sich nationale Interessen zwischen die Friedenbestrebungen der Welt und deren eigentliche Bestimmung als ein funktionierendes System auf diesem Planeten, drängen. Die Führer gewisser Nationen – glücklicherweise nicht alle – wollen oder können nicht für jene internationale Zusammenarbeit sorgen, die bis zu einem gewissen Punkt die Erfüllung kommunaler und politischer Interessen einschränken würde. Die UNO sollte ein Zentrum und Beispiel für die Bereitschaft jeder Nation sein, die Forderungen um des Weltfriedens willen und des Wohls der Welt auf ein vernünftiges Maß zu senken. Aber praktisch kann man sie selbst als Schlachtfeld bezeichnen. Die Durchsetzung politischer und ideologischer Motivationen sitzt in gewissen Menschen so tief und fest, dass ihre Vertreter in der Weltorganisation mit dem Verbot belegt werden, für das Wohl anderer Völker irgendwelche Vorteile abzugeben. Ethnische, nationale und persönliche Interessen sind vorrangig vor der Bereitschaft, für die Völker der Welt einige Abstriche zu machen, besonders für solche nahe an den nationalen Grenzen und mit anderen Ideologien. Anders ausgedrückt: Die Menschheit befindet sich im Krieg mit sich selbst.

Die Folgen sind nur zu offensichtlich. Unter der Oberfläche menschlicher Selbstsucht und der Entschlossenheit, Eigennutz allem anderen voranzustellen, bröckelt die Moralität. Der moralische Verfall hinter dem Triumph der Selbstsucht über die Selbstlosigkeit, oder der rücksichtslosen Entschlossenheit, nationalen und persönlichen Gewinn einzufahren, koste es die anderen was es wolle, bedrohen den so sehr zu wünschenden Idealismus, womit allein diese Probleme gelöst werden können und müssen.

Gurus aus Ost und wissenschaftliche Forscher sowohl aus Ost wie aus West, erklären, warnen und zeigen Wege zur Sicherheit auf, beschwören die Menschheit, ihr selbstzerstörerisches Vorgehen aufzugeben. Unterschiedlich wie sie beurteilen, was nützlich ist, fallen sie ihrer Natur nach in zwei Kategorien – eine persönliche und eine allgemeine. Der persönliche Ansatz betont, dass die Ursachen und somit auch die Abhilfe für das Dilemma der Menschheit innerlich sind und hauptsächlich die Motive für das Leben betreffen. Der allgemeine Ansatz ist organisatorischer Art, betont die Notwendigkeit zur Einigkeit im Handeln, beim Planen und Ausführen von Weltprojekten für die Sicherheit und weitere Existenz der Menschheit. Dieses Buch bezieht sich hauptsächlich auf den ersteren der beiden Ansätze und erklärt mit Nachdruck, dass die Ursachen so vieler seiner Schwierigkeiten *im* Menschen selbst liegen.

Der Mensch macht in seiner selbstsüchtigen Gier immer weiter und bleibt infolgedessen gleichgültig gegenüber den Leiden, die durch die Befriedigung seiner eigenen Wünsche den anderen aufgezwungen werden. Da der Fehler im Menschen selbst liegt, muss auch die Gefahrenquelle in ihm selbst liegen. Die Lösung – die vom Osten kommt – liegt in Richtung der eigenen Spiritualisierung. Glück und Frieden in Gemüt und Denken sind gänzlich abhängig von der Anerkennung der tieferen, innerlicheren und weit mächtigeren *spirituellen* Seite und Kraft, mit der jedes Menschenwesen ausgestattet ist. Die Lösung der Probleme, sowohl der internationalen als auch der persönlichen Unsicherheit, besteht daher in der Anerkennung der dreifältigen Natur des Menschen, der spirituellen, intellektuellen und physischen, und deren fortwährenden wechselseitigen Beziehungen.

Der Mensch muss sich zunehmend verändern, vom intellektuell Ausgerichteten, Selbstsüchtigen und nur allzu oft Grausamen zum spirituell Geführten und Motivierten, der sich immer mehr der Einheit aller Wesen und der Bruderschaft der Menschen bewusst wird. Betrachtet man die Menschheit nur vom Verstand her, zeigt sie eine große Vielfalt; intuitiv und mit vorbehaltlosem Einblick wahrgenommen, stellt sich heraus, dass diese Unterschiede größtenteils auf das Äußere sowohl der Natur als auch des Menschen beschränkt sind. Unter der Oberfläche ist ein Band erkennbar, das alle Menschen – in der Tat alles, was ist – in unverbrüchlicher Einheit zusammenhält.

Das physische Auge kann das nicht wahrnehmen. Der menschliche Verstand, der ganz in Logik aufgeht, die sich allein auf die Erscheinungen stützt, wird zudem durch die Abweichungen geblendet, die die Natur an den Tag legt, und durch die reiche Vielfalt, die der Mensch aufweist. Einzig der spirituelle Einblick kann die Wahrheit aufdecken, dass unterhalb aller Unterschiede die unabänderliche Tatsache der Einheit verborgen liegt. Die Schätze in der spirituell vor Augen geführten Höhle Ali Babas bestehen nicht aus den vielen edlen Metallen und Steinen, weder in ihrem natürlichen Zustand noch in Ornamente gefasst, sondern aus dem einen unveränderlichen Diamanten – der Wahrheit –, dem Einzigen, den es gibt, ein und derselbe, unveränderlich identisch, sei es in jedem einzelnen Menschen oder in den Substanzen und Formen der Natur.

Zurzeit findet eine Veränderung statt und zwar eine sehr radikale, grundlegende Veränderung. Die Natur selbst – und so auch die Menschennatur und der Menschenverstand – machen evolutionäre Entwicklungen durch, sowohl im Denken als auch im Zwischenmenschlichen. Um ein Bild aus früheren Zeiten zu nutzen, die „Zugbrücke", die gewöhnlich zwischen der Burg des intuitiven Verstehens und dem logischen, formalen Verstand hochgezogen ist, wird heruntergelassen. Der Burgraben, den die Menschen, abgesehen von einer Minderheit, nicht überwinden konnten, wird von immer mehr Menschen überquert oder überbrückt. Alle Entwicklungen internationaler, nationaler oder persönlicher Art zur Schaffung einer harmonischen und einigenden Beziehung zwischen den Nationen und ihren Bürgern sind Anzeichen dieses Fortschritts. Der Völkerbund und seine Abteilungen, die UNO und ihre Gremien sowie die zahlreichen, zuweilen exzentrisch anmutenden Bewegungen mit dem Ziel, die Beziehungen der Menschen untereinander zu verbessern, sie alle sind Beispiele – in der Tat Beweise – für diesen inneren Wandel, der allmählich, jedoch unaufhaltsam in der Menschheit und ganz besonders in ihrem Geist stattfindet.

Zum Beispiel drückt die Präambel zur **Charta der Vereinten Nationen** etwas von diesem Ideal in der gemeinsamen Zielsetzung aller Völker aus, deren Regierungen zusammentraten, um diese Weltorganisation zu bilden:

Wir, die Völker der Vereinten Nationen, entschlossen,

> künftige Geschlechter vor der Geißel des Krieges zu bewahren, die zweimal zu unseren Lebzeiten unsagbares Leid über die Menschheit gebracht hat,
>
> unseren Glauben an die Grundrechte des Menschen, an Würde und Wert der menschlichen Person, an die Gleichberechtigung von Mann und Frau sowie von allen Nationen, ob groß oder klein, erneut zu bekräftigen,

Bedingungen zu schaffen, unter denen Gerechtigkeit und die Achtung der Verpflichtungen, die auf Verträgen und anderen Quellen des Völkerrechts beruhen, gewährleistet werden können, und

sozialen Fortschritt und bessere Lebensbedingungen in größerer Freiheit zu fördern,

und für diese Zwecke

Duldsamkeit zu üben und als gute Nachbarn in Frieden miteinander zu leben,

unsere Kräfte zu vereinen, um den Weltfrieden und die internationale Sicherheit zu wahren,

Grundsätze anzunehmen und Verfahren einzuführen, die gewährleisten, dass Waffengewalt nicht zur Anwendung komme, es sei denn im Interesse des Gemeinwohls, und

internationale Einrichtungen in Anspruch zu nehmen, um den wirtschaftlichen und sozialen Forstschritt aller Völker zu fördern,

außerdem haben wir beschlossen, in unserem Bemühen um die Erreichung dieser Ziele zusammenzuwirken.

UNESCO, die Organisation der Vereinten Nationen für Bildung, Wissenschaft und Kultur, proklamiert drei Hauptfunktionen:

Anregung internationaler, intellektueller Zusammenarbeit, einsatzbereite Hilfe für Mitgliedsstaaten und die Förderung des Friedens, der Menschenrechte und des gegenseitigen Verständnisses unter den Völkern.

„Da Krieg im Geist der Menschen entsteht“, stellt ein Teil der UNESCO-Verfassung fest, „so muss auch der Friede im Geist der Nationen verankert werden.“

Die Prinzipien des **Roten Kreuzes** beinhalten:

1. *Menschlichkeit.* Die Internationale Rotkreuz-Bewegung, entstand aus dem Willen, den Verwundeten der Schlachtfelder unterschiedslos Hilfe zu leisten und bemüht sich in ihrer internationalen und nationalen Tätigkeit, menschliches Leiden überall und jederzeit zu verhüten und zu lindern. Sie ist bestrebt, Leben und Gesundheit zu schützen und der Würde des Menschen Achtung zu verschaffen. Sie fördert gegenseitiges Verständnis, Freundschaft, Zusammenarbeit und einen dauerhaften Frieden unter allen Völkern.

2. *Unparteilichkeit.* Die Rotkreuz-Bewegung unterscheidet nicht nach Nationalität, Abstammung, Religion, sozialer Stellung oder politischer Überzeugung. Sie ist einzig bemüht, den Menschen nach dem Maß ihrer Not zu helfen und dabei den dringendsten Fällen den Vorrang zu geben.

3. *Neutralitä*t. Um sich das Vertrauen aller zu bewahren, enthält sich die Rotkreuz-Bewegung der Teilnahme an Feindseligkeiten wie auch zu jeder Zeit politischen, rassischen oder religiösen Auseinandersetzungen.

4. *Unabhängigkeit.* Die Rotkreuz-Bewegung ist unabhängig. Wenn auch die nationalen Gesellschaften den Behörden bei ihrer humanitären Tätigkeit als Hilfsgesellschaften zur Seite stehen und den jeweiligen Landesgesetzen unterworfen sind, müssen sie dennoch eine Eigenständigkeit bewahren, die ihnen gestattet, jederzeit nach den Grundsätzen der Rotkreuz-Bewegung zu handeln.

5. *Freiwilligkeit*. Die Rotkreuz-Bewegung verkörpert freiwillige und uneigennützige Hilfe ohne jedes Gewinnstreben.

6. *Einheit*. In jedem Land kann es nur eine einzige Rotkreuz-Gesellschaft geben. Sie muss allen offenstehen und ihre humanitäre Tätigkeit im ganzen Gebiet ausüben.

7. *Universalität*. Die Rotkreuz-Bewegung ist weltumfassend. In ihr haben alle nationalen Gesellschaften die gleichen Rechte und die Pflicht, einander zu helfen.

Nichtsdestoweniger gibt es vielversprechende Anzeichen, dass das Ideal der Menschlichkeit jungen Menschen durch die vielen heutigen Jugendbewegungen nahegebracht wird. Zum Beispiel ruft die **Pfadfindervereinigung für Mädchen** in Australien ihre Mitglieder auf, das folgende Versprechen abzulegen:

> Ich verspreche, mein Bestes zu tun;
> Meine Pflicht gegenüber Gott zu erfüllen,
> meinem Land zu dienen und
> anderen Menschen zu helfen und
> das Pfadfindergesetz einzuhalten.

Dieses Gesetz lautet:
1. Ein Pfadfinder ist loyal und vertrauenswürdig.
2. Ein Pfadfinder ist hilfsbereit.
3. Ein Pfadfinder ist höflich und rücksichtsvoll.
4. Ein Pfadfinder ist freundlich und wie eine Schwester zu allen Pfadfindern.
5. Ein Pfadfinder ist gütig zu den Tieren und achtet alle lebenden Wesen.

Die australische **Pfadfindervereinigung für Jungen**.
Ziel und Basis:
(1) Das Ziel der Vereinigung ist es, die Jungen durch Charakterschulung zu guten Bürgern heranzubilden:

- durch Training in Übungen der Beobachtung, des Gehorsams und des Selbstvertrauens
- dem Einprägen von Loyalität und der Rücksichtnahme auf andere
- der Unterweisung im Dienst an der Gemeinschaft und in handwerklichen Fertigkeiten, die für sie selbst von Nutzen sind
- der Förderung ihrer körperlichen, geistigen und spirituellen Entwicklung.

Basis

(2) Die Prinzipien und die Praxis der Vereinigung sind auf der Basis des Pfadfinder-Versprechens und des Pfadfinder-Gesetzes gegründet. Die Vereinigung übernimmt und hat das Ziel, in ganz Australien und seinen Territorien die Pfadfinder-Prinzipien fest zu bewahren, wie sie durch das weltweite Oberhaupt der Pfadfinder, Lord Baden Powell von Gilwell, inzwischen verstorben, festgelegt und in seinem Buch „Scouting for Boys“ niedergeschrieben wurden.[106]

Trotz dieser hoffnungsvollen Zeichen ignoriert die Menschheit, getäuscht von den Sinnen, von Begierde, Leidenschaft und unstillbarem Verlangen nach Besitz sowie Macht und Hochmut, die Besitz zu verleihen scheinen, nur allzu oft die zugrunde liegende, unausweichliche Realität, die Gottheit. Diese Wirklichkeit ist genau die gleiche in allem, was ist, und die Anerkennung dieser Einheit ist der einzig mögliche Weg zu persönlicher, nationaler und internationaler Gesundheit, zu Frieden und daher Glück.

Was kann man also tun? *Umkehr* ist die einzig mögliche Antwort – sich abkehren von persönlicher und materieller Selbstsucht und das vollkommene Wohlergehen der Welt zum Ziel aller Regierungen machen, sowohl in deren Beziehungen zueinander, als auch in den Vorgängen des eigenen Staatensystems.

Der bemerkenswerte und von Weisen inspirierte Ausspruch von

106 Der Verfasser hat längere Zeit in Australien gewirkt.

Abraham Lincoln, „dass die Regierung des Volkes, durch das Volk und für das Volk, nicht von der Erde verschwinden möge“, braucht nun – besonders in dieser fast unvorstellbar gefährlichen nuklearen Welt – als Nachsatz eine weitere Botschaft, die sich in vier Worten ausdrücken lässt: „denn alle sind eins“. Internationale Abkommen, um die Nutzung nuklearer Waffen mit einer allgemein anerkannten Beschränkung zu belegen, bleiben z. B. weiterhin der Gefahr ausgesetzt, aus Gründen nationalen und persönlichen Profits unbeachtet zu bleiben. Solange nicht die unabänderliche Tatsache der Ganzheit, der Einheit jenes allem innewohnenden Geistes – der das Wirkliche in jedem Menschen ist – anerkannt wird, bedroht eine Weltkatastrophe die Menschheit. Die Erkenntnis der Einheit der Welt muss unbedingt ein leitendes Prinzip in allen Beziehungen zwischen Menschen, zwischen Menschen und Tieren und allen fühlenden Wesen werden.

22

GÜTE – WELTWEIT

Grausamkeit an Mensch und Tier erzeugt zukünftige Leiden für die Verursacher – Wie kann Leid vermindert werden? – Brauchtum und Gewohnheiten kritisch durchleuchten – Jagd als Lust am Töten? – Bedeutung des Vegetarismus – Verpflichtung für Schüler – Entwicklung in der Zukunft – Anzeichen in der Gegenwart – Hilfe von höherer Seite – Wirkung wahrer Gebete – Erziehung zur Güte als Entwicklungsschritt.

Misst man in rein menschlichen Begriffen, wie etwa historischen Epochen, Jahrtausenden und Jahrhunderten, die „Nächte" und „Tage" Brahmās, so ist die Herrschaft der weltweiten Liebe noch jung und die Nacht des vorsätzlich zugefügten Leides noch immer sehr dunkel. Trotzdem beginnt endlich die Morgendämmerung, wenn auch noch recht schwach, den Himmel im Osten zu erhellen. Humanitäre Gesinnung findet auf all ihren Anwendungsgebieten, wo es um die Beziehungen zwischen Mensch und Mensch und zwischen Mensch und Tier geht, eine immer breitere Basis mit zunehmendem Einfluss auf das weltweite Bewusstsein und auf gewisse Tätigkeiten des modernen Menschen.

Internationale Organisationen zur Erhaltung des Friedens und der Harmonisierung der Beziehungen zwischen Nationen wie auch die vielen Bewegungen zu weltweiter Bruderschaft in verschiedenen Bereichen weisen auf neuere Fortschritte in der Annahme von Menschlichkeit hin. Bewegungen formieren sich und nehmen ihre Arbeit zur Verminderung des reinen Gewinnstrebens auf – des nationalen wie des persönlichen. Diese, zusammen mit vielen Bewegungen, die mit der Absicht gegründet und organisiert wurden, um das Ausmaß an Grausamkeit zu vermindern, und der Aufruf, auf Verhalten zu verzichten, das erwiesenermaßen andere schädigt, stehen für eine zunehmende Wendung zur Spiritualität und eine Empfänglichkeit für die innere Hilfestellung der Adepten im Verborgenen sowie ihrer unermüdlichen Mitarbeiter draußen in der Welt.

Auch wenn eine wachsende Anzahl von Menschen sowohl in Gedanken als auch in der Tat in dieser Weise engagiert sind, ist ihre Zahl im Verhältnis leider viel zu klein. Daher sind sie und ihre Bemühungen in der gegenwärtigen Phase der Evolution, besonders wenn es sich um menschliche Begierden handelt, so sehr in der Minderheit und geschwächt, dass für gewöhnlich eher Grausamkeit denn Liebe das menschliche Leben regiert. Eine volle Auflistung all der Tätigkeiten, die ständig Schmerzen – bis hin zu furchtbaren Qualen – verursachen, welche der Mensch fortwährend Menschen und Tieren zufügt, wäre ein Tatsachenbericht, den man in Wahrheit nur als unerträglich bezeichnen könnte. Auch wenn manche Vivisektionen wohl in bester Absicht geschehen, so ist das qualvolle Leiden, das Forscher in ihren Laboratorien den Tieren zufügen, nicht zu beschreiben.

Soweit es den Menschen betrifft, sind Leiden, die als „Unglücksfälle" bezeichnet werden, das Ergebnis vergangener, gegenwärtiger, fortwährender und zukünftiger Grausamkeiten an Menschen und Tieren. Diese verursachen unweigerlich Leid, das später ertragen werden muss. Gemäß dem Gesetz von Ursache und Wirkung ist nicht nur das zugefügte Leid als solches, sondern auch die Rückwirkung auf die Verursacher jenes Leides unendlich ernst zu nehmen, denn unter diesem Gesetz wird ein Schmerz, der einem fühlenden Geschöpf absichtlich zugefügt wird, von den Körpern derer, die den Schmerz verursacht haben, in gleicher Stärke gefühlt werden, es sei denn, es erfolgt zwischenzeitlich eine Wiedergutmachung. Die Welt der fühlenden Wesen stöhnt vor Schmerz, verursacht durch die intensiven Qualen aus „Unglücksfällen" bis hin zu Krankheiten, gegen die oftmals schmerzstillende Mittel nicht mehr wirken.

Soll menschliches Leiden vermindert und schließlich aus dem Leben verbannt werden, dann muss auch menschliche Grausamkeit als dessen Ursache vermindert und schließlich aus der menschlichen Natur ausgetrieben und zunehmend per Gesetz verboten werden.

Ein Vorschlag, der zumindest ernsthafter Überlegung wert ist, besagt, dass die allernotwendigste Reform darin besteht, dass sich unter den Menschen die Praxis der Güte verbreitet. Um diesen Gedanken zu bestärken, dürfte in gewissen Kreisen, vielleicht unter Intellektuellen, durchaus die Lehre von Karma vorgebracht werden. Das setzt zugegebenermaßen eine wachsende Akzeptanz der Idee – ja der Tatsache – der Reinkarnation voraus; denn in den meisten Fällen folgt die Wirkung einer Ursache kaum je im selben Leben, sodass der Zusammenhang gesehen werden kann. Die Annahme [der Reinkarnation] hängt bei den von Natur aus eher mitfühlenden Menschen, den „Herzmenschen", weniger vom Verstand als vom Gefühl ab. Begrenzte Beschreibungen von Grausamkeit dürften daher eher ihr Wohlwollen ansprechen und verstärken als vernunftmäßige Argumente.

Dann gibt es auch jene, die sich weder vom Verstand noch vom Herzen her leiten lassen, sondern einfach ihr eigenes Leben nach den üblichen Gewohnheiten ohne viele Gedanken und Gefühle leben. An diese kommt man vielleicht am schwersten heran. Vernunftmäßige und an das Mitleid appellierende Aufrufe können oft nicht die dichte Schranke jahrhundertealter Bräuche wie z. B. des Jagdsports durchdringen – Bräuche zur Befriedigung des eignen physischen Lebens, das der Familie und der Menschen im Allgemeinen. Fischer fischen, Bauern züchten Vieh und übergeben die Produkte ihrer Arbeit dem Schlachter, während Forscher in Laboratorien die physischen Ursachen und möglicherweise Verhütungen und Heilungsmöglichkeiten von Krankheiten erforschen und es für völlig zulässig, ja, sogar notwendig erachten, fühlenden Geschöpfen Schmerz zuzufügen. Für solche Menschen haben natürlich körperliche Bedürfnisse im täglichen Leben automatisch mehr Gewicht als Idealismus.

Zugegebenermaßen ist der Mensch, ob primitiv oder fortgeschritten, vom Instinkt her ein Jäger, sowohl aus der Notwendigkeit heraus, Nahrung zu beschaffen, als auch wegen des sogenannten Vergnügens an der Jagd. Wer dem Jagd-"Sport" frönt, tötet aus Lust am Töten, aus persönlicher Überlegenheit und Geschicklichkeit. Dies hat noch immer einen hohen Stellenwert in der Befriedigung von Begierden und ist ein Übel, dem man eher entwachsen muss, als dass es sich durch Vorhaltungen des humanitären Ideals heilen lässt.

Es liegt jedoch nahe, dass beides, die Jagd um der Nahrung und um des Vergnügens willen, sorgfältig formulierter Kritik bedarf. Der gesunde Menschenverstand, die einfache Handhabung und die gesund erhaltende Gewohnheit vegetarischer Ernährung entziehen der Rechtfertigung, dass Tiere um der Ernährung willen massenweise und sehr aufwändig gezüchtet und getötet werden müssen, einen guten Teil an Boden. Die Menschheitsgeschichte liefert vielleicht die beste Information für die dringende Notwendigkeit, Grausamkeit zu verringern und durch Menschlichkeit zu ersetzen. Das betrifft sowohl den intellektuell motivierten Menschen als auch denjenigen, der, ohne nachzudenken, den Gewohnheiten folgt, die sich ganz zu Anfang des menschlichen Lebens auf Erden gebildet haben. Wer sich um Reform bemüht, dem wird geraten, wenn er das Ideal der Humanität fördern und verbreiten möchte, diese drei wichtigen Menschentypen und ihre besonderen Formen grausamen Verhaltens im Gedächtnis zu behalten, denn jeder dürfte am besten seinem Temperament gemäß und der daraus resultierenden Lebensweise zugänglich sein.

In der heutigen Zeit tendiert die Menschheit dazu, im Sumpf hässlicher und ungesunder emotionaler Vergnügungen und in der Geisteshaltung des sich getrennt dünkenden Selbst gefangen zu sein; aber dies wird nicht immer so sein. Das Menschengeschlecht bewegt sich vor- und aufwärts, wenn auch langsam. Geführt von ihren Idealisten und inspiriert von jenen, die die Adeptschaft erreicht haben, wird die Menschheit eines Tages erleuchtet werden durch die Erkenntnis der Einheit und bewegt durch deren Ausdruck als Liebe für alle anderen Lebensformen. Während dieser allmählichen Entwicklung – auf einigen Gebieten mikroskopisch gering – ist es dringend notwendig, sie voranzutreiben, sie zu beschleunigen und sie vollständiger im menschlichen Denken und Verhalten zum Ausdruck zu bringen. Jeder wirklich mitfühlende Mensch und jede Organisation mit Mitgefühl als ihrem zentralen Leitgedanken müssen daher als Höhepunkte gelten, als Berge, die von der Menschheit zu ersteigen sind, geführt von ihren fortgeschritteneren Mitgliedern auf dem Weg zur Erfüllung ihrer Bestimmung.

Die Botschaft an den Aspiranten, der das Ziel schnell erreichen und seine Mitmenschen zu den Höhen führen möchte, muss daher klar die Notwendigkeit aufzeigen, diese Eigenschaft der gänzlich selbstlosen, von Herzen gefühlten Zuneigung in seiner ganzen Natur zu verankern, bis sie zu seiner eigentlichen Substanz geworden ist. Jedoch wird dies kaum ausreichen, es sei denn, es findet äußeren Ausdruck im Dienst an seinen Mitmenschen und zum Wohl der Mitglieder des Tierreichs, die vom Menschen so barbarisch behandelt werden. Dies kann in Form von Mitgliedschaft in Vereinigungen geschehen, die sich um das Glück und Wohlergehen der anderen kümmern, besonders jener in großer Not. Der wachsende Idealismus, das sich vertiefende Mitleid, die zunehmende Beschäftigung mit dem göttlichen Leben in all seinen fühlenden Formen, finden natürlicherweise organisierten und immer größeren aktiven Ausdruck im täglichen Leben, jedoch immer mit klarem Urteilsvermögen. Der zukünftige Schüler oder die Schülerin kann es sich nicht erlauben, von den Idealen eines reinen Lebens im weitesten Sinne abzuweichen.

Der Mensch, in dem diese innere Entfaltung noch weiter fortgeschritten und in dem dieser Ausdruck von Mitgefühl zur dringenden Forderung geworden ist, der er sich nicht verschließen kann, dürfte mit Sicherheit schneller den noch verbleibenden aufwärtsführenden Pfad zurücklegen. Die wichtigsten Mittel dazu sind fortwährende Meditation über die Einheit des Lebens in all seinen Formen, die Leitung und Teilnahme an organisierten Bemühungen wie auch persönliche Anstrengungen, die heutige schreckenerregende Grausamkeit zu reduzieren, welche leider für die Lebensweise gewisser Menschen charakteristisch ist und deshalb den Fortschritt zur eigenen Spiritualisierung verlangsamt.

Zu diesem Zweck wird der Menschheit ständig alle Hilfe von Seiten der Adeptbruderschaft, die immer positive und immer fruchtbringende Unterstützung in den Welten spirituellen, intellektuellen und rein mentalen Bewusstseins geboten. Diesen helfenden Einfluss darf man sich als einen Mitgefühl hervorrufenden Strom vorstellen, mit dem das menschliche Denken fortwährend überflutet wird. Bei dieser außerordentlich wichtigen Tätigkeit ist eine größere Zahl menschlicher Mitstreiter dringend erforderlich. Gebete und gebetsartige Gedanken erwecken Kräfte und Strömungen, die, wenn sie Eingang in das menschliche Denken finden, ihren Besitzer in seiner Einstellung und seinem Tun zu noch größerer Güte in all seinen Beziehungen bewegen. Alle Gebete in allen Glaubensrichtungen der Welt und in mystischen und philosophischen Gemeinschaften tragen erheblich dazu bei, das Ideal zu erfüllen, und sie haben ihre segensreiche Wirkung, besonders wenn sie mit stark evokativen Gedankenkräften gesprochen werden.

Allerdings, auch wenn sie noch so lobenswert sind, können sie keineswegs ihre volle Wirkung erreichen, wenn nicht auch die Betenden selbst zutiefst von Mitgefühl erfüllt sind. In der Tat, ohne dieses könnten solche Gebete zu bloßen Wortansammlungen werden, hergesagt und [von den Gläubigen] beantwortet ohne tiefe und aufrichtige Überzeugung und deshalb mit stark verminderter Wirksamkeit. Der Frieden auf Erden hängt fast gänzlich davon ab, ob in den Herzen und im Denken der Menschen die Eigenschaft und Kraft des Mitgefühls lebendig ist. Es ist dringend notwendig, dass solche Gebete dargebracht werden, nicht nur damit Kriege aufhören, sondern auch damit in menschlichen Herzen und Gedanken der wahre Geist natürlichen Wohlwollens und göttlichen Mitgefühls allen anderen Wesen gegenüber, im Menschen- und Tierreich, erwacht, sich entfaltet und wächst. Güte und Wohlwollen, das Ideal der Menschlichkeit, muss in allen zwischenmenschlichen Beziehungen wie auch zwischen Mensch und Tier, was die Anwendung religiöser Ideale auf das Leben betrifft, unbedingt zum Evangelium des Neuen Zeitalters werden; denn die Menschheit muss barmherzig werden.

So weit verbreitet, so ernst, so katastrophal ist Grausamkeit in der Welt und in den Köpfen und Leben der Menschen, dass eine wirkungsvolle weltweite Kampagne absolut notwendig ist. Von frühester Kindheit an brauchen Kinder zu Hause und in der Schule ganz dringend Rat und Vorbild von Eltern, Lehrern und anderen Angehörigen, die ihnen unmittelbar Sanftheit und Menschlichkeit gegenüber Menschen, Tieren und allen fühlenden Geschöpfen einprägen; auch sind Kinder dann am aufnahmefähigsten. Auf diese Weise würde ihnen der Geist des Wohlwollens und eine natürliche Abscheu vor Gedanken und Handlungen eingepflanzt, die Schmerzen verursachen. Eine Initiative zugunsten von Mitleid und Mitgefühl ist schon ins Leben gerufen worden, und ist, bis zu einem gewissen Punkt, aktiv. Es ist dringend notwendig, dass dies weltweit eingeführt wird, vor allem zu Hause und in Bildungseinrichtungen – Orte, in denen junge Menschen ihre Einstellung zum Leben finden.

Wahrhaft tief empfundene Menschlichkeit, die aus Mitgefühl entsteht, ist eine der schönsten menschlichen Eigenschaften. Ist sie in der Aura vorhanden, glüht sie darinnen und leuchtet nach außen in einem sanft schimmernden, rosafarbenen Licht. Die Zartheit der Farbe weist keineswegs auf Schwäche hin. Im Gegenteil, sie wird zu einer sich immer stärker durchsetzenden Kraft im Charakter und Verhalten all derer, in denen sie sich aktiv entwickelt.

Schließlich wird es keine Grausamkeit mehr geben, nicht nur aus diesen Gründen, sondern weil es für den erleuchteten spirituell erwachten Menschen völlig unmöglich geworden ist, absichtlich Grausamkeit auszuüben. Die Entwicklung des Mitgefühls lässt überhaupt keinen Raum für Grausamkeit irgendwelcher Art im Leben und Verhalten der Menschheit. Ein Teil des Rufs besteht also darin, erstens Grausamkeit persönlich im eigenen Leben auszumerzen und zweitens mit allen möglichen wirksamen Methoden alle anderen aufzurufen, es ebenfalls zu tun.

Dies darf natürlich nicht mit dem geringsten Anflug von Überheblichkeit oder durch Absonderung der eigenen Person von ihren Mitmenschen geschehen. Natürlich sollte das immer mit weiser Unterscheidung erfolgen. Es ist wichtig, nicht nur den Gedanken der Einheit von allem zu bewahren und auszudrücken, sondern auch die Motivation, menschenfreundlich zu handeln, um sich selbst im Rahmen des Gesetzes von Ursache und Wirkung Vorteile zu verschaffen, sorgfältig zu überprüfen und zu klären. Echte Güte kommt nur aus Güte um der Güte willen. Der wirklich gütige Mensch ist so, weil Bosheit als Motivation undenkbar und im Verhalten unmöglich geworden ist. Es ist in der Tat grundsätzlich so, dass je größer die Selbstlosigkeit in einem Reformer ist, desto wirksamer werden seine humanitären Bemühungen sein.

Das bringt uns erneut zur Betrachtung des Ideals, welches in diesem Buch erläutert wird, nämlich dass durch die Annahme von spirituellem Idealismus und dessen lebenslanger Ausübung die Evolution des Menschen beschleunigt wird. Folglich wird alles, was in der menschlichen Natur edel ist, immer offensichtlicher und in Gedanken, Wort und Tat immer zwingender, während Qualen verursachende Grausamkeiten weniger werden und schließlich von selbst verschwinden. Der Idealist folgt erhabenen Idealen, weil ihn sein Innerstes unwiderstehlich dazu drängt. Lasst die, welche darauf ansprechen können, an dieser außerordentlich notwendigen Kampagne teilnehmen. Hier gibt es Arbeit zum Wohle allen Lebens auf diesem Planeten, Arbeit in der Tat, die bitter nötig ist.

23

DER SCHÜLER – EIN BOTSCHAFTER IN DER WELT

Der Schüler (eines Adepten) als Bote weltweiter Spiritualität – Seine Aufgabe und Losung gemäß den sieben Strahlen – Vermittlung der Grundwahrheiten des Lebens und der geistigen Entfaltung – Die eigene Verwirklichung ist absolut notwendig – Seine Zurückhaltung – Freiheit eines jeden Menschen muss respektiert werden.

Es fehlt nicht an modernen Beobachtern, die verkünden, dass die Menschheit in sinnlicher, militärischer und ökologischer Hinsicht auf dem Weg zur Selbstzerstörung zu sein scheint. Falls dem so ist – und es gibt deutliche Hinweise für diese Ansicht – dann muss die Errettung der Menschheit aus diesem selbstmörderischen Vorgehen in beträchtlichem Maße, wenn nicht ganz und gar, vom Erscheinen spirituell Erleuchteter abhängen. Das Leben solcher Menschen, die sich ihrer Sache voll und ganz widmen, kann mit Recht mit der Rolle eines Botschafters umschrieben werden.

Natürlich ist diese Aufgabe in keiner Hinsicht an ein bestimmtes Land oder eine bestimmte Religionsrichtung gebunden. Vielmehr ist ein solcher Schüler ein Repräsentant für weltweite Spiritualität, ein Bote im Namen der Leitenden der Großen Bruderschaft und ihrer Bereiche, jener Lenker spiritueller Macht und all derer, die die Stufe der Adeptschaft erreicht haben. Diese sind die wirklich Großen auf Erden, und ihre Einheit oder „Nation" ist nicht die von Abstammung oder Glauben. Sie bilden *eine Gemeinschaft,* und sie sind es, die die Menschheit durch alle Zeiten hindurch behütet haben.

Insbesondere haben sie den Idealisten jeder Weltepoche das Wissen, den Schutz und die Kraft zugänglich gemacht, die, wenn richtig empfangen und angewandt, Idealisten zu tätigen Okkultisten[107] werden lassen. Diese benötigen dringend sowohl Schutz als auch Führung, da sie einer Lebensweise zu folgen versuchen, die den üblichen und populären Lebensstilen fast völlig entgegengesetzt ist. Dieser Dienst der Älteren an den jüngeren Mitgliedern der Menschheit ist Ausdruck des Grundprinzips, das ausnahmslos das Leben all derer lenkt, die selbst das innere Licht entdeckt haben.

Die Erde geht durch die tiefste – aus spiritueller Sicht – dunkelste Phase der großen involutionären und evolutionären Reise des Einen Lebens. Daher hat die Materie – besonders in ihrer Eigenschaft der Trägheit – eine starke Machtposition: eine Überbetonung der Materialität in den Motiven, in den Methoden der Ausführung, den Lebensweisen und im täglichen Wachbewusstsein des körperlichen Selbst, mit dem das spirituellen Monaden-Ego in jedem Menschen verbunden ist. In der jetzigen Zeit taucht die Erde jedoch aus dem tiefsten Abstieg des Geistes in die Materie – der Involution – wieder auf. Als Folge dieses Aufstiegs erhebt sich gleichermaßen der Geist des Menschen auf eine höhere Stufe der Evolution, die der involutionären Phase folgt.[108] Daher ist der erniedrigende Abstieg – wie hässlich und abstoßend er auch ist, überwunden und transzendiert, wie es sein muss, – und er ist auch nicht gänzlich unnatürlich; allerdings ist die Tiefe, in die er gewisse Menschen geführt hat, nicht notwendig.

Trotz des Grades der Selbsterniedrigung – moralisch, emotional und rein körperlich – in den ein so großer Teil der Menschheit auf Erden gesunken ist, reagiert eine wachsende Anzahl von Menschen auf das Erwachen spiritualisierender Einflüsse in ihrem Inneren. Bei einer zunehmenden Zahl hat das innere Selbst den äußeren Menschen in Form von Idealismus erreicht, und sie haben darauf in ihrem äußeren Leben reagiert, wenn auch mit unterschiedlichem Erfolg.

Diese Erwachenden und Erwachten sind nicht nur wertvoll und lobenswert, sondern auch äußerst wichtig für die Menschheit als Ganzes. Jeder Einzelne verringert in dem Maße, wie er oder sie darauf anspricht, die Tiefe des Abgrundes, in den Mitmenschen geraten können. Sie machen es auch für alle, die eben erwachen oder sich an der

---

107 Okkultist, siehe Glossar.
108 Siehe A. E. Powell, *The Solar System,* T.P.H. London.

Schwelle dieser Erfahrung befinden, viel einfacher, auf Idealismus zu reagieren und ihm im täglichen Leben wirksamen Ausdruck zu verleihen. Das trifft tatsächlich auf jeden einzelnen Idealisten auf dieser Erde zu. Wegen des Niedergangs um sie herum, aber noch viel mehr um ihrer selbst willen, sind diese Erwachenden die idealen Empfänger wirkungsvollster Fürsorge, die ihnen ihre Älteren Brüder angedeihen lassen können.

Unter ihnen sind oft diejenigen am schwersten auszumachen, die eben erst erwacht sind. Der Keim in einem Ei ist relativ klein, besonders *bevor* die Keimung einsetzt, wenngleich er danach den ganzen Reproduktionsprozess beherrscht. In derselben Weise beherrscht auch der Keim des Idealismus im Inneren derer, die sich auf die Suche nach dem Licht gemacht haben, schließlich ihr ganzes Leben; die Vorstellung vom Leben auf dem Pfad wird im Geist und im Herzen des Idealisten lebendig. Bis dahin mag sie gewissermaßen geschlafen haben. Beim allmählichen Erwachen vermehrt sie die Selbstlosigkeit des wahren Dieners seiner Mitmenschen. Genau in diesem heiklen Lebensabschnitt eines Aspiranten – sogar in einem bestimmten Moment darin – kann die Gegenwart und Hilfe eines behutsam und intelligent vorgehenden Gesandten der Meister des Lichts äußerst wohltuend sein.

Der Bedarf an solchen Vertretern und Ausführenden dieser Großen, die ihnen beistehen werden, in stets wirksamer Fortführung ihrer segensreichen Fürsorge, ist ganz offensichtlich. Allen spirituellen Aspiranten wird daher eine unermesslich wichtige Gelegenheit geboten, solche neu erwachten Idealisten aufzufinden und ihnen zu helfen. Sie tragen auch eine schwere Verantwortung allen anderen gegenüber, die suchen, gefunden und den mit Recht sogenannten „Pfad auf des Messers Schneide" angetreten haben. Ihr Losungswort könnte sein: „Sei wachsam, halte immer Ausschau, sei immer zugänglich und sei mit weiser Unterscheidung immer hilfreich all jenen gegenüber, in denen das innere Licht aufleuchtet, das für dich selbst zum Leitstern geworden ist."

Es bedarf der Weisheit, es muss mit Sorgfalt vorgegangen werden. Der Charakter, vorherrschende natürliche Fähigkeiten oder „Strahlen", die Lebensumstände Familie und Verantwortlichkeiten betreffend, sogar die Bildung und finanzielle Lage eines potenziellen Empfängers spiritueller und okkulter Hilfe in der Phase des „Aufkeimens“ müssen sorgfältig bedacht werden. Gleichzeitig – und hierbei sind ein nahezu vollkommener Einblick und vollendetes Geschick so wertvoll – wird die besondere Art und Weise, wie die Annäherung erfolgt, überaus wichtig.

Der erste Hinweis oder das erste Zeichen gegenüber einem neu Erwachenden auf der Suche nach Wahrheit ist, in einem Wort, *Interesse* im wahrsten und tiefsten Sinn dieses Wortes und seiner Idee. Man muss für diejenigen seiner Brüder Sorge tragen, die sich dem Eingang des Mysterientempels nähern; denn sie hoffen, wenn auch vorerst unsicher, echtes Verstehen für den Sinn und Zweck des Lebens zu erlangen. Unter Umständen lässt sich diese Sorge in Form von Hilfsbereitschaft umsetzen, die auf sie und andere Suchende zugeschnitten ist. All diesen – den Suchenden, Erwachenden und Erwachten – soll einem nach dem anderen geholfen werden zu entdecken, dass sie in ihrem Streben nicht allein sind, und dass sie einen Freund gefunden haben, der ihnen bei ihrer Suche helfen will. Wenn solche Hilfe angeboten wird, ist zweifellos, besonders bei der Wahl der Annäherung, die Kenntnis der sieben menschlichen Temperamente die sicherste Orientierungshilfe.[109] Die Gedanken zu diesem Thema, die vbereits zuvor in diesem Buch dargelegt wurden, können nützlich sein bei der Wahl der Annäherung und der Reihe von Gedanken, die wohlüberlegt im richtigen Augenblick dem Menschen vorgestellt werden, von dem man annehmen kann, dass er wahrhaft und aufrichtig auf der Suche ist und mit Wahrscheinlichkeit der dargebotenen Führung folgen wird.

Die Verbindung kann z. B. mit dem beginnen, was beinahe einer Zufallsbegegnung gleicht. Wenn die Reaktionen entsprechend sind, können dieser Begegnung kleine, jedoch allmählich häufiger werdende Hinweise auf persönliches Interesse und vor allem auf Bereitschaft zur persönlichen Hilfe, falls erwünscht, folgen. Bücher, Broschüren und Zeitschriften kann man zur Verfügung stellen, besonders für die Temperamente des dritten und fünften Strahls, die sich die passendsten Mittel zum Dienen wählen. Beratende Hilfe einer Gruppe oder einem Einzelnen gegenüber dürfte besonders denen des zweiten und sechs-

---

109 Temperamente – siehe tabellarische Übersicht der *Strahlen* in Stichworten und Kapitel 25.

ten Strahls zusagen, während die schönen Künste als Zugang zu den Gemütern derer auf dem vierten dienen können. Weltgeschehen, mystische und okkulte Rituale mit allem, was damit zusammenhängt, sprechen hauptsächlich Menschen des ersten und siebten Strahls an. Diese Vorschläge sind jedoch nur allgemeine Hinweise. Äußerste Sorgfalt ist notwendig, um eine maximale Wirkung bei der Annäherung an einen Menschen oder eine Gruppe zu erzielen, denen Hilfe, wie unauffällig zuerst auch immer, angeboten werden soll.

Eine andere Methode benötigen jene, die von sich aus entweder um Lebensberatung oder um Wiederherstellung ihrer Gesundheit bitten. Krankheit ist immer ein Notstand und daher ein Zustand, bei dem vernünftig gebotene Hilfe wahrscheinlich gerne angenommen wird. Diejenigen, die sich mit Gesundheit und Krankheit eingehend befasst haben, sei es aus Sicht okkulter Wissenschaft oder durch den Fortschritt in der Medizin, können diesem Weg folgen. Viele Menschen, die bei guter Gesundheit vielleicht überhaupt nicht für philosophischen Rat empfänglich sind, gehen tatsächlich mehr oder minder darauf ein, wenn sie von der einen oder anderen Krankheit befallen werden. Die Intuition wird hier fast immer leiten, besonders in den frühen Stadien eines Kontaktes. Außerdem wachen aller Wahrscheinlichkeit nach sowohl der Meister dessen, der helfen möchte, wie auch der zukünftige Meister von dem, der die Hilfe empfängt, darüber, und beide leisten Beistand. Es ist folglich kaum möglich, dass der Vertreter der Großen Bruderschaft, der seiner Sache voll ergeben ist, einen ernsthaften Fehler begeht, besonders wenn alle persönlichen Ansprüche auf Überlegenheit und spirituelles Wissen beiseitegelassen werden; derartige Ansprüche könnten durchaus Menschen gewisser Temperamente dazu bringen, sich entweder zurückzuziehen oder nur wenig begeistert darauf zu reagieren.

Für den Idealisten ist es nicht nur eine Herzensangelegenheit, sondern er ist auch zutiefst beunruhigt und besorgt hinsichtlich des fast gänzlichen Mangels an Wissen innerhalb der Menschheit, was Bedeutung und Ziel des menschlichen Lebens und die Irrtümer und Leiden betrifft, zu denen jene Unwissenheit unweigerlich führt. Der Erwachte wird zum Botschafter nicht nur eines Lehrers und Meisters, sondern des hohen Ideals, indem er seine eigenen schmerzlindernden Entdeckungen weitergibt. Zunächst werden die einfacheren Wahrheiten in leicht verständlicher Form vorgebracht. Dazu gehören:

Beschreibungen der wahren oder vollständigen Natur des Menschen, seine siebenfältige Konstitution.

Die Prozesse, die auf jeder Ebene in und an ihm arbeiten, nämlich das „Ausbrüten“ der innewohnenden Kräfte.

Die Wichtigkeit, aus direkter Erfahrung die eigene wahre Natur als ein sich entwickelndes spirituelles Wesen zu erkennen, welches das eigentliche Selbst ist.

Die deutliche Unterscheidung zwischen dieser innewohnenden Realität oder dem göttlichen Selbst einerseits und den Trägern oder Instrumenten für seine Manifestation und sein Wachstum andererseits oder anders ausgedrückt, das unsterbliche Ego und seine vierfältige sterbliche Persönlichkeit.

Das Wirken des Gesetzes oder der unabänderliche Ablauf, wodurch die Evolution von allem, was ist, durch zyklischen Abstieg in die Inkarnation in der Materie und dem Rückgang daraus erfolgt, was im Menschen der Prozess der Wiedergeburt ist.

Das Gesetz, unter welchem alles menschliche Glück und Leid erfahren wird – Ursache und entsprechende Wirkung oder Karma – welches besagt, dass auf jeder Ebene stofflicher Dichte – und das gilt für alle Wesen – jeder bewussten Handlung unweigerlich eine genau entsprechende Reaktion folgt, was bedeutet, dass jede Erfahrung von vorangegangenem Verhalten bestimmt wird.

Infolge der systematischen Methoden der Natur und ihrer Wirksamkeit – insbesondere der wiederholten Geburten und des Gesetzes von Ursache und Wirkung – kann man sich den Kosmos mit seinen dazugehörigen Sonnensystemen, Planeten und allen spirituellen Wesen, die dazu gehören, als riesiges, ununterbrochen produktives *Ei* vorstellen. Dieses kosmische Ei enthält unzählige Keime (Monaden), die immer bereit sind zur Keimung – immer aufkeimend oder befruchtend – und die sich fortlaufend entwickeln. Entfaltung ist also ein Gesetz des Seins

Der ideale Reformer lehrt die grundlegenden Wahrheiten, nämlich dass das Einhalten des Gesetzes zur Entfaltung von Glück, das Nichteinhalten zu Schmerz führt. Dass diese Wahrheiten gefunden, voll akzeptiert und auf Motive und Handlungen angewendet werden, ist für die Menschheit von allergrößter Wichtigkeit.

So ist also die Welt der Menschen offen für die, die selbst vom Licht der Wahrheit erleuchtet wurden und Wege suchen, dieses Wissen mit anderen zu teilen, besonders mit denen, die Zeichen aufweisen, dass sie bereit sind, es aufzunehmen. Hilfe wird bereitwilliger angenommen, wenn sie völlig frei ist von jeglichem Gedanken oder Wunsch an eine Gegenleistung. Während solche Wahrheiten im Allgemeinen dadurch gefunden werden, dass weise Menschen sie enthüllen, wird es eines Tages schließlich dahin kommen, dass jeder Mensch sie durch direkte Erfahrung selbst kennenlernt.

Zusätzlich bieten natürlich idealistische Bewegungen mit festen Grundsätzen wertvolle Gelegenheiten für die Tätigkeit eines Botschafters, und in manchen Fällen kann es gut sein, ihnen beizutreten und sie schließlich zu führen. Was man als „zurückhaltende Einstellung“ beschreiben könnte, ist sehr wichtig; genauso, dass nicht die geringste Absicht besteht, Gewinn zu erzielen, sich einzumischen, herumzukommandieren oder zu herrschen, was vielen Menschen ein Gräuel ist. So motiviert, entwickeln die spirituell Erwachten die Befähigung, indem sie ihren Mitmenschen dienen und gleichzeitig selbst auf dem Pfad rascher Entfaltung voranschreiten.

Woraus bestehen also die Tätigkeiten jener, die solche Aufgaben ausgeführt haben? Sie sind durch die Ränge der Kleinen Mysterien aufgestiegen, darin Grad um Grad vorangeschritten und in die Großen Mysterien eingetreten, wodurch sie sich den wahren Eingeweihten angeschlossen. Die Hauptaufgaben bleiben dieselben. Die physische Evolution der Menschheit liegt in der Obhut und Führung einer Gruppe von Adepten und Initiierten, die dieses Amt gemäß ihrer persönlichen Veranlagung ausführen. Die Auswanderungen und Einwanderungen großer Gruppen von Menschen werden inspiriert und gelenkt, sodass durch Vermischung die Möglichkeit besteht, dass sich ein kulturell und spirituell höher entwickelter Typus der Menschheit bildet. Tatsächlich spielt dabei auch mit, was bei diesen Bewegungen der Völker der Welt vielleicht als vorbestimmtes Schicksal betrachtet werden könnte; und das wird durch die Adepten wiederum genutzt, um die Erreichung eines bestimmten Ziels zu fördern.

Jedoch müssen Handlungen von Einzelnen, Gruppen und Nationen und Interaktionen zwischen diesen vollständig den betreffenden Menschen überlassen bleiben, dabei spielt Karma eine große Rolle. Alle Menschen sind selbstverständlich frei, abgesehen von den Zwängen ihres selbst verursachten Karma. Was menschliche Reaktionen auf die Lenkung von Adepten angeht, wird kein Mensch oder keine Gruppe jemals Neigungen unterworfen, die von außen oder von „oben“ erzwungen sind. Menschen können – Mann oder Frau –, selbst wenn ihnen im Allgemeinen die Existenz und der Verlauf eines solchen Plans menschlicher Entwicklung völlig unbewusst ist, trotzdem, auch wenn sie davon nichts wissen, bedeutsame Rollen spielen, wie die Geschichte überliefert.

Die (in diesem Zeitalter) relativ kleine Zahl derer, die durch Zulassung zu den Mysterien der von Adepten inspirierten und die Menschheit betreffenden Vorgänge gewahr wurden, nehmen daran teil, wann und wo immer sich Gelegenheit bietet oder ihr Meister oder ein Hierophant sie hinlenkt. Eine Form solch gebotener Hilfe besteht darin, neu zusammengekommene Gemeinschaften mit den Lehren der Uralten Weisheit vertraut zu machen, besonders mit ihrer vielfältigen Anwendung auf das menschliche Leben. Darüber hinaus sind diese Eingeweihten, ob Lehrer oder nicht, in der Welt draußen ein Beispiel für den Idealismus, den sie selbst praktizieren und nach dem sie sich in ihrem eigenen Leben richten, sei es stillschweigend oder in Worten.

Die Botschaft – falls man sie so nennen kann – dieser Menschen an ihre Mitmenschen, lässt sich vielleicht beschreiben als die praktische Anwendung von Idealen oder religiösen Glaubenssätzen auf die Prozesse und Probleme der menschlichen Natur und des menschlichen Fortschritts. Sie bestehen darauf, dass, wenn Religion nicht auch im Alltag gelebt wird, ihr Bekenner etwas von einem Betrüger an sich hat, einem, der etwas vorgibt und vortäuscht. Die Botschafter der Adeptbruderschaft setzen das selbst um, was sie unter Berücksichtigung menschlicher Schwächen predigen. Solcherart ist also in Kürze der Beitrag, den diese, je nach Temperament oder Strahl, zum mehr physischen Fortschritt der Menschheit leisten und besonders deren neuen und sich entwickelnden Zweigen und Nationen.

24

RÜCKZUG AUS DER WELT

Vom Persönlichen zum Unpersönlichen – Die Veränderung der menschlichen Natur – Karmische Voraussetzungen – Am Tor zu den Mysterien – Versuchungen – „Hüter der Schwelle“ – Nicht Zwang, sondern natürlicher Entwicklungsfortschritt – Einfachheit inmitten von Fülle.

Eine tiefgreifende Veränderung der menschlichen Natur muss sich langsam bei jenen einstellen, die den Pfad der schnellen Entfaltung beschreiten. Dies erfolgt nicht nur in einem einzigen Leben, sondern im Verlauf vieler Inkarnationen. Weltliche Interessen, die bis dahin legitim waren, nehmen immer mehr ab. Philosophisches Verstehen der vielen Arten menschlicher Existenz und ihrer Motive wird durch das Studium verschiedener universeller Philosophien erreicht, durch Neigungen zu religiösem Leben und schließlich durch die Abneigung gegenüber irgendeiner anderen Lebensform. All dies ist wertvoll, da es den Menschen dazu bringt, man könnte fast sagen zwingt, dem Gefängnis des Persönlichen zu entfliehen in die Freiheit einer unpersönlichen Haltung dem Leben gegenüber

Von Inkarnation zu Inkarnation wird dieser innere Drang stärker, bis sich unter anderen zwei radikale Veränderungen auf ganz natürliche Weise ergeben. Innerlich handelt es sich um ein fast gänzliches Aufgehen in philosophischem, kontemplativem Denken und Interesse und äußerlich um einen zunehmenden Rückzug aus weltlichen Tätigkeiten. In einigen Fällen findet der ganze Entfaltungsprozess im Inneren statt und führt zur zunehmenden Abkehr von der Welt. Dieser Rückzug kann spirituell z. B. im Ashram oder in Frauen- bzw. Männerklöstern erfolgen. Er kann autodidaktisch oder wissenschaftlich sein, kann aus Forschungen auf ausgewählten Gebieten und einem Leben in oder in der

Nähe einer wissenschaftlichen Einrichtung bestehen. Sogar heute noch wird der Rückzug aus der Welt von einer großen Zahl von Männern und Frauen gewählt, die sich in religiöse Einrichtungen zurückziehen.

Auch hier ist es wiederum höchst wichtig, dass der Rückzug weise überlegt und unter Beachtung bestehender Verantwortlichkeiten sowie einer gewissen natürlichen Neigung zu einem Ashram- oder Kloster-Leben vollzogen wird. Das Verlangen, allein und zuweilen ausschließlich in Gesellschaft von Gleichgesinnten zu sein, wird vorherrschend. Dieser Zustand ist kaum je rational nachvollziehbar; denn aus der Sicht weltlichen Lebens und Denkens würde er kaum vernünftig oder intelligent erscheinen. Ist dieses Stadium erreicht und besonders, wenn der Mensch die Fähigkeit entwickelt, z. B. im gesellschaftlichen Umgang beide Denkweisen vernünftig zu verbinden und ein inneres und äußeres Leben gleichzeitig zu führen, dann beginnen sich die Umstände von selbst zu verändern.

Nach einer gewissen Zeit ist ein Leben im Kloster oder Ashram schließlich dringend geboten. Hierbei spielt das Gesetz von Ursache und Wirkung eine entscheidende Rolle; denn die Freiheit, sich aus der Welt zurückzuziehen und passende Bedingungen vorzufinden, ist keineswegs zufällig. Im Gegenteil, dass sie geboten werden, vollzieht sich völlig gesetzmäßig. Idealismus, selbstlos in früheren Leben wie auch in der jetzigen Inkarnation umgesetzt, bildet die Samen, die, wenn ausgesät, Umstände hervorbringen, die den Rückzug begünstigen. Glücklich sind in der Tat diejenigen, deren Karma es erlaubt, frei und offen von der normalen Lebensweise in eine solche überzugehen, die anderen abnorm oder sogar unverständlich erscheinen mag, besonders was die Wahl der Gefährten betrifft.

In diesem Stadium der spirituellen Entwicklung ist Hilfe immer vorhanden. Bildlich gesprochen, öffnet sich eine Tür, und ein vertrauenswürdiger Mensch gibt ein Zeichen oder lädt den Aspiranten ein, einzutreten. Einige wenige, wirklich sehr wenige, befanden sich allein – oder waren nach eigener Wahl allein – vom Zeitpunkt des spirituellen Erwachens bis hin zum Erreichen des Ziels. Die Säulenheiligen in der okkulten[110] Geschichte der Menschheit waren, so ist anzunehmen,

---

110 okkult, in der ursprünglichen lateinischen Bedeutung von *occultus* (lat.): Verborgen. [Hrsg.]

eine Seltenheit, und noch seltener ist der Erfolg auf diesem einsamen Weg. Dennoch hat es die Höhle des Einsiedlers immer gegeben, und es gibt sie immer noch für diejenigen, die es vorziehen, den Pfad in Einsamkeit zu beschreiten. Sogar jene, die auf diese Art erwachen, nehmen die Hand des Führers, Philosophen und Freundes, der jede ernsthaft strebende Seele erwartet, dankbar an. Daher stammt die Mysterientradition auf dieser Erde mit ihren äußeren Toren und Höfen, äußeren und inneren Tempeln und ihrem Allerheiligsten; denn alle diese Heiligtümer haben auch ihre inneren Entsprechungen in Herz und Geist jener „Unschuldigen", die dorthin Einlass begehren.

Sogar in der Abgeschiedenheit eines Ashrams, und erst nur halb bewusst, kann in Herz und Geist eines Schülers der Wunsch nach Vorrangstellung vor Mitaspiranten entstehen. Auch wenn dem leisesten Anflug davon Einhalt geboten werden muss, ist dies nicht völlig unnatürlich, selbst wenn es dem herkömmlichen Ideal der Selbstlosigkeit widerspricht. Während aller vorausgegangenen Leben unter Mitmenschen hat die Sorge für sich selbst, für Schutz, Kleidung und Nahrung unter den Motiven, die das Leben und Handeln bestimmten, notgedrungen viel Raum eingenommen. In der Tat machten Erfolg im persönlichen und im Familienleben sorgfältiges und gelegentlich sogar aggressives Eigeninteresse notwendig. Sogar nachdem Karma und persönliche Neigung den Anstoß für die Bedingungen einer Aufnahme in einem Ashram und in der Gemeinschaft der Schüler eines spirituellen Lehrers geschaffen haben, stirbt dieser Impuls nur langsam. Auch wenn scheinbar vergangen, kann solch selbstsüchtiges Interesse wieder aufleben, wie früher stark werden und möglicherweise alle Hoffnungen auf spirituelle Entwicklung in dieser bestimmten Inkarnation zunichtemachen. Zweifellos ist dies der Grund, warum jeder große Lehrer und jeder Verfasser von Büchern über ein essenziell spirituelles Leben, die Notwendigkeit betont, sich gegen das Wiederaufleben von dem, was man tot glaubte, auf der Hut zu sein, nämlich dem Wunsch nach Eigengewinn.

Zum Beispiel mag es Aufgaben zu verrichten und Ämter zu bekleiden geben, verantwortungsvolle Stellungen, die möglicherweise eine Beziehung zum Lehrer mit sich bringen, die über die anderer Schüler hinausgehen. Man könnte in Versuchung geraten, dies als Beweis persönlicher

Hochschätzung zu sehen oder sogar als Überlegenheit gegenüber anderen. Es besteht auch eine große Gefahr, innerhalb des Ashrams die persönliche Stellung zu nutzen, um anderen entweder Zutritt zu verschaffen oder Vorteile zu erreichen, für die man finanziell belohnt wird.

Hinter diesen Versuchungen, die den äußeren Menschen erreichen, lauert das, was man den „Hüter der Schwelle“ nennt, die im Inneren verborgene Untugend, die für manche Temperamente der Stolz auf sich selbst ist. Der Wunsch als Höhergestellter zu gelten, als Auserwählter, spirituell und intellektuell mit Kräften und Fähigkeiten ausgestattet, die andere nicht besitzen; und dieses besondere persönliche Gefühl, das man als Selbstgefälligkeit bezeichnen könnte und welches aus früheren Leben zurückgeblieben ist – jedes Einzelne davon kann Absturz und Scheitern der spirituellen Hoffnungen und Bestrebungen verursachen. Solche Fehler können auf das hinauslaufen, was man als Selbst-Ausschluss beschreiben muss – nicht nur aus dem gewählten Ashram, sondern sogar aus dem Ashram-Leben an sich.

Jeder Neophyt muss sich daher vor diesen äußeren und inneren Gefahren in Acht nehmen und muss äußerst realistisch sein, was seine Beweggründe für alles betrifft, was er in Zusammenhang mit den Mit-Aspiranten tut. Wenn diese Warnungen auch ernst zu nehmen sind, so brauchen sich jene, die wirklich reinen Herzens sind und sich ganz davon leiten lassen, nicht wirklich zu beunruhigen. Das bedeutet, dass nichts außer absoluter Selbstlosigkeit ohne einen Gedanken an Eigennutz auf Kosten eines anderen in irgendeinem Lebensbereich auch nur die kleinste Rolle spielen darf. Dieser äußerst wünschenswerte und in der Tat wesentliche Zustand von Herz und Verstand ist tatsächlich nicht so sehr eine übernommene Haltung als vielmehr eine völlig natürliche Einstellung und Lebensart. Man sollte darin weniger eine unter Zwang angenommene Eigenschaft sehen, als vielmehr das Ergebnis einer Entwicklungsstufe, die hierin ihren ganz natürlichen Ausdruck findet. Trotzdem muss sie bewusst entwickelt und, wenn auch erst etwas ungewohnt, sorgfältig aufrechterhalten werden.

An dieser Stelle ist zu erwähnen, dass ein solcher Rückzug [aus der Welt], der, wenn ganz befolgt, zwar äußerst hilfreich ist, keineswegs aber eine Notwendigkeit darstellt, um erfolgreich ein spirituelles Leben unter den oben genannten Regeln zu führen. Von niemandem wird verlangt, dass er sich für spirituelle Zwecke unverzüglich in Weltabgeschiedenheit begibt und seine Lebensgewohnheiten über den gesunden Menschenverstand hinaus verändert. Jedoch steht ein Aspirant, während das große Erwachen vor sich geht, unter gewissen moralischen Verpflichtungen, die besonders die geistige Einstellung und das physische Verhalten betreffen. Trotzdem ist nichts notwendig, was wirklich die Fähigkeiten des Menschen übersteigt, der dieses Stadium erreicht hat. Tatsächlich wirken sich die evolutionäre Entwicklung, die Befähigung und die innere Entscheidung, das Ziel inmitten der Herausforderungen des mehr weltlichen Lebens zu erreichen, allesamt sehr positiv auf den spirituellen Fortschritt aus.

Auch umgeben von begehrenswerten Dingen und genötigt, Vermögen zu erwerben, um zu leben und den Unterhalt für die von ihm abhängigen Menschen zu bestreiten, ist der wahrhaft spirituelle Mensch in keiner Hinsicht ein Sklave der weltlichen Situation, in der er zu leben genötigt ist. Im Grunde seines Herzens wird ein solcher Idealist dem Reichtum gegenüber zunehmend gleichgültig. Er ist viel stärker an der Erfüllung seiner Pflichten interessiert, allein um der Pflicht willen. Mit immer ausgeglichenerem Temperament sind ihm Vorstellungen von unnötigen Anschaffungen, Üppigkeit, Großtuerei oder Maßlosigkeit zuwider. Tatsächlich hat er innerlich – und das ganz natürlich – alle diese Dinge bereits aufgegeben, er ist ihnen wirklich entwachsen.

Eine spirituelle Lebensweise rückhaltlos aufzunehmen, in einem Ashram oder in der Welt, geschieht immer seltener als Antwort auf einen Anreiz von außen oder den Widerwillen gegen die Unechtheit, die so oft gesellschaftliche Angelegenheiten begleitet. Man unternimmt dies eher aufgrund eines inneren Ziels, frei von all dem zu sein und sich der Selbstläuterung, einem gewissen Maß an Askese, an Respekt vor allem verkörperten Leben und vielen täglichen Stunden der Kontemplation zu widmen, die zur Erfahrung der Einheit mit Gott im tiefsten Sinne dieses Wortes führen.[111] Auf diese Weise folgt der Schüler zunehmend aus eigenem Antrieb den unveränderlichen Regeln und kann sich sogar inmitten der Fülle auf den Pfad der Einfachheit oder weise gelebten Armut begeben.

---

111 Gott – höchste ewige in Worten nicht auszudrückende Wirklichkeit.

25

DIE SIEBENFACHE PRACHT DER STRAHLEN

Charakteristika und Grundtendenzen der einzelnen Strahlen (Temperamente) – Das Entwicklungsziel im Laufe der Inkarnationen – mögliche Fehlentwicklungen – Schutzmaßnahmen.

Was man in der westlichen Welt als *Gott* bezeichnet, geht weit über alle intellektuellen Vorstellungen des Getrenntseins hinaus. Im Gegenteil: ES [*engl.* THAT] ist vor allem EINS und nur EINS. Dem Mystiker, der sich der Kontemplation hingibt, wird geraten, das Höchste Wesen als eine allumfassende Einheit zu begreifen und damit eins zu werden. Wenn jedoch die scheinbar unendlich vielfältigen Manifestationen dieser Einheit von außen durch objektiv wahrgenommene Wirkungen gesehen werden, dann lässt sich eine siebenfältige Unterteilung erkennen. Dies sind die sieben Strahlen oder göttlichen Eigenschaften, wie sie in der *Theosophie* offenbart werden. Sie zeigen sich in siebenfachen Klassifizierungen durch alle Reiche der Natur einschließlich der menschlichen und übermenschlichen. Sie erscheinen in sieben Haupttypen von Menschen, jeweils mit deren herausragenden natürlichen Attributen und Eigenschaften. Alle diese Eigenschaften und Kräfte sind zu einem gewissen Grad in jedem Menschen vorhanden, jedoch ist in jedem der sieben Haupttypen eine Tendenz vorherrschend. Im Allgemeinen gilt: Je fortgeschrittener das spirituelle Ego, desto deutlicher wird der Hauptstrahl in der Persönlichkeit erkennbar.[112] Die Tabelle auf Seite 191 fasst die wesentliche Information über die Strahlen zusammen.

---

112 Vgl. Geoffrey Hodson, *Seven Human Temperaments.*

Erster Strahl

Die hervortretenden Eigenschaften der Menschen des ersten Strahls sind Wille, Kraft, Stärke, Mut, Entschlossenheit, Führungstalent, Unabhängigkeit, Würde, die bei Gelegenheit zu Erhabenheit wird; in der Ausführung zeigen sich Wagemut und Tatkraft. Das Ideal des Strahls liegt in der Stärke. Diese Eigenschaft wertet der Mensch des ersten Strahls am höchsten, ja er ist geneigt, den Wert allen Verhaltens und aller Leistungen nach dem Maß der eingesetzten Kraft zu beurteilen. Er findet es schwierig, Schwäche in irgendeiner Form zu tolerieren und neigt dazu, jene zu verachten, die aufgeben. Aus seiner Sicht ist Gott oder das höchste Gut das Kraftprinzip in allen Dingen.

Die natürlichste Methode, um Ergebnisse zu erzielen, besteht für den ersten Strahl darin, große Willenskräfte in sich wachzurufen, sich von Entschlossenheit durchdringen zu lassen, um Erfolg zu haben, koste es, was es wolle, wobei die Möglichkeit eines Misserfolges überhaupt nicht in Betracht gezogen wird. Die dereinstige Vollendung ist Allmacht oder die bewusste Einswerdung mit dem göttlichen Willen; denn, wenn der Mensch des ersten Strahls die spirituellen Höhen erklimmt, muss er auf seinen Eigenwillen zugunsten des göttlichen Willens verzichten. So gebraucht er dann Willenskraft nicht im Sinne von Anstrengung, sondern als selbstlosen, mühelosen, reibungslosen Ausdruck des Einen Willens. Letztendlich wird er die Herrschaft über seine Natur und das äußere Selbst erlangen. Das ultimative Ziel dieses Strahls ist, ein hohes Amt in der spirituellen Leitung des Lebens von Nationen, von Planeten und Sonnensystemen zu bekleiden. Jedes Leben ist daher Übung und Vorbereitung auf Aufgaben und Ämter, die in der Zukunft auszuüben sind.

Zweiter Strahl

Das Ideal unpersönlicher universaler Liebe aus der Erkenntnis der Einheit des Lebens heraus ist die besondere Eigenschaft des zweiten Strahls. Wenn hoch entwickelt, ist der Mensch des zweiten Strahls intuitiv und strebt danach, ohne den Gedanken an Lohn oder an Belohnung, Weisheit und Liebe in die Welt auszustrahlen, was alle, die er erreicht, aufbaut und inspiriert. Auch fühlt er sich bewogen, die

Geisteshaltung des Dienens als positive Kraft bis zur Vollendung zu entwickeln, ebenso die Eigenschaften der Reinheit, Verfeinerung, Sanftmut, Zärtlichkeit, Wohltätigkeit, des Wohlwollens, der Milde, der Harmonie und des Beschützens. Das höchste Ziel der Menschen des zweiten Strahls ist das volle Erkennen der Einheit und ihr Ausdruck im Verhalten. Ihr wichtigstes Anliegen ist es, die Reichweite dieser Erkenntnis und ihre Verwirklichung auszudehnen. Auch streben sie mit Erfolg danach, Weisheit zu vermitteln, andere Menschen aus dem Inneren heraus zu erleuchten.

Die Menschen des zweiten Strahls bewegt das Prinzip des Erhaltens, das Prinzip der lebenserhaltenden Kräfte und des universalen und menschlichen Schutzes vor allem Schaden, das als Merkmal des zweiten Aspekts der Gottheit gilt. Die angeborene Betonung dieses bewahrenden Aspekts erzeugt in dem mehr persönlichen Wesensteil des Menschen den natürlich empfundenen Instinkt oder die Intuition, dass das Göttliche als immerwährendes Leben und Liebe gedacht werden muss. Folglich wird, besonders wenn der Mensch sich über das Eigeninteresse erhebt, die ideale Religion ganz natürlich zu einer Art des Dienens – zu schützen, zu wahren, zu erhalten. Dies betrifft ebenso die Form des Gottesdienstes, so lange diese noch gebraucht wird, wie das Leben und das Muster, das in dieser Weise gelebt wird. Für solche Menschen ist das, was man als „die Seele der Dinge“ beschreiben könnte, von gleichem, wenn nicht größerem Wert als die Form, in die sie gekleidet ist.

Daher wird in dem Maße, wie die Evolution voranschreitet, das innere Leben immer tiefer verstanden und in der Tat verehrt, wenn auch nicht in herkömmlicher Form. Gott ist Leben, und die Erscheinungsformen der Natur sind nur die Tabernakel, denen das Göttliche, so verstanden, innewohnt. Eins zu werden, zu verschmelzen und sogar sich im alles durchdringenden, alles beseelenden Lebensprinzip des Universums zu verlieren, wird zur mystischen Sehnsucht und zum spirituellen Ziel für jene auf dem zweiten Strahl, in denen von Natur aus das göttliche Prinzip als lebensspendend und lebenserhaltend im Vordergrund steht.

Dritter Strahl

Menschen des dritten Strahls suchen mit immer tiefergreifendem Verstehen das Göttliche bewusst zu erkennen. Unter ihnen befinden sich die intellektuell Erleuchteten der Erde, in denen die spirituellen Zentren menschlicher Existenz, die Monaden, zur Quelle ihrer Inspiration geworden sind.

Für sie ist Gott – kaum je personalisiert – das Prinzip der Ideation und göttlichen Konzeption, von dem das Universum und daher alle Menschen Manifestationen sind. Gott als Idee, als Denkender, als Ideator, der den Logos schuf, ist Gegenstand gänzlich unpersönlicher Verehrung. Völlig natürlich konzentrieren sie sich in kontemplativem Denken zunehmend auf den Logos[113]. Ziel ist es, einen Zustand des Bewusstseins und Seins zu erreichen, in dem jener göttliche Denker erkannt und seine Gedanken immer vollständiger verstanden werden.

Zu erkennen, zu verstehen und auf intelligente Weise höchst spiritualisierte Ideen anzuwenden – von dieser Art ist der Berggipfel, den der Verehrende, der Gott als Wahrheit, Gesetz und Wissen wahrnimmt, zu erklimmen sucht. Der Gipfel strahlt in siebenfachem Glanz. Die ganze Spitze ist durch diese Präsenz außen lichtüberflutet und innen voller Leben. Immer tiefer in Kontemplation damit eins zu werden, ist das Streben dieser Betrachter. Der Wunsch, zu entdecken, zu enthüllen und innerlich jenes zugrunde liegende verborgene Prinzip oder Gesetz zu erkennen, wird sogar schon in den frühen Phasen der Evolution erfahren. Diejenigen, denen das gelingt, sind die großen Philosophen, die die Menschheit, oder, wie sie selbst sagen würden, das Wirken des allmächtigen Gesetzes hervorgebracht hat.

Wenngleich die Domäne oder die Welt der Wissenschaft Menschen des dritten Strahls fast unweigerlich anzieht, geben sie sich mit Erklärungen und Erläuterungen, die auf das rein Objektive begrenzt sind, doch nie zufrieden. Für kurze Zeit mögen diese den Intellekt befriedigen, aber sie werden die spirituelle Intelligenz in ihnen niemals zufriedenstellen. Ausgehend von sichtbaren Erscheinungen versuchen sie fortwährend, jene unveränderlichen Gesetze und Prozesse

113 *Logos* (gr.): Das göttliche schöpferische „Wort".

zu verstehen, von denen das Sichtbare nur eine vorübergehende und daher begrenzte Erscheinung ist. Nichts weniger als dieses vollständige Verstehen wird jemals diejenigen überzeugen oder befriedigen, in denen durch Evolution der *Wille zu verstehen* die treibende Kraft geworden ist.

Vierter Strahl

Für jene auf dem vierten Strahl wird die richtungsweisende Intelligenz, die die Formen der Natur nach der göttlichen Idee bildet, erst vom Instinkt, später von der Intuition her zum Mittelpunkt des Interesses. Das trifft besonders auf diejenigen zu, denen die Vervollkommnung der Form von gleicher Wichtigkeit ist wie das göttliche Leben, das sich darin entwickelt. Gott als Schöpfer ist für jene auf dem vierten Strahl der natürliche Zugang zur Religion und deren ehrfurchtsvollem Ausdruck als Lebensweise. Gott, der göttliche Planer, Architekt und Baumeister wird durch Orden wie die der „Freimaurer" Objekt tiefster und ehrfurchtsvollster Verehrung.

Wenn sich die Kraft innerer Wahrnehmung und spirituellen Verstehens weiterentwickelt, verbirgt die Form – obschon noch immer verehrt – das Leben nicht mehr und bindet nicht mehr das ganze Interesse. Auch wenn man sich ihr ehrfürchtig nähert und sie als Ausdruck göttlicher Intelligenz wahrnimmt, wird die Form mehr und mehr als Kelch gesehen, der mit dem Wein des göttlichen Lebens bis zum Rand gefüllt ist. Weitere Entfaltung, vielleicht zur gleichen Zeit, enthüllt auch das Wirken des göttlichen Willens, demgemäß der ganze Prozess der äußeren Manifestation beginnt und verwirklicht wird. So fügen sich Kraft, Leben und Form zusammen als die göttliche Dreiheit von Wille, Weisheit und Intelligenz, dem Gottesprinzip, von dem die ganze Natur ebenfalls eine Manifestation ist.

Mathematisch ist die Triade die Grundform der Tetrade[114] und die Spitze repräsentiert das für immer unfassbare Eine und nur das Eine. Daher ist das Universum für die Menschen des vierten Strahls durch die Zahl *Vier* geprägt und ausgedrückt. Dies bildet eine hochphilosophische und doch gänzlich praktikable spirituelle Basis für jedwede

114 *Tetrade* (gr.): Vierheit; eine vierseitige Pyramidenform, die die Pythagoräer besonders schätzen.

religiöse Form – falls man eine solche annehmen möchte. Für diese Temperamente kann die rhythmische Harmonie, wodurch das Göttliche nach außen hin zum Ausdruck gebracht wird, fast ebenso wichtig sein wie die Gottheit selbst. Die Wahl des richtigen Zeitpunktes, ein geordneter Ablauf, rhythmischer Takt und die daraus entstehende Harmonie vom innersten bis zum äußersten Ausdruck sind ganz wesentlich, um jene höchste Gottheit als das Prinzip der Schönheit, sei es von Gott oder vom Menschen, zum Ausdruck zu bringen. Durch ihre Allmacht sichert die Gottheit diesen geordneten Ablauf und diese Harmonie. Der Mensch, der sich zur Allmacht hin entwickelt, erstrebt und verehrt diese beiden Prinzipien, sodass sie für ihn zum eigentlichen „Herzschlag" des Daseins werden.

Diese zugrunde liegende Harmonie und der Rhythmus lassen sich als die perfekte *Ordnung* in Worte fassen. Die Erzeugnisse von Kunsthandwerkern des vierten Strahls – man könnte sie als „Verehrende im Tempel der Schönheit" bezeichnen – zeigen eine einzigartige Ordnungsliebe, die deutlich wird, wenn man die Werke genialer Künstler genau betrachtet. Ein gewisser Charme ist erkennbar, hauptsächlich aus rhythmischer Harmonie heraus, aus Anmut der Linie und der festen Formen, sowie eine Ordnung, in der jeder einzelne Teil seinen perfekt geplanten und daher passenden Platz erhält. Von welcher Seite auch immer das Resultat betrachtet wird, die volle Harmonie zwischen allen Teilen des Ganzen und mit jedem einzelnen Teil ist sichergestellt. Genialität, sei es in einer der Künste oder im Leben, kennt dieses Ideal intuitiv, ist beinahe eins mit ihm und gibt ihm mit fortschreitender Evolution immer vollkommeneren Ausdruck. Schönheit, Rhythmus, Harmonie – nicht unbedingt im Zusammenhang mit irgendeiner bekannten oder verehrten Gottheit – sind allein durch ihre Natur wie auch in jedem Gedanken, jedem Wort oder jeder Tat die natürliche Religion solcher Menschen. Für sie *muss* es Übereinstimmung und Einklang geben. Es muss ein harmonischer Austausch sein, der in den Künsten und idealerweise in jeder Handlung des täglichen Lebens Ausdruck findet.

Gewiss, Ausdruck und Formen solcher Manifestationen und die Verwirklichung des Ideals können unterschiedlich sein. Was für den einen harmonisch ist, kann für einen anderen misstönend sein, so ist eben die enorme Vielfalt der menschlichen Veranlagung. Trotzdem, auch wenn keine Worte das Ideal angemessen ausdrücken können, kommt dem in der englischen Sprache vielleicht der Dichter Keats am nächsten:

> „Schönheit ist Wahrheit,
> Wahrheit ist Schönheit;
> das ist alles, was ihr hienieden wisst
> und alles, was ihr wissen müsst.“[115]

Einfacher ausgedrückt und in der vollen Bedeutung des Wortes: *Schönheit* ist alles. Das göttliche Selbst wird in den Verehrern des Schönen auf jeder Stufe menschlichen Handelns immer sichtbarer. Ihr Handeln und dessen äußere Form enthüllen das innere Ideal von Gott als dem Schönen immer vollkommener, bringen es immer besser zum Ausdruck und schenken so der Menschheit Schönheit. Weltfrieden bedeutet für solche Menschen Weltharmonie. Brüderlichkeit bedeutet gegenseitige Akzeptanz des Ideals der Schönheit als Test und Maßstab jeder menschlichen Betätigung und jedes geschaffenen Zustandes. Wo Missklang und Hässlichkeit geschaffen und zugelassen werden, gar deren Anwachsen gestattet wird, da ist Verbrechen, Sünde, Verderbtheit: Denn solcher Art ist „das Werk des Teufels“ für den Menschen des vierten Strahls.

Fünfter Strahl

Die Merkmale der Menschen des fünften wie auch des dritten Strahls umfassen das Verstehen von Grundsätzen, Abläufen und Gesetzen, die der Manifestation von Plan und Absicht objektiver Existenz zugrunde liegen. Menschen, in denen diese beiden Strahlen zum Ausdruck kommen, zeigen unnachgiebige Entschlossenheit und unermüdliches Bestreben, die Wahrheit an sich zu entdecken und demgemäß ihr ganzes Sein und Leben dem zu widmen, was wahrheitsgetreu ist.

Der Wissenschaftler bzw. die Wissenschaftlerin des fünften Strahls nehmen in unterschiedlichem Grad wahrnehmbare Eigenschaften zur Kenntnis und wissen diese zu schätzen. Sie konzentrieren sich immer

115 John Keats: „Ode an eine griechische Urne“.

stärker auf eine bestimmte Lebensart und ein Ziel, für das sie leben. Dieses Ziel heißt *Wissenwollen,* was einhergeht mit höchstgradiger Entwicklung ihrer Fähigkeit, Wissen zu erlangen. Sie müssen Fakten hinterfragen, um Gesetz und Prinzip herauszufinden, auf denen sie fußen. Indem ein Experiment auf das andere folgt, wird die persönliche Fähigkeit, diese drei unbestreitbar klarzumachen, immer mehr zur treibenden Kraft ihres Lebens als Wissenschaftler oder Forscher: Fakten, Gesetze, Prinzipien betreffend, die auf erworbenem und gänzlich unanfechtbarem Wissen beruhen. Mit Blick auf dieses Ziel lenken sie ihr volles geistiges Vermögen auf eine Nachforschung nach der anderen, auf ein Problem nach dem anderen. Die Natur selbst ist ihr Tempel oder vielleicht Labor, und darin rufen sie alle ihre Gedankenkräfte zur Forschung wach, auf der Suche nach fundierten und unwiderlegbaren Fakten. Ein weiterer Test, der auf die Erzeugung wahrnehmbarer Phänomene angewendet wird, ist der, dass es unfehlbar *funktioniert.* Also muss dieser Zweig der menschlichen Familie Wissen besitzen, und solche Menschen müssen in der Lage sein, ihr Wissen unfehlbar zu beweisen. Folglich werden, da die Menschheit gegenwärtig durch ein Zeitalter des Denkens geht, diese Menschen zum vorherrschenden Einfluss im Leben ihrer Mitmenschen.

Der Mensch des fünften Strahls, dessen idealer Lebensmodus „ständiges Nachforschen“ genannt werden könnte, sieht sich einem Dilemma gegenüber. Der Grund liegt darin, dass es eine Schranke oder einen Schleier gibt, in der kabbalistischen[116] Terminologie *Paroketh* genannt, die aus einer Neigung menschlichen Denkens herrühren. Die Entdeckung von logisch demonstrierbarem und physisch anwendbarem Wissen hängt vom Üben der Fähigkeit streng aufeinanderfolgender logischer Gedankengänge ab. Das muss zu exakt entworfenen und angewandten Methoden und Hilfsmitteln führen und darauf gegründet sein, sei es mechanischer oder anderer Art. Als Folge davon erlangt man die höchstmögliche Wahrheit, was die dreidimensionale Natur betrifft.

---

116 *Kabbalah* (hebr.) „Eine nicht-schriftliche oder mündliche Überlieferung“. Das geheime Wissen der jüdischen Rabbiner, abgeleitet von der Geheimlehre des jüdischen Volkes; s. Geoffrey Hodson, *The Hidden Wisdom in the Holy Bible,* Bd. II und VI.

Die Wahrheit selbst folgt jedoch keiner Richtung, ist nicht räumlich, ist immerwährend, frei von den Beschränkungen von Zeit und Materie. Sie verändert sich nicht und kann nicht verändert werden, kann nicht manipuliert oder irgendwie zu einer bestimmten Zeit dem üblichen Test im wissenschaftlichen Labor unterworfen werden. Wahrheit ist zeitlos. Physische Experimente und ihre Ergebnisse sind zeitlich begrenzt.

Wie kann denn die höchste Wahrheit selbst erkannt werden? Die Antwort der Weisen, denen es gelungen ist, lautet unweigerlich: „in Stille", indem man alle normalen, konkret-formalen Gedankengänge gänzlich einstellt. Denken – gemeint ist die kombinierte Tätigkeit von Geist und Gehirn, wie sie in der Forschung vorkommt – könnte man, bildlich gesprochen, als „lärmend" bezeichnen. Intuitive Wahrnehmung, besonders was die Suche nach der höchsten Wahrheit betrifft, kann als gewohnheitsmäßig angewandte Methode nur funktionieren, nachdem die Tätigkeit von Geist und Gehirn zur Ruhe gekommen ist. Das ist die Schwierigkeit, das Dilemma, dem sich der Wissenschaftler gegenübersieht.

In der Zukunft wird Intuition spontan erfolgen, indem sie vermehrt in geistige Prozesse, die zeitlos scheinen, eindringt, wenn der Verstand die Frage stellt. Die Intuition funktioniert, wenn der Verstand in einem Zustand ruhigen Überlegens ist, was ihm ohne Überstürzung erlaubt, die Art eines bestimmten Problems zu verstehen, das in der Zukunft gelöst werden soll. In solchen Augenblicken ist der Zustand des Geistes so, dass plötzliche intuitive Erleuchtung umfassendes Verstehen und eine vollständige Lösung bringen kann. Es braucht überhaupt keine verstandesmäßige Anstrengung. Ist das natürliche Dilemma, das durch begriffliches Denken verursacht wurde, gelöst, bringt der Prozess intuitiven Verstehens oder die damit verbundene Einsicht die gesuchte Wahrheit zutage.

Solche hochgradige Konzentration auf ein einziges Ziel kann, wenn übertrieben, die Entwicklung anderer menschlicher Fähigkeiten und Merkmale beeinträchtigen oder sogar den Wissenschaftler dafür blind werden lassen. Zugegeben, Konzentration auf eine einzige Sache ist wertvoll, besonders wenn sie auf ein gewünschtes Ziel gerichtet ist, aber sie kann auch stark einschränkend sein, da, wo es um andere

Seiten der menschlichen Natur und andere Ziele und Zwecke geht. Das Leben könnte so sowohl im persönlichen als auch im organisierten Leben von Menschen zur reinen Entdeckerfunktion absinken. Wie in allen menschlichen Entwicklungen und Tätigkeiten bleibt der allseitig Entwickelte ein äußerst wünschenswertes Ideal. Konzentration auf eine Sache darf nicht zur Enge führen, sei es des Geistes und seiner Interessen oder der Einstellungen, des Charakters und der Lebensweise im Allgemeinen.

Sechster Strahl

Die Menschen des sechsten Strahls sind die Hingebungsvollen unter den Menschen. Sie haben eine bedeutende Stellung in der Menschheit. Das wahrhaft monadische Charakteristikum der konzentrierten Hingabe und Verehrung eines hohen Ideals – besonders des höchsten, dessen die Persönlichkeit irgendwann fähig sein mag – ist sehr wichtig. Es ist tatsächlich von allergrößter Bedeutung, dass dieses monadische Attribut voll entwickelt und in der Persönlichkeit objektiv sichtbar wird. Diese Konzentration muss wahrhaftig ein aktiver Ausdruck der Monade selbst und ihrer Absicht werden. Der so geleitete Mensch des sechsten Strahls, in dieser Weise geschützt und hingebungsvoll, kann einer der mächtigsten Diener des Wahrheitsprinzips, der Mitmenschen und der Glieder des Tierreichs werden. Nichts weniger – in der Tat nichts sonst – wird genügen, wird befriedigen und zufriedenstellen als absolute Zielstrebigkeit beim Verfolgen des Ideals bewusster Identifikation mit dem Göttlichen. Dieses einzig Eine ist nicht nur eine philosophische Abstraktion, sondern eine Wirklichkeit, mit der eins zu werden durch nichts zu ersetzen ist.

Wenngleich von Natur aus gesellig und mitteilsam, können Menschen des sechsten Strahls dem Irrtum eines übertriebenen und einschränkenden einzigen Standpunktes verfallen. Das kann zu schweren Fehlern und zu einem stark einschränkenden Faktor in ihrem allgemeinen Entwicklungsfortschritt führen. Dann kann Irrtum, geboren aus Engstirnigkeit, den Platz der Wahrheit als Quelle des Idealismus einnehmen. Der Betreffende würde dann sowohl in der Hingabe als auch im hingebungsvollen Dienst versagen.

Die Art, wie der Strebende vorgeht, der gewählte Bereich sowie die

Methode des Dienens werden von den der Art und den Eigenschaften der anderen sechs Strahlen beeinflusst. Dennoch, das strahlende Licht der Hingabe, von Mitgefühl angetrieben und in Handlungen ausgedrückt, die praktische Ergebnisse erzielen, wird als Ganzes immer von unermesslichem Wert für die Menschheit sein. Tatsächlich bedürfen auch die allererfolgreichsten Menschen der anderen sechs Strahlen dieses hervorragenden Attributs selbstloser Hingabe zu ihrer und ihres Lebenswerks Vollendung.

Siebter Strahl

Die typischen Merkmale des siebten Strahls sind Ordnung, Fürstlichkeit, echte königliche Würde, angeborenes Formgefühl (eine Quelle von Verletzlichkeit, die aus falschem Stolz entspringt), tadellose Umgangsformen, selbstlose Ausübung spiritueller Macht, Wertschätzung von Glanz und Farbigkeit im eigenen Lebensbereich und in der Kleidung, militärische Korrektheit der Bewegung – all das ausschließlich auf das Erreichen des Ziels ausgerichtet. Dieser Höhepunkt kann sofort oder langfristig, ganz individuell oder allgemein erfolgen. Männer und Frauen, in denen die Einflüsse des siebten Strahls ausgeprägt sind oder in denen sie sich verstärken, sind die Ritualisten der Welt.

Der siebte Strahl, wie er sich in Motivation, Denken, Gefühl, Wort und Tat ausdrückt, kann vielleicht mit dem Satz „Alles ist eins und Eins ist alles“ beschrieben werden. Jede positive Eigenschaft der sechs anderen Strahlen, wird schließlich den gemeinsamen Ausdruck durch die Arbeit jener finden, die unter dem wohltuenden Einfluss dieses Strahls geboren wurden. Kraft, Weisheit, Verständnis, Schönheit, Tatsachenwissen, tiefe, gut beherrschte und richtig ausgerichtete Hingabe wird in Übereinstimmung mit den Eigenschaften des siebten Strahls zum Ausdruck kommen. Je nach Art der Arbeit werden unterschiedliche Akzente gesetzt werden.

Der Schlüssel, der Tor und Tür öffnet – der Schlüssel für alle Strahlen – ist Selbstlosigkeit. Das trifft deshalb zu, weil Eigeninteresse, immer stärkere Selbstsucht, Aufgehen in Eigennutz Bewusstseinszustände sind, die den Menschen zum Gefangenen machen. Für Menschen auf dem zweiten, vierten und sechsten Strahl ist die Gefahr nicht sehr groß, denn der Grundton und Akkord ihrer Natur ist tiefgehendes Interesse am göttlichen Leben in all seinen äußeren Formen. Je bewusster wahrgenommen diese Formen sind, desto größer ist die Fürsorge.

Da Menschen aller Strahlen in gewissem Grad den zweiten, vierten und sechsten Strahl als Teil ihrer Konstitution haben, gelten diese dreifachen inneren Schutzmaßnahmen [siehe Tabelle Seite 191ff.] für alle. Diejenigen jedoch, in denen der erste, dritte, fünfte oder siebte Strahl vorherrschend geworden ist, müssen stärker auf der Hut sein vor übermäßigem Interesse an Selbstentwicklung und dem Erlangen von Eigenmacht durch die Entwicklung von Willen und Wissen (sogar von grundsätzlichen Wahrheiten) und deren Anwendung auf die äußeren Welten. Während den Menschen auf dem zweiten, vierten und sechsten Strahl, auf welcher Stufe auch immer, Macht als Mittel zum Verwirklichen der Ideale ihres Strahls willkommen ist, stellt dieselbe Macht, wenn persönlich gesucht, gewonnen und angewandt, eine Gefahr dar, die zu fürchten ist.

Für diese Menschen sind Macht an sich und Machtpositionen, der Besitz von besonderem Wissen, intellektuelle Überlegenheit, physische Begünstigungen wie Prestige verleihende Ämter sehr ernstzunehmende Versuchungen. Dem nachzugeben, macht den Sterblichen blind für die wirklichen Ziele der menschlichen Existenz und die innige Verbundenheit, die alle Menschen umfasst. Für die Opfer der Machtgier wird Macht, auf diese Art gesucht und erlangt, zum Gift, das, falls ununterbrochen aktiv, zu ernstzunehmenden „Krankheiten“ führen kann. Das kann zum *geistigen* Tod führen, was den okkulten Fortschritt in diesem Leben betrifft. Erst unbewusst und später vielleicht mit Absicht, wird der dunkle Pfad beschritten. Eine der damit verbundenen Gefahren ist, dass Scheinheiligkeit zu Gesetzlosigkeit greift, um sich zu bereichern, wobei die gänzlich irreführende Fassade ehrlicher Schülerschaft aufrechterhalten bleibt. Judas Ischariot ist ein ausgezeichnetes Beispiel für diese Verfehlung, die zum „Selbstmord“ führt, nicht nur körperlich, sondern auch psychisch und geistig.[117]

Der Schutz für jeden einzelnen Pilger, der den aufsteigenden Pfad beschreitet, zu welchem Strahl er oder sie auch immer gehört, ist Selbstlosigkeit. Ist Selbstsucht verschwunden und erfüllt nur selbstlo-

117 Matth. 27,5.

se Hingabe das ganze Feld der Wahrnehmung, dann ist die Wahl der Methode automatisch richtig. Der Adept überschreitet gänzlich die Beschränkungen aller Strahlen, ihre bestimmenden und richtungweisenden Tendenzen, die die Wahl der Methode beeinflussen, nach der eine Arbeit durchgeführt, eine Pflicht erfüllt werden soll. Er ist in Ruhe mit Zielsetzungen beschäftigt, sowohl sofortigen als auch langfristigen. So also muss der zukünftige Adept motiviert sein. Seine Methoden vervollkommnen sich automatisch, zumal Karma-Yoga schon lange praktiziert wurde, sodass sein Ziel „Geschick im Handeln" gänzlich gesichert ist.

Die sieben Strahlen

Leitfaden für Aspiranten

ERSTER STRAHL

Herausragende Eigenschaft
Königlich.
Das Feuer des spirituellen Willens. Unbezähmbare und entschlossene Willenskraft mit der Tendenz, das ganze Leben zu beherrschen.
Heldenhafte Tapferkeit.

Fehler, die zu vermeiden sind
Missachtung und Überfahren der natürlichen Neigungen der anderen; Unterordnung anderer, besonders Kollegen, und Abneigung, sogar bis hin zum Hass, gegenüber denen, die sich erfolgreich widersetzen.

Natürliche Art des Ausdrucks
Willenskraft auf Überzeugung gegründet und unermüdlich ausgeübt. Leitung bei jeglicher Tätigkeit, die in Angriff genommen wird. Dieses Willensfeuer, nach Grad und Vorgehensweise dem Entwicklungsstand entsprechend, kommt durch Verstand, Emotion und Körper zum Ausdruck.
Der Wille, das Ziel zu erreichen, ist die unbezähmbare Regel. Unwiderstehliche Entschlossenheit, Entscheidungen auszuführen ungeachtet aller Widerstände. Entschiedenes und kraftvolles Handeln mit dem Ziel vor Augen.

Schutzmaßnahmen
Realisieren einer immer tieferen Erkenntnis der Einheit. Tiefempfundener Respekt gegenüber allen, die dessen würdig erachtet werden. Unterlassen von allem, was anderen Zwang auferlegt. Die aufrichtige Sorge, dass alle Mitarbeiter in einer Projekt-Gruppe zufrieden sind. Diese Zufriedenheit hängt von ihrer Handlungsfreiheit innerhalb des Gruppenverbandes ab.
Regelmäßiges und weises Praktizieren einer entsprechenden Form von Yoga.

ZWEITER STRAHL

Herausragende Eigenschaft
Weisheit, die aus intuitiver Wahrnehmung des göttlichen Plans entspringt. Liebe und Zartgefühl. Anteilnahme am Leben anderer. Hilfsbereitschaft bis hin zum Opfer eigener Interessen und Wünsche.

Fehler, die zu vermeiden sind
Ausschließliches Interesse und Festhalten an einer Sache, Gruppe oder Person. Beteiligung der Leidenschaften und ein verzehrender und verblendeter Wunsch nach persönlicher Erfüllung.

Natürliche Art des Ausdrucks
Mitgefühl, Liebe und Sanftmut, die sich physisch im Dienen, emotional in mitfühlendem Herzen, mental in tiefer Sorge um die Leiden anderer und spirituell in aufopferungsvollem Dienst äußern.

Schutzmaßnahmen
Selbstlosigkeit, mentale Stabilität und Ausgewogenheit, Umwandlung des Begehrens.
Auferlegung von Selbstdisziplin und Selbstunterordnung. Ausschließliches Interesse, die evolutionären Prozesse der Natur zu fördern und darin aufzugehen.
Regelmäßiges und weises Praktizieren einer geeigneten Form von Yoga.

DRITTER STRAHL

Herausragende Eigenschaft
Die wachsende Fähigkeit, zugrunde liegende Prinzipien zu verstehen und Gesetze und Vorgänge in der Natur konstruktiv von jeglichem Blickwinkel aus zu betrachten.

Natürliche Art des Ausdrucks
Verwaltung, Lenkung, Logik und Vernunft als höchste Richtschnur. Gerechte und faire Lösung jedes Problems, unbeeinflusst durch Eigeninteresse oder persönlichen Wunsch.

Fehler, die zu vermeiden sind
Unmenschlichkeit. Desinteresse an menschlichen Angelegenheiten und kaltherziges Urteilen. Verweigerung, Rückzug aus Problemen, die persönlich zu viel erfordern oder zu schwer und ohne äußerste Anstrengung nicht zu lösen sind.

Schutzmaßnahmen
Ausgewogenes Erwägen aller Entscheidungen – der menschlichen Bedürfnisse einerseits und der unpersönlichen Gesetze andererseits. Persönliches Studium und Selbsterziehung sollten so weit wie möglich einbegriffen sein. Die sogenannte „Lehre des Auges" – der intellektuelle Ansatz – sollte auf allen Ebenen, von Atma bis hin zum Physischen, durch die „Lehre des Herzens" ersetzt werden. Die Überbetonung eines oder mehrerer Aspekte einer Frage wegen äußerer Ereignisse oder persönlicher Interessen sollte vermieden und schließlich eliminiert werden. Niemals sollte eine Entscheidung oder eine Anweisung mit betont persönlichem Desinteresse oder Distanziertheit überbracht werden, was ungebührlichen Schmerz durch den Eindruck von Kälte verursachen könnte.
Warmherzigkeit, wenn ein Urteil zu sprechen ist und auch danach, wie unwillkommen es für den Empfänger auch sein mag.
Regelmäßiges und weises Praktizieren einer geeigneten Form von Yoga.

VIERTER STRAHL

Herausragende Eigenschaft

Die Fähigkeit, inspiriert, bewegt oder beeinflusst zu werden von beiden Ebenen, dem Ewigen und Grundlegenden einerseits und den zeitlichen und wechselnden Welten andererseits – und dies „vorzuführen". Die Erfahrung von und die dauernde Forderung nach Harmonie zwischen diesen beiden – dem Persönlichen und dem Unpersönlichen. Der Wunsch nach harmonischer Koordination zwischen dem Inneren und Äußeren und zwischen einem selbst und anderen sowie der Umgebung auf den Ebenen des Denkens, des Fühlens und der physischen Objektivität. In einem Satz, Schönheit und Verschönerung.

Natürliche Art des Ausdrucks

Die Methode ändert sich, wenn das Monaden-Ego seine innewohnenden Kräfte entfaltet. Der relativ unentwickelte Mensch des vierten Strahls mag durch die Emotionen, durch ihre Erfahrung und ihren Ausdruck im Physischen funktionieren. Er reagiert auf ihren Charme und ihre Verlockung und setzt sie auch selbst ein, wobei der Verstand nahezu in Schlaf versetzt wird. Auf einer späteren Evolutionsstufe wendet der Geist diese nämlichen Prozesse geschickt für andere Ziele an. Physisch reagieren Menschen dieses Strahls auf Schönheit, sind davon abhängig, fordern sie sogar so, wie sie sie sehen.
Wenn schließlich Okkultismus und Spiritualität immer mehr ihr Denken und Leben bestimmen, nimmt das fundamentale kosmische Prinzip der Harmonie den Platz der Gottheit ein oder von DEM, dem höchste Verehrung entgegengebracht wird.

Fehler, die zu vermeiden sind

Nachgiebigkeit gegenüber den ich-bezogenen, mehr persönlichen Qualitäten des Strahls besonders zur eigenen Befriedigung und zum bloßen Vergnügen. Der degradierende Gebrauch bestimmter Fähigkeiten zur persönlichen und sinnlichen Befriedigung. Vernachlässigung mentaler Entwicklung oder geistige Trägheit. Völlige Hingabe an die Sinne. Stolz auf eigene Fähigkeiten, Arbeit zum eigenen Vorteil statt zur Darstellung des göttlichen Prinzips der Schönheit.

Schutzmaßnahmen

Verstärke hohen und selbstlosen Idealismus sowohl in der Ausübung einer Kunst als auch in der eigenen Lebensführung: Läutere alle Motive, bis überall Selbstlosigkeit regiert. Gebrauche niemals Charme, um zu verlocken, sei es mental, emotional, physisch oder in Kombination dieser drei. Diszipliniere dich und vermeide Selbstdarstellung.
Völlige Reinheit der persönlichen Natur, sodass das Göttliche als Schönheit [im Menschen dieses Strahls] eine saubere klare „Leinwand" vorfindet für die Manifestation unter seinen Händen.
Stete Wachsamkeit und Selbstkontrolle gegenüber den oben genannten Fehlern.
Regelmäßiges und weises Praktizieren einer geeigneten Form von Yoga.

FÜNFTER STRAHL

Herausragende Eigenschaft

Ein fast leidenschaftliches Streben, die Wahrheit zu entdecken, die Fakten und ihre genauen wechselseitigen Beziehungen. Diese Eigenschaft erfährt durch die Evolution eine Entwicklung und Verbesserung von bloßer Neugierde, seiner eher simplen Ausgangsbasis, dem „Verlangen, herauszufinden“, bis hin zum Bestimmen der Wahrheit allein um der Wahrheit willen. In der Tat wird Wahrheit – konkret und abstrakt – gesucht und verehrt, fast als wäre es die Gottheit selbst, wie es für fortgeschrittene Menschen des fünften Strahls tatsächlich ist.

Natürliche Art des Ausdrucks

Das Suchen unter der Oberfläche, um die verborgene, unter der Maya (Illusion) der Erscheinungen liegende Wahrheit zu entdecken. Dies gipfelt in Entschiedenheit und konsequentem Handeln, jene letzte Wahrheit zu entdecken, aus der alles, was existiert, auf allen Ebenen hervorgeht und zyklisch zum Ausdruck gelangt. Dies beginnt mit einer instinktiven und später vollbewussten Unzufriedenheit gegenüber Ignoranz und entwickelt sich zu einem steten Drang, der sich nicht leugnen lässt – nämlich die letzte Wahrheit zu finden. Weise Wahl der Methoden, diplomatisches Geschick und taktische Klugheit sind für diejenigen natürlich, in denen Eigenschaften des dritten wie auch des fünften Strahls besonders deutlich hervortreten, obwohl die Methoden variieren, je nach bestimmten Unterstrahlen in verschiedenen Inkarnationen.

Fehler, die zu vermeiden sind

Unehrlichkeit in Methode und Praxis der Forschung und in der Darstellung der Ergebnisse oder allgemein ausgedrückt „Raffinesse“. Die Wahrheit mag klug verborgen sein hinter überwältigender Redegewandtheit oder irreführender Phraseologie, verbrämt in einer Maske scheinbarer Offenheit und Ehrlichkeit.
Dies ist die Falle, die Aspiranten des fünften Strahls sorgsam vermeiden müssen. Ebenso müssen sie sich vor Selbsttäuschung wie auch einer Täuschung gegenüber anderen hüten, sowohl im Verhalten als auch in der Rede. Fehlen sie darin, so können er oder sie zu einem gewohnheitsmäßigen Betrüger werden und in der Konsequenz den dunklen Pfad betreten.

Schutzmaßnahmen

Das alte Sprichwort „Ehrlich währt am längsten“ gilt besonders für jene auf dem fünften Strahl, die den Pfad schneller Entfaltung beschreiten und auch für Wege, die zum Pfad hinführen. Sie mögen durch untrügliche Genauigkeit bei der Aufnahme und Übermittlung von Ideen zum Ziel kommen. Jene, deren Eltern und Lehrer dem Ideal der Ehrlichkeit folgen und dies in allen Dingen, ob groß oder klein, vermitteln, sind glücklich zu schätzen. So haben die Älteren große Verantwortung, nicht nur um ihrer selbst willen, sondern besonders als Beispiel für andere, die mit ihnen in Verbindung treten, in welcher Beziehung auch immer.
Regelmäßiges und weises Praktizieren einer geeigneten Form von Yoga.

SECHSTER STRAHL

Herausragende Eigenschaft

Völlige Hingabe an eine Sache ist charakteristisch für den sechsten Strahl. Gänzlich selbstloses Aufgehen in Erfüllung des spirituellen Ideals und seinem physischen Ausdruck – bis hin zum Martyrium. Zuverlässigkeit und völlige Loyalität sowohl dem Ideal gegenüber, der Vereinigung oder der Gruppe, als auch feuriger Enthusiasmus oder glühender Eifer, wenn das Ideal einmal innerlich erkannt und angenommen ist. Man könnte dies als einen Zustand beschreiben, in dem „nichts anderes zählt", eine eindeutige Ausrichtung des Geistes im Verfolgen des Ideals bewusster Einswerdung mit dem Höchsten Gott, bei der nichts und nichts Geringeres den Strebenden zufriedenstellen wird. Dies ist für den Menschen des sechsten Strahls keine philosophische Abstraktion, sondern Wirklichkeit.

Natürliche Art des Ausdrucks

Innerlich vollständige und fast überwältigende aus dem Herzen kommende Hingabe und ihr entsprechender Ausdruck in mentaler, emotionaler und physischer Betätigung, wobei Dienen der Grundton ist. Sofortige Reaktion auf dringende Bitten, besonders in der spezifischen Weise des Dienens, zu welcher sich der so Engagierte hingezogen fühlt. Hier neigt besonders das Herz dazu, den Kopf zu regieren.

Fehler, die zu vermeiden sind

Die Gewohnheit der Gedankenlosigkeit oder nur vagen Konzentration muss überwunden werden. Begeisterung, obwohl ganz natürlich, kann in die falsche Richtung gehen und schlecht fundiert sein. Übertriebene Hast und unzureichende Beachtung von Vorschlägen mit all ihren Implikationen und möglichen Wirkungen, ebenso wie mangelnde Beachtung von alternativen Vorschlägen des Dienens und effektiven Methoden, ehe zur Tat geschritten wird. Ein sofortiger Aufruf zum Handeln. Eine unmittelbare Reaktion auf einen Ruf zum Dienst mag eine Tugend sein, hat aber, wenn überstürzt, auch ihre Tücken. Emotional gesteuerte, persönlich gewünschte Methoden sollten sorgfältig erwogen werden, auch wenn sie sich später als die beste Wahl erweisen. Vermeide ungebührliche Personenbezogenheit bei einer Arbeit, oder verrichte sie mehr in der unpersönlichen Sichtweise des wahrhaft hingegebenen Mitarbeiters.

Schutzmaßnahmen
Eine effektive, praktikable Mischung aus feurigem Willen, sorgfältigem Nachdenken und einem liebenden Herzen werden immer der größte Schutz vor Irrtümern sein – besonders dem des Ungestüms. Alle Impulse sollten idealerweise der sorgfältigen Beurteilung durch den Verstand unterworfen werden. Man sollte sich nicht gestatten, scheinbare Fehlschläge in Niedergeschlagenheit münden zu lassen, noch sollte persönlicher Verlust oder ein Fall von Untreue zu gebrochenem Herzen führen. Sollte dies den Enthusiasmus oder die Hingabe trüben, so kann der Mensch des sechsten Strahls Verzögerung in seinem aktiven Dienst erfahren. Meditation und weise Unterscheidung bei allem Tun schützen den hingebungsvollen Aspiranten am besten vor Irrtümern. Sorgfältige Auswahl der besten

Zeit, des Ortes und der Methode sind tatsächlich dringend notwendig. Eifer ist höchst wertvoll, aber er sollte nicht den Verstand überlagern.
Regelmäßiges und weises Praktizieren einer geeigneten Form von Yoga.

SIEBTER STRAHL

Herausragende Eigenschaft
Willenskraft, intellektuelle Konzepte, Idealismus und entsprechendes Handeln sind die Kennzeichen eines Menschen des siebten Strahls. Spirituell erwacht, ist der Mann oder die Frau des siebten Strahls ein Mensch der Tat, den Enthusiasmus antreibt, und der schließlich eine überwältigende Intensität konzentrierten Willens und Denkens erreicht. Dies kann in dem Erwachten zu Irrtum führen. Im okkulten Sinn erwacht, hebt es Einzelne weit über die Fesseln persönlicher Interessen hinaus, sogar solche planetarischer Art, denn der Mensch des siebten Strahls beschreitet einen Pfad, der zu solaren und kosmischen Ebenen und Graden der Aktivität führt. Diese solaren Energien und Intelligenzen werden zunehmend seine Quellen und Mitarbeiter. Erhoben, erkennt er den Kosmos als ein einziges Ganzes. Statt sich auf ein einzelnes Gebiet oder eine Methode zu spezialisieren, führt er oder sie zur Synthese – koordiniert zu einem Ganzen – alles, was in ihren Händen und ihrer Verantwortung liegt, stets mit dem Ziel ausgewogener Harmonisierung.

Natürliche Art des Ausdrucks
Menschen, in denen die Attribute des siebten Strahls dominieren, sind instinktiv in allem, was sie tun, auf Ordnung ausgerichtet. Folglich sind sie von Natur aus rituell. Leben und Lebensverlauf werden für sie zu einem würdevollen und geordneten Zeremoniell. Okkult und spirituell erwacht oder berufen, spiritualisierende Energien anzurufen, zu gebrauchen und auszustrahlen, entdecken sie, dass eine Folge von Zeremonien die geeignetsten und wirksamsten Wege sind, die Aufgaben zu vollziehen und derartige Pflichten zu erfüllen. Sie sind von Natur aus Meister der Zeremonie.

Fehler, die zu vermeiden sind

Bis eine gewisse evolutionäre Stufe erreicht ist, können äußere Form und Einzelheiten gewählter Rituale denjenigen, der an Ritualen hängt, mental gefangenhalten. Das Zeremoniell hat dann Vorrang vor den Zielen. Die Mittel können statt zu zweckdienlichen Instrumenten zum Selbstzweck werden. Mechanischer Vollzug kann die Wirksamkeit des Ausführenden beeinträchtigen, besonders auf Gebieten okkulter Wissenschaft. Zu gegebener Zeit gewinnen letzte Ziele geistig die Oberhand, und rituelle Vorgänge erhalten nur so viel Gewicht, wie für ihre volle Wirksamkeit notwendig ist. Stellung und Prestige, die sich vom Amt herleiten, gefährden sowohl die Aufrichtigkeit als auch die Wirksamkeit. Vor diesem Irrtum müssen alle Zeremonien und damit alle Praktizierenden, die dem siebten Strahl angehören, auf der Hut sein.

Schutzmaßnahmen

Schutz vor solchen Irrtümern wird am besten erreicht durch regelmäßiges Praktizieren von Yoga, und zwar durch eine Kombination von Mantra und Raja [Yoga], wie auch durch stetes Sich-Erinnern, dass die Wirksamkeit bei okkulten Vorgängen fast ganz und gar von Selbstlosigkeit abhängt. Sogar die geringste selbstsüchtige Färbung mindert unvermeidlich die Wirksamkeit und das Maß spiritueller Energie oder Kraft, das erzeugt oder während einer zu vollziehenden Zeremonie hervorgerufen werden kann. Stolz auf persönlich Erreichtes verzerrt unvermeidlich die zielgerichteten Konzepte solcher Aktivitäten und verringert so empfindlich ihre Wirksamkeit. Das Gesetz besagt, dass er oder sie, wenn sie ihr Selbst ständig vor das Dienen stellen, zur Wirkungslosigkeit verurteilt sind. Übung, Wachsamkeit, völlige Demut, Leidenschaftslosigkeit und Uneigennützigkeit, soweit man selbst betroffen ist – das sind die wirksamsten Sicherungen gegen Herabstufung sowohl der Ausübenden wie auch der Rituale, die sie vollziehen.

26

INITIATION HEUTE

Einweihungen bis heute vollzogen, teilweise im Verborgenen – Sakramente, Heilige Schnur, Dreifacher Stab als Beispiele der Kleinen Mysterien – Initiationsriten in Afrika und bei den Indianern – Die wesentlichen Vorgänge bei der Initiation.

Sollte die Frage auftauchen, was durchaus verständlich ist, ob die Mysterientradition durch die Zeiten hindurch, z. B. seit den frühen Dynastien Ägyptens, weitergeführt wurde, so ist die Antwort eindeutig ja. Die Weisheitsreligion, wie sie in den Mysterienschulen der Vergangenheit gelehrt wurde und auch in den heutigen noch gelehrt wird (denn sie werden auf diesem Planeten durch die übermenschlichen Wesen der Erde am Leben erhalten), bietet jenen die Antwort, die bewiesen haben, dass sie ihrer würdig sind. Solches Würdigsein ist weniger eine erworbene, tugendhafte Geisteshaltung und Lebensweise, als vielmehr das Ergebnis der Evolution der menschlichen Seele in einen Zustand, in dem Tugend – in der vollsten Bedeutung des Wortes – die einzig mögliche Art zu leben geworden ist.

Obwohl die Tempel alter Zeiten zum großen Teil Ruinen und stumm geworden sind, nur noch von Archäologen und Touristen besucht, existieren Tempel anderer Art weiter, und es werden darin weiterhin echte[118] Riten vollzogen. Auch wenn sowohl im Altertum als auch in moderner Zeit okkulte Zeremoniale[119] in sichtbaren Gebäuden durchgeführt wurden, so findet das eigentliche Geschehen, um das es ging und geht, weit mehr im Überphysischen als im Physischen statt.

Zu den öffentlichen, halböffentlichen und privaten Feiern der Klei-

118 engl. valid – eingesetzt durch die Bruderschaft der Adepten. Vgl. Geoffrey Hodson, *Lecture Notes of the School of the Wisdom,* Bd. 1, Buch 16.

119 Zeremonial – Teil einer Zeremonie, Zeremoniell. [Hrsg.]

neren Mysterien zählen die Sakramente des christlichen Glaubens, die mit einem beträchtlichen Grad an Zeremoniell durchgeführt werden. Die sieben namentlich bezeichneten Sakramente sind: Taufe, Firmung, Eucharistie, Absolution, Ölung, Ehestand, Weihehandlungen in [religiösen] Orden bis hin zur Konsekration.[120] Die Eucharistie wird von einigen Gelehrten als eine direkte Erinnerung und Fortsetzung gewisser Teile der Rituale der uralten Mysterien angesehen. Wenn dem so ist, dann wird der Menschheit jedes Mal, wenn das Abendmahl gefeiert wird, ein direktes und wunderbares Erbe aus der Vergangenheit zuteil.

In alten Zeiten wurden in Ägypten, Griechenland, Assyrien und in Ländern des Ostens und des Fernen Ostens die ursprünglichen Formen gewisser Zeremonien, die noch immer durchgeführt werden, von Adepten ersonnen, ausgearbeitet und geleitet.[121] Es könnte sein, dass Paulus mit seinen Worten „die vollendeten Gerechten" auf diese großen Meister anspielt.[122] Die großen und tief beeindruckenden Zeremonien trugen dazu bei und anerkannten den Fortschritt des Eingeweihten in Richtung menschlicher Vollendung oder – indem wir Paulus zitieren, der den Ruf hatte, selbst ein Eingeweihter zu sein – „zum vollen Maß der Fülle Christi".[123] Die Möglichkeit der Inspiration durch Adepten wird in der Liturgie der Liberal-Katholischen Kirche anerkannt, wie z. B. in dem, was manchmal „Die Segnung des ersten Strahls" genannt wird und „Anrufung" heißt. In diesem sehr bemerkenswerten Gebet wird um Hilfe für all die Anwesenden gebeten, die danach streben, das zu durchlaufen, was in alten Zeiten als die aufeinanderfolgenden Grade der Mysterien bekannt war.

Die Freimaurerei wird in moderneren Zeiten als eine weitere überlebende Bewegung der uralten Mysterien angesehen. Andere Zeremonien werden in anderen Glaubensrichtungen vollzogen, besonders die, welche die Weihung eines Menschenlebens, ob in der Kindheit oder im Erwachsenenalter, in die Praxis spiritueller Ideale mit einbeziehen. Ein weiteres Beispiel ist *Upanayanam*, die Hindu-Zeremonie zur Verleihung der heiligen Schnur, die Initiation, welche die „zweite

---

120 Bischofsweihe [Hrsg.]

121 Siehe Geoffrey Hodson, *The Priestly Ideal*, The St. Alban Press, London, Ojai, Sydney, S. 55.

122 Heb. 12,23.

123 Eph. 4,13.

Geburt“ bedeutet, ausgeführt vom *Āchārya*[124], und die den Knaben zum *Dvijah* oder zweimal Geborenen macht. Das Wort *Upanayana* oder *Upanayanam* bedeutet „dem Lehrer nahebringen“, der den Knaben initiiert, indem er ihm das heilige Mantra gibt, *Gāyatrī* genannt, das denjenigen schützt, der es singt. Die ganze Zeremonie stellt die spirituelle Geburt dar, und alle ihre Teile sind bedeutsam. Da Geister geschlechtslos sind, wird der Knabe symbolisch geschlechtslos und daher dazu bestimmt, ein Leben der Keuschheit und Enthaltsamkeit zu führen. Das neue Gewand repräsentiert den neuen Körper. Der Gürtel wird dreimal umgebunden, um anzuzeigen, dass der Knabe die drei Zweige der religiösen Lehre – die *Samhitās,* die *Brāhmanas* und die *Upanishaden* zu studieren hat. Auch die heilige Schnur besteht aus drei zusammengeknoteten Strängen und stellt die verschiedenen Triaden dar, die im Universum existieren, wie z. B. die dreifache Natur des Geistes, die dreifache Natur der Stofflichkeit, des Verstandes, der Sprache und des Körpers, jeweils wieder dreigeteilt, was das Handeln betrifft und so weiter. Wer die Schnur trägt, sollte auf dreifache Weise seinen Verstand, seine Sprache und seinen Körper beherrschen.

„... Der Stock, wie der dreifache Stab des *Sannyasi* oder Bettelmönchs, steht für die Kontrolle, die ein Studierender über seine Gedanken, Worte und Taten ausüben sollte.“

„... Wer diesen dreifachen Stab allen Geschöpfen gegenüber achtungsvoll handhabt, indem er Begierden und Zorn beherrscht, erlangt Vollkommenheit.“[125]

Auf ein weiteres Beispiel wurde ich aufmerksam während eines Aufenthaltes in Salisbury in Süd-Rhodesien.[126] Man teilte mir mit, dass es einen Bantu-Heiler vom Stamm der Balsunga gäbe, der bereit sei, seine Fähigkeiten vorzuführen. Er galt als angesehener Heiler, und die Bezeichnung „witch doctor“[127] war nicht zutreffend. Er erzählte mir, dass er, wenn er eine Diagnose nicht leicht stellen könne, sich

124 *Āchārya* (sanskr.): Spiritueller Meister, der nicht nur die philosophischen Systeme beherrscht, sondern auch die in ihnen enthaltenen Wahrheiten verwirklicht hat. (*Lexikon der östlichen Weisheitslehren*). [Hrsg.]

125 Siehe *An Advanced Text Book of Hindu Religion and Ethics,* Central Hindu College, Benares, S. 175-179.

126 heute Harare, die Hauptstadt Simbabwes. [Hrsg.]

127 wörtl. „Hexendoktor“. [Hrsg.]

durch Meditationen, die er bei seiner Initiation gelernt habe, mit den Geistern der Ahnen seines Stammes verbinde. Diese Wesen, im Allgemeinen „Ahnen“ genannt, würden ihn dann über die Art der Krankheit und die beste Heilmethode aufklären.

Ich bat den Medizinmann, sofern erlaubt, mir etwas über seine Initiation zu erzählen. Er antwortete, dass dies natürlich Privatsache sei. Ich hatte jedoch schon eine Ahnung und fragte ihn, ob er sich mit ein paar besonders ausgewählten Menschen in den Urwald zurückgezogen habe, und ob er während der Zeremonie dazu gebracht worden sei, das Bewusstsein zu verlieren und gewisse Erfahrungen zu machen. Nachdem der Medizinmann dies bestätigt hatte, fuhr er fort und beschrieb entsprechende Teile des Ritus. Die Initiationszeremonie, sagte er, sei von einem anderen Medizinmann und Medium ausgeführt worden, dem eine Frau zur Seite stand, die während eines Teils der Zeremonie heilige Gesänge sang. Der letzte Ritus, der äußerst geheim war, habe tief im Dschungel stattgefunden.

Der Heiler hatte seine Ausbildung mit elf Jahren begonnen. In diesem Alter war vorausgesagt worden, dass er ein großer Medizinmann und Prophet werden würde. Die Fähigkeit war ihm sowohl vom initiierten Medizinmann als auch von seiner eigenen Großmutter in einer besonderen Zeremonie übertragen worden, welche stattfand, bevor diese starb. Letztere war hauptsächlich als Regenmacherin berühmt geworden. Auch sie hatte ihre Kräfte von Ahnengeistern erhalten. Auf eine Frage hin verriet er, dass unter den Menschen in Zentralafrika auch eine Frau durch dieselbe Ausbildung Medizinmann werden könne, wie sie ein Mann erhält, und das täten auch manche.

Nach den Zeremonien der Initiation weiter befragt, sagte er, dass einige Kandidaten erhebliche Schmerzen erlitten, obwohl sich andere dagegen immun machen könnten. Der Kandidat wird erst als Medizinmann gekleidet und dann vor die Ausführenden der Zeremonie gesetzt, die daraufhin die Hilfe der Ahnengeister anrufen, indem sie uralte Formeln rezitieren. Nacheinander legen sie die Hände auf den Kopf des Kandidaten, um die Kraft der Einweihung auf ihn zu übertragen, worauf ihm dann ein Reif aus Fell und Muscheln, als Teil der Zeichen seines Amtes, übergeben wird. Während der Zeremonie verliert der Kandidat etwa zwei Stunden lang das physische Bewusstsein;

beim Erwachen besitzt er die Kräfte eines Medizinmanns und das Vermögen, als Medium für das Wissen und den Einfluss der Ahnengeister seines Volkes zu dienen. Diese Geister werden von ihnen als die höchsten Wesen betrachtet, und die Überlieferung, wie man mit ihnen verkehrt, sowie die magischen Werke, die mit ihrer Hilfe vollbracht werden, sind uralt. Die Hauptzeremonie der Einweihung dauert einen ganzen Tag und eine ganze Nacht, worauf dann der zum Medizinmann Geweihte die Macht besitzt, andere einzuweihen, welche von moralisch gutem Charakter sein müssen und „allen Menschen ohne Ausnahme mit Respekt begegnen."

Auf ein sehr interessantes Beispiel für das Überleben der uralten Mysterientradition wurde ich aufmerksam, als ich eine Einladung zu einer Vortragsreihe über Theosophie bei einer Künstlergruppe in Santa Fe, Neumexiko, annahm, in einem Kulturzentrum nahe den Gebieten der Pueblo-Indianer im Tal des Rio Grande. Hier wurden mir tiefe Einblicke in das Leben der amerikanischen Ureinwohner gewährt. Jedem Pueblo-Dorf und Stamm steht eine Art Priester vor, *Cacique* genannt. Ich befragte den dort Ansässigen hinsichtlich seiner früheren Ausbildung, und er berichtete daraufhin von einigen Verfahren, die angewandt würden, um einen Jungen auszuwählen und zu unterrichten, sodass er ein *Cacique* wird.

Ein Teil der Ausbildung befasst sich mit der Erweckung von *Kundalini,*[128] obgleich, soweit ich es beurteilen konnte, wohl nur vom unteren Ende des Rückgrats bis zum Solarplexus. Mir schien, dass die Hellsichtigkeit des *Cacique* hauptsächlich auf den astralen und niederen mentalen Ebenen bestand und hauptsächlich auf das Solarplexus-Chakra[129] beschränkt war. Wahrscheinlich war diese Praxis ein Überbleibsel der alten Atlanter, deren Angehörige dieses *Chakra* gewöhnlich für hellseherische Zwecke benutzten. Demgegenüber wird der neuzeitliche Okkultist angehalten, niemals ein *Chakra* unterhalb des Herzens zu benutzen, und zwar wegen der Gefahren, die mit dem Erwecken der niederen Zentren verbunden sind.

---

128 *Kundalini* (sanskr.): Das Schlangenfeuer, eine psycho-spirituelle Kraft, worüber Hinduismus und Theosophie unterrichten, die bei spiritueller Erleuchtung das Rückgrat bis zum Scheitel hochsteigt.

129 *Chakra* (sanskr.): Eins der sieben überphysischen Kraftzentren im Körper.

Obige Beispiele zeigen über lange Zeiträume hinweg die Kontinuität von Praktiken, die man mit Recht den Kleineren Mysterien zuordnen kann. Wann immer ihre Wirkung eine innere Erleuchtung und die Verleihung übernormaler und bis dahin nicht vorhandener Kräfte mit einschließt, beginnt die Schwelle zu den Höheren Mysterien überschritten zu werden. Letztere befassen sich fast ausschließlich mit Bewusstseinserweiterungen, die zu immer tieferem Erkennen dessen führen, was man vielleicht als „göttliches Selbst" bezeichnen könnte. Sowohl das Verstehen als auch die Erkenntnis der wechselseitigen Beziehungen zwischen dem Göttlichen *im* Menschen und der Gottheit des Universums, immanent und transzendent zugleich, erweitern sich permanent. Wenn das große Privileg des Einlasses und des Durchgangs durch die Grade und Stufen der Großen Mysterien gewährt wird, nehmen Verstehen und Erkennen in entsprechender Weise zu.

In den Kleineren Mysterien alter Zeiten und deren modernen Überlebensformen wird innere Erleuchtung „eingeleitet" durch allegorische zeremonielle Handlungen, von denen es heißt, dass sie auf historischen Ereignissen fußen. Leider besteht immer die Tendenz, den ganzen Vorgang nur allegorisch zu sehen, sozusagen als dramatische Inszenierung einer Parabel. Die Akzente werden während der Phasen, in denen die Tempel „geöffnet" sind, auf äußerlich sichtbare Symbologie gelegt, auf körperliche Vorbereitungen, aufeinanderfolgende Regalien,[130] Titel und Ämter.

Trotzdem könnten sich, da die Kleineren und Größeren Mysterien sehr eng zusammenhängen, ein Aufleuchten und sogar längere spirituelle Erfahrungen aus den Größeren während der Riten der Kleineren ereignen, besonders während jener, in denen Initiationen direkt vollzogen werden. Die Wandlung von Brot und Wein durch einen geweihten Priester während der heiligen Eucharistie und die mystischen Wirkungen, wenn diese den Gemeindemitgliedern gespendet werden, sind Beispiele dieser Möglichkeit sowie der Tatsache, dass die beiden Formen der Mysterien grundsätzlich eins sind. Diese Zeremonien darf man mit Recht als Einweihungen bezeichnen, denn in denen, die darauf zu reagieren vermögen, sind die Anfänge des spirituellen Verste-

130 Hoheitsrechte, hier: zeremonielle Privilegien. [Hrsg.]

hens und Erkennens sozusagen im reinkarnierenden Ego, in Verstand und Gehirn, in die Wege geleitet worden.

Zu allen Zeiten sind Millionen Menschen durch diese vorbereitenden Riten von den rein primitiven bis zu den hochentwickelten rituellen Initiationen in der einen oder anderen Form hindurchgegangen. In gewissen Fällen hat die zeremonielle Krönung von Herrschern dieselbe Bedeutung; denn in ihr – wie auch beim Ritterschlag – lebt die Mysterientradition weiter. Tatsächlich sind auf die eine oder andere Weise, einschließlich der Sakramente von Taufe und Firmung, wenn das volle Zeremoniell eingehalten wird, die Kleineren und Größeren Mysterien nie ganz geschlossen gewesen.

Eine der wirkungsvollsten aller Handlungen in spirituellen Zeremonien besteht darin, dass der Zelebrant Teile des Kopfes berührt, sei es mit einem Schwert oder direkter mit einem Teil der Hand. In solchen Augenblicken geschieht im Einzuweihenden bis zu einem gewissen Grad immer ein Aufkeimen und eine daraus resultierende Entwicklung, ob bewusst wahrgenommen oder nicht. Im rituellen Akt, wenn im Besonderen der Scheitel Beachtung erfährt, wird der Empfangende besonders gesegnet, okkult und spirituell erweckt und mit seinem eignen inneren Selbst verbunden. Das Kreuzzeichen mit dem Daumen der rechten Hand auf dem Scheitel kann ähnlich wirksam sein, besonders wenn gleichzeitig zeremoniell geweihtes Öl verwendet wird. Von der Taufe eines Kleinkindes an bis zur Krönung eines Kandidaten, wie in gewissen zeremoniellen Handlungen und Orden, wird die persönliche Natur – besonders das Gehirnbewusstsein – zunehmend empfänglich für Impulse vom reinkarnierenden spirituellen Selbst.

Auf diese verschiedenen Weisen sind die Mysterien, die als *uralt* bezeichnet werden, in ihren zeremoniellen Funktionen durch alle Jahrhunderte hindurch bis in unsere modernen Tage bewahrt und aufrechterhalten worden. Für diesen Segen – wie für so vieles andere, sichtbar und unsichtbar – schuldet die Menschheit den Adepten und Hierophanten und deren voll eingeweihten Schülern allertiefste Dankbarkeit.

27

DER VOLLENDUNG NAHE

Prüfungen einst und jetzt – Absolute Integrität des Charakters als Voraussetzung – Karmische Auswirkungen beschleunigt – Selbstlosigkeit höchsten Grades – Entfaltung von innen aus der Monade – Bewusstseinszustand und Wirken des neugeborenen Initiierten – Tiefere Verbindung mit dem Selbst aller Menschen.

In alten Zeiten wurde das Fortschreiten durch die Stufen und Grade der Kleineren und Größeren Mysterien nach recht schweren psychischen und physischen Prüfungen gestattet. Dazu gehörten Mut und die Fähigkeit, Furcht zu überwinden, natürliche Tugend und die Beherrschung der Sexualität ebenso wie eine feste innere Entschlossenheit fortzuschreiten. In späterer und heutiger Zeit wurden diese Prüfungen jedoch fast gänzlich psychologisch und moralisch, obwohl ein gewisses Maß an körperlicher Selbstbeherrschung gefordert wird.

Ungünstiges Karma wird in gewissen Zyklen und Inkarnationen beschleunigt. Daher folgen bei gegebenem Anlass recht rasch – manchmal noch im selben Leben – entsprechende Reaktionen, die normalerweise in einem zukünftigen Leben erlebt worden wären. Karma reagiert auf eine Art und Weise, die gleichsam „wie ein Peitschenhieb" beschrieben werden könnte, so schnell folgen Wirkungen den Ursachen. Der Schwerpunkt ist jedoch mehr und mehr moralischer Natur. Überdies können die Herausforderungen außerordentlich subtil sein, wobei sozusagen die moralische Integrität des Aspiranten durch und durch geprüft wird. Eigenschaften wie absolute Aufrichtigkeit, die Weigerung, von ehrlicher und geradliniger Korrektheit abzuweichen, müssen offensichtlich werden – wobei im Charakter des Eingeweihten und zukünftigen Adepten kein Raum für das Gegenteil bleibt. *Arhats*[131] und Adepten „spielen" nicht mit der Wahrheit. Rechtschaffenheit und vollkommene Geradlinigkeit werden ganz natürliche bestimmende Eigenschaften. Solch hohe Eingeweihte müssen selbst die direkte Verkörperung dieser Eigenschaften sein. Statt sich damit hervorzutun, wie es dem älteren Kodex der *Ritterlichkeit* gemäß war, sind diese Eigenschaften gewissermaßen eingebettet oder im innersten Herzen, der Seele und Natur des hohen Adepten, unverrückbar präsent.

In moderner Zeit und nach Maßstäben, die in gewissen Zusammenhängen akzeptabel geworden sind – z. B. in der Diplomatie, in der Politik und im Geschäftsleben –, ist eine gewisse Flexibilität während laufender Verhandlungen offenkundig. Diese Unehrlichkeit, um mögliche Vorteile für sich selbst oder andere in der Zukunft zu erlangen, darf überhaupt keinen Raum in der Motivation, im Charakter und Verhalten des werdenden Adepten einnehmen. Allerdings sollten diese Forderungen nicht so aufgefasst werden, als wären sie von offizieller Seite in den Mysterientempeln erhoben worden, sondern sie ergeben sich ganz natürlich aus der Entscheidung und dem entsprechenden Handeln des Aspiranten, um in der Evolution rascher fortzuschreiten.

Der zukünftige vollendete Mensch war immer schon in der Monade auf seiner eigenen göttlichen Ebene potenziell da. Er muss nun aus dem Inneren des reinkarnierenden Egos im Kausalkörper – dem Träger der Monade auf der Ebene des abstrakten Intellekts – „ausgebrütet werden". Beim Eierlegen, beim Ausbrüten und bei der Aufzucht des Vogels ist es wichtig, dass die Schale eine vollständige und sichere Hülle bildet. Im geschilderten Fall stellen die moralischen Qualitäten die Eierschale dar, was ihnen außerordentliche Bedeutung verleiht. Sollte die Schale zerbrechen, bevor der embryonische Adept genügend entwickelt ist, um in Erscheinung zu treten und sich richtig zu entfalten, so ist ein Scheitern oder zumindest eine stark verzögerte Entwicklung unvermeidlich. Daher die Betonung von Moralität und höchstem Idealismus in der gesamten Literatur und im Zeremoniell.

Das führt zu der größten und von allen am schwersten zu entwickelnden Eigenschaft, nämlich der Selbstlosigkeit, die schließlich im

131 *Arhat* (pali) „Einer der göttlichen Ehren würdig ist." Ein Eingeweihter des 4. Grades.

gänzlichen Fehlen von Eigenschaften gipfelt, die normalerweise mit dem Selbst verbunden werden. Daher ist in allen gültigen, den Pfad betreffenden Darstellungen nicht nur völlige Selbstlosigkeit in Motivation und Lebensführung selbstverständlich, sondern darüber hinaus wird das völlige Schwinden jeglicher Vorstellung als einer getrennt existierenden Individualität gefordert. Wenn dies nicht erreicht wird, wenigstens bis zu einem gewissen hohen Grad, dann ist das Scheitern an irgendeinem Punkt fast unvermeidlich. Symbolisch muss die „Eierschale" perfekt sein, falls das „Küken" mit Erfolg schlüpfen soll als Manifestation des werdenden Adepten innerhalb der Monade jedes Menschenwesens. Aufgrund dieser inneren Präsenz des Adepten und der absoluten Wichtigkeit, die Evolution beschleunigt zu vollziehen, wird alles Äußerliche immer unwichtiger. Gleichzeitig nimmt das, was im Inneren ist – was philosophisch alles ausmacht – fortwährend zu, bis es das ganze gedankliche Sein ausfüllt.

Wenn man dem Ziel so nahe ist, überwiegt der Dienst zugunsten anderer schon längst jedes frühere selbstische Handeln. Deshalb spielt Karma automatisch dem Eingeweihten in die Hände. Irdische Bedingungen „arbeiten mit" in der Erfüllung spiritueller Ziele – etwa ein Leben im Ashram, das angeboten wird. Ein überaus günstiges Karma ermöglicht, was unter gewöhnlichen Bedingungen gänzlich unmöglich wäre. Diese guten Bedingungen, anscheinend von der Natur selbst geboten, helfen mit beim erfolgreichen Abschluss der Laufbahn der Monade als menschliches Wesen und tragen sie in das übermenschliche Reich. Dazu gehört außergewöhnlich gute Gesundheit des Körpers während des größten Teils des letzten menschlichen Lebens. Das bedeutet, dass, abgesehen von der Einhaltung normaler Regeln, wenig oder gar keine Zeit und Energie zur Erhaltung der eigenen recht guten Gesundheit aufgewendet werden muss. Daher kann fast die ganze Aufmerksamkeit und Gedankenkraft auf den Übergang der Monade vom menschlichen zum übermenschlichen Reich der Natur gerichtet werden.

Vollkommene Unterstützung seitens der Adepten wird bereitwillig geboten, und die Umstände tragen in fast wunderbarer Weise zum Erfolg bei. Finanzielle und familiäre Verantwortungen behindern den *Arhat* nicht mehr, wenn er oder sie die letzten Etappen des steil aufwärtsführenden Pfades besteigt. Im Gegenteil, statt zu behindern, bringen diese Bedingungen ganz harmonisch und natürlich physische sowie überphysische Hilfe mit sich.

So beginnt, wenn die äußeren Umstände günstig sind, der fast voll entwickelte Adept metaphorisch die „Schale" aufzubrechen, indem er von innen daran „pickt", während von außen jede Unterstützung gewährt wird. Trotzdem ist, da ja der ganze Vorgang den natürlichen Entwicklungsphasen vorauseilt, jede mögliche Hilfe vonnöten. Eine Lichtfülle strahlt aus dem Geist eines solchen Menschen, und ein vertiefendes Verstehen setzt ein. Das führt zur Befreiung von den mentalen Beschränkungen der Zeit hin zu Bewusstseinszuständen, die man mangels entsprechender Wörter nur als „ewig" bezeichnen kann. Nicht für einen Moment weicht der geistige Blick mehr ab, und die Neigung, sich zum Selbstschutz zu isolieren, ist nicht mehr vorhanden. Diese und alle anderen sogenannten Versuchungen werden nicht mehr wahrgenommen. Sogar die Neigung, die Verbindungen mit anderen, die im bisherigen Leben sehr eng und sogar vertraut waren, wieder aufzunehmen, haben keine Macht, den Aspiranten vom gewählten Pfad abzubringen.

In jeder Hinsicht ist der bewusst Eingeweihte in erster Linie zu einem Okkultisten[132] geworden. Obwohl er noch immer in der physischen Welt mit ihren sichtbaren und getrennten Wesenheiten und Formen aktiv lebt, wird er oder sie sich mehr und mehr des Lebensprinzips bewusst, von dem die Formen zeitlich begrenzte und sich ständig verändernde Verkörperungen sind. So nimmt er[133] mit seinen Mitmenschen entsprechend ihrer sich entfaltenden und aufkeimenden Kräften Verbindung auf. Alle darauf einwirkenden Kräfte sind sorgfältig abgestimmt, um evolutionäre Prozesse zu unterstützen, zu vermehren und zu beschleunigen, die in geheimer Weise und sogar magisch in den objektiven[134] Personen ablaufen, wie wenig ihnen diese Tatsache auch bewusst sein mag.

Von seinen okkulten Älteren und mit ihrer Hilfe lernt er, sodass er seinerseits immer weiter heranwächst. Seine Statur, seine Kräfte,

132 Okkultist, siehe Glossar.
133 Der Einfachheit halber wird nur das maskuline Pronomen benutzt. Im okkulten Leben gibt es keine Diskriminierung der Geschlechter.
134 d.h. äußerlich sichtbaren (Hrsg.)

seine Fähigkeiten und seine aurische Ausstrahlung nehmen zu, während er zügig die große Lebensleiter emporsteigt. Er hilft seinerseits in ähnlicher Weise all denen, die seine Hilfe suchen. Ein Mensch, der erleuchtet ist, findet Gruppen anderer, die ihn annehmen und ihn als einen der ihren aufnehmen. Gelegenheiten zu ermutigen, zu lehren und zu heilen ergeben sich und werden mit Erfolg ergriffen. Spirituell und auf okkulte Weise ermächtigt und inspiriert, bringt er diejenigen auf den rechten Weg, die davon abgekommen sind, unterrichtet jene, die nach Wissen dürsten, und wird zum Heiler seiner Mitmenschen. Solche Neuorientierung, Inspiration und Wiederherstellung der Gesundheit, beruhen alle auf der Erkenntnis, dass die äußere physische Person Träger eines inneren unsichtbaren Wesens ist. Irrtümer, mangelndes Verstehen und körperliche Unfähigkeiten verschiedenen Grades werden hauptsächlich mit Blick auf den inneren Menschen und dessen Zusammenarbeit mit dem äußeren Selbst beurteilt; denn viele menschliche Schwierigkeiten haben vorwiegend in diesem psychologischen Bereich ihren Ursprung.

Mit der Einweihung in die Größeren Mysterien wird der Bewusstseinszustand in seiner inneren Wirkung auf andere weitaus mächtiger als vor der Einweihung. Wie zuvor beschrieben, verleiht die Initiation in ihren verschiedenen Bedeutungen auf diese Weise dem Empfänger einen sehr beträchtlichen Zuwachs an Macht, auf andere einzuwirken, und daher auch größere Verantwortung. Tatsächlich kann man sagen, so seltsam es klingen mag, dass jede der großen Einweihungen nicht nur die Entwicklung der Eingeweihten enorm beschleunigt, sondern auch alle eingeweihten Egos enger mit dem inneren Selbst all ihrer Mitmenschen *verbindet*. Daher wird der Neueingeweihte dazu tendieren, ein immer tieferes Gefühl der Einheit mit anderen zu empfinden. Vielleicht mag allerdings die mystische Verbindung zuerst nicht völlig bewusst wahrgenommen werden. Zwar erleben auch Nicht-Initiierte die mystische Verbindung und verkünden sie – z. B. in der Dichtung – aber dies ist meist nicht von Bestand, rückt in die Nähe des Verstandes und verschwindet dann wieder. Demgegenüber wird nach der Initiation das Bewusstsein der Einheit immer mehr gefestigt.

Sogar in früheren Phasen erlebter Einheit wird ein inneres Leben gelebt. Das relativ äußere und das zutiefst innere [Leben] verschmelzen schließlich zu einem einzigen Bewusstseinszustand und Sein – zu *einer* Daseinsweise. Es ist, als ob Einssein mit dem einen Leben in allem der Quell oder Ursprung ist, woraus die Wasser des Lebens stammen, und der aktive Ausdruck tiefempfundener Sorge ist die natürliche Richtung, in welcher das Wasser durch die Schwerkraft unweigerlich fließt. Dieses innere Leben – ob nach innen gerichtet oder nach außen zum Ausdruck gebracht – wird ganz spontan gelebt, genauso wie wenn Wasser eines Springbrunnens ins Becken niederfällt und wieder steigt und fällt.

In viel früheren Zeiten des menschlichen Lebens auf diesem Planeten – z. B. im Atlantischen Zeitalter – war diese Entwicklung, die sozusagen überhaupt nicht der Norm entsprach, viel schwieriger; die Zeit für die Endphasen war länger und so etwas wie sofortiger Erfolg war viel weniger zu erwarten. Seither ist die Menschheit auf ihrem Weg der Entwicklung vorangeschritten. Nach und nach wurde das Gelingen einfacher und weniger von Fehlschlag und Aufschub bedroht. Heute und in der Zukunft erweist sich als wichtigste Veränderung, dass eine wachsende Zahl von Menschen zu finden ist, die im Begriff sind, zum höheren, spirituellen Ego zu erwachen. Diese versuchen, dem Gefängnis von Vergangenheit und Gegenwart zu entfliehen, und beschleunigen bewusst das Erreichen jener wahren Freiheit, die nur erfahren werden kann, wenn die Größe eines Adepten erreicht ist. So unterstützt die Vergangenheit sie durch ein günstiges Karma, die Zukunft heißt sie willkommen und die Gegenwart dürfte das Erscheinen eines „neuen" Bewohners der Erde sehen, ein durch das [höhere] Selbst initiiertes, vervollkommnetes Menschenwesen.

28

DIE GROSSEN EINWEIHUNGEN

Risiken für ein unvorbereitetes Bewusstsein – Vorausgehende physische und psychologische Prüfungen – Zeremoniell im alten Ägypten – Erfahrung der Unsterblichkeit – Der schlafende Körper in der Obhut von Priestern – Zustand des Neu-Initiierten – Initiation unverändert durch alle Zeitalter – Rolle des Hierophanten in den griechischen Mysterien – Wirkung des Thyrsusstabs – Atmische Kraft und Erleuchtung im Initiierten – Erhöhte Rotation der Chakras – Wahrnehmung der Wirklichkeit jenseits verbaler Kommunikation – Der Initiierte erkennt sich als unsterbliches Lichtwesen.

Während der Mensch durch das jetzige Stadium der menschlichen Entwicklung geht, sind inneres Wissen, innere Erhebung und Erweiterung des Bewusstseins etwas unnatürlich und deshalb rätselhaft für ihn. Kommt er zu früh in dieses Stadium, ist das nicht ganz ungefährlich. Sich intellektuell Wissen über die Existenz der alldurchdringenden „Lebenskraft, die über die vertrauten Begrenzungen der Formen hinausgeht", anzueignen und die darauffolgende Erkenntnis der Identität mit dieser „Lebenskraft" schließt potenziell Gefahr mit ein. Normale Begriffe und gewohnte Erfahrungen, die auf Unterscheidungen von vielerlei Arten basieren, einschließlich von in sich geschlossener getrennter Objekte, werden nicht wahrgenommen, existieren auch tatsächlich nicht, was dieses immerwährende aktive Prinzip betrifft.

Nichts ist jemals wirklich vor einem Menschen verborgen. Die Möglichkeit mystischer Erfahrungen verschiedener Grade von Tiefe und Durchdringung ist jedem zugänglich. In der Tat kann Erleuchtung niemandem vorenthalten werden, da es sich allein um das Erkennen der Wahrheit handelt, nämlich dass Getrenntheit eine Täuschung und Ganzheit die Realität ist. Trotzdem kann die Wirkung einer solchen

Entdeckung auf ein unvorbereitetes Bewusstsein und ein besonders empfindliches und spirituell empfängliches Gehirn – gelinde gesagt – sehr verwirrend sein und hat sich tatsächlich auch als solches erwiesen. Die Beschreibung einer mystischen Erfahrung besteht nur aus Worten, wobei Worte in Wirklichkeit nicht mehr vermögen als darauf hinzuweisen. Dem inneren Wissen nähert man sich selbst in zunehmenden Graden der Vertiefung, und genau dies ist es, was bleibt und was die wahren Früchte der Initiation in die Mysterien ausmacht.

Die Kleineren Mysterien sind Widerspiegelungen der Größeren Mysterien, dargestellt in verschleierten und symbolischen Formen, die jedoch Enthüllungen mystischer Wahrheiten enthalten. Der wichtigste Unterschied zwischen den Kleineren und den Größeren Mysterien ist der, dass in den ersteren die innere Enthüllung und die geistige Erneuerung nicht in gleichem Grad in dem zu Initiierenden erzeugt wird. Diejenigen, die im früheren Leben durch die Initiationsriten gegangen sind, mögen Ausnahmen von dieser Regel sein.

In den alten Mysterienschulen wurden Prüfungen von erheblichem Schwierigkeitsgrad angeordnet, um den richtigen Zeitpunkt zu finden und die Eignung des Postulanten nachzuweisen, auf dass er die Segnung des heiligen Lichtes empfangen konnte. Diese Prüfungen waren, so wird berichtet, physischer und psychologischer Art und wurden auch angewendet, um Selbstkontrolle und Entschlossenheit zu verbessern, zu stärken und zu stählen und [intuitive] Einsicht zu entwickeln. Er oder sie wurde dann nach bestandener Prüfung im Sanctum Sanctorum [Allerheiligsten] empfangen.

Wenig, wenn überhaupt, ist über den mystischen Ritus, der darauf folgte, verlautbar geworden. Im alten Ägypten begegnete eine riesenhafte Statue des Tempelgottes oder Figuren anderer Götter dem staunenden Blick. Menschliche Offizianten in zeremoniellen Gewändern saßen an allen vier Himmelrichtungen, jeder von ihnen etwas anders gewandet. Hinter ihnen, rund um den Tempelraum, saßen jene, die schon die Berührung mit dem Thyrsus[135] empfangen und das Symbol

---

135 *Thyrsus* (gr.): Stab der Kraft, gebraucht vom Hierophanten, wenn er Initiationen vollzog. Er war geladen mit elektromagnetischen Energien höherer Ordnung, um die Kraft des Hierophanten zu übertragen und dadurch die erwünschten Ergebnisse zu erzielen.

des ewigen Lebens, das ägyptische Tau, erhalten hatten. Diese Eingeweihten nahmen in unterschiedlichen Graden an den zutiefst eindrucksvollen Zeremonien der Einweihung teil.

Der Kandidat kniete im Allerheiligsten. Der Hierophant sprach ihn an, hauptsächlich um sich zu versichern, dass dieser physisch und intellektuell bereit war, in die letzten Mysterien eingeführt zu werden. Der Kandidat wurde dann von den entsprechenden Tempeldienern auf die Erde gelegt, vielleicht sogar auf ein Kreuz. Dann, nach Anrufung des höchsten und größten Wesens auf dieser Erde, senkte der Hierophant den hocherhobenen Thyrsus herab, metaphorisch, bis er den Scheitelpunkt des Kopfes berührte. Der Kandidat war darauf seiner Körperlichkeit nicht mehr gewahr, oder transzendierte sie wenigstens so vollständig, dass alle „Stimmen" des Körpers, der Sinne und der ihn umgebenden Welt zum Verstummen gebracht wurden. Die Seele, befreit aus der Gefangenschaft des Fleisches, trat in jene Bewusstseinsebenen ein, in denen die Beschränkung von Zeit, Raum und das Gefangensein in einem physischen Körper – wahrlich ein Grab – überwunden sind. Die wahre „Auferstehung" – die Wahrheit vom ewigen Leben – wurde dann erfahren, und die Unsterblichkeit des innewohnenden Geistes wurde zur Tatsache.

Wer so das Tor zum Tempel der Mysterien gefunden hat, hindurchgegangen ist und das Allerheiligste des Tempels selbst betreten hat, ist sich seiner/ihrer normalen körperlichen Natur weniger bewusst und davon begrenzt. Er/sie existiert bewusst als ein spirituelles Wesen, für das der Körper sozusagen nur ein Anhängsel ist. Mit der allmählichen Durchschreitung der Grade oder Stufen in diesen größeren Mysterien werden immer tiefere Wahrheiten offenbar. Die grundlegenden Gesetze des Seins und des Aufstiegs werden nicht so sehr gelehrt, sondern vielmehr auf natürliche Weise als integraler Bestandteil des Universums und des menschlichen Daseins erkannt.

Während der uralten Riten wurde der schlafende physische Körper sehr sorgsam von Priestern bewacht, die für dieses Amt ordiniert waren, während hin und wieder Weihrauch und leiser Gesang ein verfrühtes Erwachen vermieden und vor unerwünschten Unterbrechungen schützten. Höchste Feierlichkeit charakterisierte das Geschehen. – Schließlich nahm der Offiziant den schlafenden Körper bei der

Hand, rief den Initiierten sowohl beim irdischen als auch beim neu gegebenen Namen mit solcher Stärke, dass das innere Selbst, während es seinen erleuchteten Zustand bewahrte, nach und nach die Last der Körperlichkeit wieder aufnahm.[136]

Wenn sich die Augen des Initiierten wieder öffneten, war da der teilweise verdunkelte Tempel mit seinen großartigen, majestätischen Säulen, die sitzenden Mit-Eingeweihten, der Hierophant mit Assistenten neben ihm, der vorher nicht vorhandene Sinn für Festigkeit und Gewicht – diese früheren Zustände wurden als Voraussetzungen für das Dasein wieder aufgenommen. Völlige Stille herrschte dann, was dem Neu-Initiierten Bedingungen in einem geweihten Gebäude gewährte, in dem, umgeben von Mit-Eingeweihten, das größtmögliche Maß inneren Lichts den sterblichen Menschen erleuchten konnte. Je nach Empfänglichkeit des Kandidaten wurde diese Realität unmittelbar erkannt, oder sie zeigte sich nach und nach. Vorbereitende Riten und der Durchgang durch vorausgehende Grade waren alle so angelegt, dass sie die Reaktion des Bewusstseins auf diese transzendente Entdeckung stützten. Der Eingeweihte erhob sich, wurde anerkannt und als ein eingeweihtes Mitglied des Mysterienritus vorgestellt. In den griechischen Mysterien kniete der Kandidat nieder und gelobte unwiderrufliche Geheimhaltung von all dem, was enthüllt worden und geschehen war.

Reinkarnierte ägyptische und griechische Eingeweihte und andere aus östlicheren Gefilden können sogar heutzutage, mit dem nötigen kontemplativen Einblick, diese feierlichen Schauplätze und Ereignisse wiedererkennen. Auch wenn diese Vorgänge in uralten Zeiten stattfanden und in verschiedener Form ausgeführt wurden, blieb die innere Erfahrung immer die gleiche. – Zu gegebener Zeit erfolgte im rhythmischen Wandel des menschlichen Lebens das Ende der Feierlichkeiten der ägyptischen Mysterien. Seit jenen Tagen sind, in angemessenen Zeremonien und auf entsprechenden Bewusstseinsebenen, dieselben Privilegien denen gewährt worden, die daraus Nutzen zu ziehen vermögen; denn die Mysterien sind niemals völlig geschlossen worden und, wenn auch nicht objektiv für die weltliche Denk- und Sehweise

136 Der okkulte Name, mit dem das initiierte spirituelle Selbst „getauft" wird.

jetziger und kommender Generationen ersichtlich, werden die heiligen Riten weiterhin vollzogen, sogar heutzutage.

In moderner Zeit erwarten die Adepten und Hierophanten noch immer jene, die als würdig erachtet werden, um aufgenommen zu werden, und in ununterbrochener Weiterführung empfangen sie diese und weihen sie ein. An gewissen abgelegenen Orten auf Erden, vor neugierigen Blicken verborgen und vor Störungen geschützt, bieten gewisse physisch existierende Gebäude die Rückzugsbedingungen, in denen genau dieselben Erfahrungen wie in alten Zeiten von den Eingeweihten modernerer Epochen durchlaufen werden. Darüber hinaus wird während des natürlichen Schlafes des Körpers das innere Selbst in die Gegenwart von Hierophanten und Eingeweihten hingezogen. Auf diese Weise wird der „Neugeborene" als aktives Mitglied in die Bruderschaft der vervollkommneten Männer und Frauen und Initiierten aufgenommen, jene, von denen in uralten Zeiten die Mysterientradition auf dem Planeten Erde begründet wurde.

Der eigentliche Helfer in den griechischen Mysterien ist ein Hierophant der Mysterien, und seine Hilfe besteht zum großen Teil, aber nicht gänzlich darin, dass der Thyrsus den Scheitelpunkt des Kandidaten berührt. Ein Grund für diese Handlung ist der, aus höchster Höhe Kraft herabzuleiten, und ein weiterer, den Geist des ehrfurchtsvoll knienden Neophyten zu erleuchten. Eine dritte Wirkung des Einweihungsritus war – und ist es noch immer – die intuitive Wahrnehmung zu wecken und zu aktivieren und dem Gehirnbewusstsein die Fähigkeit intuitiver Erkenntnis der Wahrheit zu ermöglichen. Eine enorm stimulierende atmische[137] Kraft wird auf die Substanz der Gehirnzellen gerichtet, insbesondere auf Organe wie die Hypophyse und die Zirbeldrüse sowie auf Strukturen im mittleren Gehirn. Diese empfangen einen klaren anregenden Impuls, der die Empfänglichkeit des hellwachen Gehirnbewusstseins für okkult stimulierende Kräfte, Ideen und Agenzien oder Intelligenzen sowohl planetarischer als auch extraplanetarischer Herkunft erhöht.

Solche Einflüsse wirken sich nicht nur günstig auf die physische und ätherische Substanz des Gehirns aus, sondern auch auf die Funk-

137 atmisch von *Ātma* (sanskr.): Siehe Glossar unter Ātma.

tionen des Bewusstseins, die mit der Übertragung von Kräften, Ideen und okkulten Beziehungen aus überphysischen und übermenschlichen Quellen zu tun haben. Diese sind, kurz gesagt, die Kraftzentren oder Chakras[138] in den drei subtilen Trägern – ätherisch, astral und mental –, deren Rotation durch die Berührung mit dem Thyrsusstab erhöht wird, ebenso wie ihre Fähigkeit, die erwähnten Einflüsse zu übermitteln. Infolgedessen kann sich ein Eingeweihter, wenn er sich aus der knieenden Position erhebt, in einem spirituell erhabenen und hoch erleuchteten Zustand wiederfinden. Ein weiteres Ergebnis ist die Beschleunigung seines Entwicklungsfortschritts.

Die intuitive Fähigkeit, ein Resultat aus solcher Erfahrung, ist äußerst wichtig, denn dadurch werden Weisheit und das Wissen über die Gesetze allen Seins erlangt. Dieses Wissen schließt die Kosmogenese[139] sowie die Natur und das Wirken der Erzengel- und Engel-Intelligenzen bei diesen Vorgängen mit ein. Worte werden zweifellos benutzt, um so viel an Weisheit der Zeitalter zu vermitteln, als es dem Entwicklungsgrad, den der Kandidat durchläuft, entspricht. Die wahre und ideale Kommunikation erfolgt allerdings wortlos, da sie sich hauptsächlich, wenn nicht gänzlich, jenseits der Grenzen menschlicher Sprache bewegt.

So ist der Eingeweihte der Mysterienschulen – ob uralt oder modern – ein Mensch, der, metaphorisch gesprochen, an dem Tor angeklopft hat, das durch das Reich konkreter Mentalität *hindurch* führt. Er fand, dass es sich ihm öffnete, und gelangte zu einem Grad menschlicher Entwicklung, in der das Denken zur Ruhe kommt und doch eine andere Stimme vernommen wird. Dies ist die Stimme der Wahrheit selbst, die den Neuankömmling willkommen heißt und ihn oder sie auffordert, in den Tempel, in dem sie wohnt, einzutreten. Der bildliche Name des Gebäudes – er steht über dem Tor – lautet *Wirklichkeit.*

Der Pfad zur Wahrheit führt tiefer und tiefer nach innen, vorbei und durch die Beschränkungen des Gehirnbewusstseins hindurch, sofern dieses als Wahrnehmungsorgan benutzt wird. Die motivierende Kraft besteht aus Willensdenken – eine Energie, die durch Gebrauch entwickelt werden kann, bis sie praktisch unwiderstehlich wird. Wenn

138 Chakras, überphysische Kraftzentren, siehe Glossar.
139 Entstehung des Kosmos. [Hrsg.]

ein Mensch, der selbstlos von innen her motiviert ist, schließlich zu der Überzeugung kommt, dass das Ziel menschlicher Existenz in direkt wahrgenommenem Wissen besteht, dann kann ihn nichts davon abhalten, es zu erringen. Dieser Willensgedanke ist das, was man als „die königliche Kraft" im Menschen bezeichnen kann. Alle Menschen besitzen sie, und tatsächlich ist jeder von Natur aus damit ausgestattet. In den frühen Stadien der menschlichen Entwicklung bleibt sie meist keimhaft, aber sobald das innere Selbst seine tief innewohnenden Fähigkeiten entfaltet, erwacht diese königliche Kraft, wird aktiv und übernimmt schließlich die Führung. Sie beherrscht nicht nur das geistige Reich oder die Gedankenwelt eines Menschen, sondern nach und nach sein ganzes Wesen. Ein solcher Mensch wird in seiner eigentlichen Natur zu einem königlichen Wesen, zu einem Mann oder zu einer Frau, die durch das innere Selbst geleitet sind.

Diesem Grad in den Größeren Mysterien ist die Eigenschaft der Unwiderruflichkeit zugeordnet worden. Das weitere Voranschreiten in Richtung Adeptschaft wurde vom Initiierten nicht nur entschieden, sondern er ist davon spirituell und mental durchdrungen. Er ist auf der Suche nach Licht so weit gekommen und hat ein Maß davon empfangen – trotz menschlicher Beschränkungen, den gefürchteten Schlägen durch Karma und körperlichen Tod. Daher ist es unwiderruflich, dass der Weg nach Oben beschritten werden *muss* bis zu seinem Ziel, bis zum Erreichen des Status eines vollkommenen Menschen.

Solche Initiierte sind jene, die sich selbst entdeckt haben. Einfach ausgedrückt, besteht die Erfahrung aus einer intensiven Erweiterung des Bewusstseins, in der der körperliche Mensch in seiner zeitlichen Begrenzung mit seinen Alterungsprozessen und dem unausweichlichen Ableben wenig oder keinen Raum hat. Der Eingeweihte weiß, dass er ein Lichtwesen ist, alterslos und daher nicht betroffen vom Diktat des Todes. Aus Licht geschaffen, lebt er inmitten ewigen Lichtes, von keiner weltlichen Notwendigkeit berührt, todlos oder göttlich unsterblich und voller Freude, welche nie endet. Solcher Art ist seine eigene Wirklichkeit – und in der Tat die der ganzen Menschheit –, was sich dem Initiierten im Verlauf des großen Zeremoniells enthüllt.

Durch die Einweihung werden neben vielen anderen Wohltaten mindestens zwei auf das ganze Menschengeschlecht übertragen. Eine davon besteht darin, dass die Mysterien selbst vor dem gänzlichen Verschwinden bewahrt werden, zusammen mit all den körperlichen und spirituellen Vorzügen, die sie verleihen. Die andere ist die, dass der Pfad vom weltlichen Leben und von menschlichen Lehrern zum okkulten Leben und zu den Adepten und Meistern offen gehalten wird für jene, die weit genug entwickelt sind, um darauf anzusprechen. Auch das ist von unschätzbarem Wert, und zum Glück für die Menschheit ist diese Art der Schülerschaft von einer fortwährenden Reihe von Jüngern angenommen und in der Praxis auf das Leben angewandt worden.

So wird das große Werk weitergehen bis zum Ende dieses Zyklus menschlichen Lebens auf der Erde; denn keinem Einzigen, der auf der Stufe der Einweihung angekommen ist – oder der auf der entsprechenden Sprosse der Lebensleiter steht –, wird jemals das Privileg und die enorme Hilfe verweigert, Stufe um Stufe, Grad um Grad die großen Einweihungen zu durchlaufen, bis schließlich die Adeptschaft erreicht ist.

Der Weg ist immer offen für diejenigen, die die Sehnsucht nach dem Licht der absoluten Wahrheit empfinden und bereit sind, die Bedingungen zu erfüllen und die Gesetze zu befolgen, welche die Lebensprozesse beschleunigen – einzig von der Motivation erfüllt, bei der Erfüllung des Entwicklungsplans größere Hilfe leisten zu können. Möge jeder den Ruf nach Wissen spirituell und mental aussenden und seine volle Bereitschaft bekräftigen, das [niedere] Selbst aufzugeben entsprechend den Gesetzen der Natur. Dieser Ruf, bereits im Voraus erkannt, wird erhört und beantwortet, immer so, wie das Karma es erlaubt; denn sogar die Adepten und Meister müssen sich in Gehorsam diesem Gesetz beugen. Wie geheimnisvoll auch immer, wird dann unfehlbar ein Leben der Initiation beginnen; denn es ist Teil des verborgenen Lebens, das – in verschiedenen Graden unsichtbar – von einigen auf dem Planeten Erde gelebt wird.

29

ENTSPRECHUNGEN ZWISCHEN MENSCH UND UNIVERSUM

Universeller Austausch – Universales Bewusstsein des Adepten – Ausbildung und Schulung – Sender und Empfänger – Mensch und Sonne – In der Konstitution des Menschen verankert – Die Venus als Beispiel.

Wer sich ernsthaft mit Theosophie befasst, dem wird bewusst, dass der Planet Erde keineswegs allein in der unendlichen Weite des Universums ist. „Telegraphische" Interkommunikation mit den Lebenskräften und Intelligenzen, die für die Manifestationen des Göttlichen in *allen* anderen Teilen des Universums verantwortlich sind, gehen unablässig vor sich. Alle Welten auf allen Ebenen, von der dichtesten Stofflichkeit bis hin zum reinsten Geistigen, sind fortwährend im Austausch miteinander. Kein Planet ist allein im Kosmos. Ganz im Gegenteil, jeder steht beständig in aktiven Beziehungen zu anderen Planeten, Satelliten und Tierkreiszeichen – auch wenn es aus Sicht ihrer räumlichen Positionen her scheint, als wären die Sterne unvollkommen aufeinander abgestimmt.

Wenn Planeten- und Sternenkörper in okkulter Literatur und Lehre erwähnt werden, geht es weniger um die rein physischen Planeten und Sterne als vielmehr um ihre feinstofflichen Entsprechungen oder Träger sowie die solaren und kosmischen Intelligenzen, deren Reiche sie sind. Ausfließende Kräfte und hereinströmende Energien befinden sich in fortwährender Interaktion. Deren Ausstrahlung und Empfang unterstehen dem, was man kurz als die gemeinsamen Schwingungsfrequenzen der aus- und eingehenden Ströme bezeichnen könnte. Diese treten zwischen Sonnensystemen auf, jedes von ihnen mit einer hoch entwickelten leitenden Instanz und aufeinander abgestimmten Untergebenen. Sie sind auch in Funktion – wenngleich unter normalen Bedingungen unbewusst – zwischen den Teilen eines Universums und einzelnen Menschen. So gesehen, ist unsere Erde und alles auf ihr aufs Engste miteinander verbunden – von der höchst entwickelten leitenden Intelligenz, die in voller Kenntnis über Funktion und Verlauf des Austausches ist, bis hin zu den Menschen und sogar bis zu jedem Atom auf jeder Ebene der Natur.

Auch wenn sich die Menschheit dieses Zusammenhangs gewöhnlich nicht bewusst ist, werden sich jene Aspiranten, die die Lehren studieren, die dieses Wissen beinhalten, ihrer intellektuell bewusst. Nach und nach lernen sie, diese machtvollen Naturprozesse zu verstehen und sogar an ihnen teilzuhaben. Wenn sie – was durchaus möglich ist – in direkte persönliche Beziehung zu einem Adept-Meister treten, so erlernen sie allmählich nicht nur die Methoden, nach denen die Interaktionen stattfinden, sondern auch, mit diesen in Harmonie zu leben. Sie lernen, wie man in Erfüllung der Lebensprozesse und der Aufgaben, die ein Meister aufzeigt, kosmische Verbindungen nutzt. Wenn man durch die Grade der Größeren Mysterien fortschreitet, wird die Wahrnehmung und die Teilnahme an dieser interplanetarischen und interstellaren Kommunikation immer bewusster. Nach und nach lernt man die eigentlichen Teile in den menschlichen Bewusstseinsträgern kennen – zunächst theoretisch; später wird dieses Wissen immer unmittelbarer und tritt ganz bewusst in Funktion.

Der Adept unterscheidet sich von den Durchschnittsmenschen darin, dass er oder sie in seinem Bewusstsein nicht mehr auf die planetarische Heimat beschränkt ist. Seine Wahrnehmung der überphysischen Ebenen, von denen er selbst und sein Planet durchdrungen und umgeben sind, erweitert ungemein die Reichweite seines Bewusstseins. Daraus folgt, dass er gelernt hat, mit Absicht und wissenschaftlicher Genauigkeit mit Intelligenzen in Beziehung zu treten, die sich auf diesen Ebenen und Regionen befinden, auf sie einzugehen und mit ihnen zunehmend zusammenzuarbeiten. Tatsächlich hat der Adept den Radius normaler Wahrnehmung so weit hinter sich gelassen, dass er die Beschränkungen des Planeten, auf dem er sich entwickelte und zum Adepten wurde, überwunden hat. In anderen Worten: Er wurde universalisiert. Dieser Prozess begann, so kann man sagen, mit der

Zulassung zu den Größeren Mysterien, entweder als deren materielle Institutionen oder als Bewusstseinszustände.

Der primitive Mensch beobachtete interessiert den Mond, die Planeten und die Sterne. Der entwickelte Mensch wird zum Astronomen. Der Schüler beginnt – besonders nachdem er die Grade der Großen Initiationen durchschritten hat – sich immer stärker der Einflüsse, Kräfte und Intelligenzen bewusst zu werden, die mit diesen außerplanetarischen Körpern verbunden sind. Dies ist in der Tat ein Ergebnis seiner Aufnahme und seines Fortschreitens im System der okkulten Ausbildung und der Förderung, die seit Urzeiten auf diesem Planeten stattgefunden hat. Direkte okkulte Schulung unter einem Adept-Lehrer ist eine Erweiterung der Ausbildungsgänge, die weit über das hinausgehen, was in normalen Bildungseinrichtungen, wie fortschrittlich diese auch sein mögen, praktiziert wird. Man könnte es in Wahrheit als eine fortschreitende Bewusstseinsausdehnung über das bekannte Physische, Psychologische und Spirituelle hinaus beschreiben, hin zu erweiterten Zuständen, Phänomenen und Kräften. Daher wird der Schüler mit fortschreitender okkulter Schulung immer mehr seiner Umgebung gewahr und reagiert bewusst darauf, einschließlich zunehmender Entfernung, Subtilität oder Verfeinerung der Kräfte und ihrer Wellenlängen. In Wirklichkeit haben diese schon immer auf und innerhalb aller Glieder des Menschengeschlechts gewirkt – in der Tat auf das Leben und die Lebensfunktionen in allen organischen Formen. Der Eingeweihte wird sich jedoch immer stärker dieses gegenseitigen Austausches bewusst; der Begriff „gegenseitiger Austausch" wurde mit Absicht gewählt, denn in allen Organismen ereignen sich Reaktionen auf die Einflüsse, die sie von außen treffen.

Es mag erlaubt sein, einige Beispiele dieses ausgedehnten wechselseitigen Austausches anzuführen, zumal einige von ihnen bereits beschrieben wurden. Erklärungen der Entsprechungen zwischen den Bewusstseinsträgern des Menschen und den ihn umgebenden entsprechenden Ebenen der Natur fußen auf der Idee, dass diese von intelligenten Wesen bewohnt werden. Hoch entwickelte Intelligenzen – weit höher entwickelt als der durchschnittliche Mensch – sind die Regenten des Weltenraumes, der von materiellen Planeten und Sternen erfüllt ist. Das ist ungefähr so, wie die Luft die Menschenwesen umgibt, die bewusst in dieser Luft leben und von ihr in ihrem Erhalt abhängig sind. Allerdings ist das eine grobe Analogie, die nur teilweise zutrifft. Ein direkterer und anschaulicherer Vergleich (der Beziehung zwischen dem Menschen – physisch, intellektuell und spirituell – und dem Universum, in dem er existiert), ist der eines Radiosenders und -empfängers. Beide sind so gebaut, dass sie auf vielen verschiedenen Wellenlängen funktionieren können. Diese menschliche „Station" funktioniert nicht nur auf vielen Wellenlängen – jedes physische Organ hat z. B. seine eigenen Frequenzen – sondern auch auf verschiedenen Graden stofflicher Dichte, vom dichten Mineral (besonders Edelsteine und Metalle) bis hin zur verfeinertsten und subtilsten Substanz, aus der sowohl die Bewusstseinsträger des Menschen als auch die des Universums bestehen. Daher kann der Mensch vom Physischen bis hin zum Spirituellen, von der gröbsten Stofflichkeit bis hin zur höchst spiritualisierten Substanz als Sender- und Empfangsstation auf unendlich vielen Wellenlängen auf jeder der oben erwähnten Ebenen operieren. Es ist sein Monaden-Ego, das, in Begriffen des Bewusstseins, Sender und Empfänger ist.

Tabellen über die Entsprechungen
zwischen Teilen des Menschen und des Universums:

„Das Universum ist ein Mensch im großen Maßstab"

Die Tabellen sind senkrecht zu lesen. Alle Teile des Universums
und des Menschen in derselben vertikalen Spalte
stehen in wechselseitiger Resonanz.

TEILE DES UNIVERSUMS

Farben des Spektrums	Rot	Orange	Gelb	Grün	Blau	Indigo	Violett
Tonleiter	Do	Re	Mi	Fa	So	La	Ti
Metalle	Eisen	Gold	Quecksilber	Blei	Zinn	Kupfer	Silber
Die Silben des Mantras – Om mani padme hum	Me	Ganzes Mantra	Ma	Pad	Ganzes Mantra	Ni	Om (Ātma) Hum (physisch)
Tierkreis-zeichen	Scorpius (Skorpion) Aries (Widder)	Leo (Löwe) Paramâtma	Pisces (Fische) Virgo (Jungfrau) Gemini (Zwillinge)	Capricornus (Steinbock)	Sagittarius (Schütze)	Libra (Waage) Taurus (Stier)	Aquarius (Wassermann) Cancer (Krebs)
Planeten	Mars	Sonne	Neptun Merkur	Saturn	Jupiter	Venus	Uranus Mond

Menschliche Prinzipien und Ebenen	Astral	Prāna – ätherisch	Buddhi	Manas II (Niederes Manas)	Aurische Hülle?	Manas I (Höheres Manas)	Ātma – Ätherisch und Physisch
Sinne	Schmecken	Hellsehen und Intuition	Berühren	Sehen	allgemein	Hören	Hellhören und Riechen
Elemente bzgl. menschlicher Prinzipien u. Sinne	Wasser	noch latent	Luft	Feuer	noch latent	Feuer	Akasha Erde
Chakras	Sonnengeflecht	Milz	Zirbeldrüse	Hals Herz	Antahkarāna Verbindungsbrücke	Hypophyse	Scheitel-Chakra Sakral-Chakra
Energieleitbahnen (Nadis)	Samana	Vyana	Ida	Udana	Allgemein	Pingala	Apana Prāna
Gewebe	Flüssigkeiten	Ätherisches Doppel	Flüssigkeiten	Gehirn	Haut	Cerebro Spinal	Skelett
Drüsen	Epigastrium	Milz	Zirbeldrüse	Schilddrüse	Allgemein	Hypophyse	Schädel Steißbein
Embryo	Allantois (Embryonale Harnblase)	Albuminöse Flüssigkeit	Amniotische Flüssigkeit (Fruchtwasser)	Dottersack (Fruchtblase)	Chorion (Zottenhaut, Embryonale Hülle)	Amnion (Eihaut)	Embryo
Öffnungen im Kopf	Linkes Ohr	Rechtes Nasenloch	Rechtes Auge	Thymus Rechtes Ohr	Linkes Nasenloch	Linkes Auge	Mund

Strahlen und Eigenschaften	Verehrer Opferliebe Treue Martyrium (6. Strahl)	Quelle und Synthese von allem – Logos und Monade (7. Strahl)	Lehrer Weisheit Universale Liebe (2. Strahl)	Wissen- schaftler Logik Mentale Schärfe und Genauigkeit (5. Strahl)	Künstler Wahrnehmung und Darstellung von Schönheit Mediation (Vermittlung zw. ideeller und konkreter Ebene) (4. Strahl)	Philosoph Verständnis Flexibilität Organi- sationen (3. Strahl)	Anführer Zeremonialist Wille Magie (1. und 7. Strahl)
Edelstein	Rubin	alle	Saphir	Topas	Jaspis	Smaragd	Diamant Amethyst
Kunst	Architektur	alle	Musik	Malerei	Oper Synthese	Literatur	Tanz (Ātma) Bildhauerkunst (physisch)
Charakter-istische Wirkungs-weise „Magie“	Hingabe	entspricht keinem einzelnen Temperament	Raja Yoga	Alchemie	Anziehungs- kraft Charme	Astrologie Magnetische Kräfte	Wille Ritual Hatha-Yoga
Heilmethode	Glaube	pranisch und magnetisch	Anrufung von Buddhi	Medikamente Chirurgie Psycho- somatik	Harmoni- sierung	Verstehen der Ursache Anrufung um Hilfe	Mantras, Engel Naturheil- verfahren Massage, Talismane
Symbole		Sieben Strahlen 					1.Strahl, 7. Strahl 
Religion	Christentum Islam	Sonnen- anbetung	Buddhismus	Zoroastrismus Ägyptisch	Freimaurerei Orphisch	Chaldäisch	Hinduismus Zeremonielle Aspekte aller

Es gibt andere Sender und Empfänger einschließlich der Sonne, des Mondes und der Körper der Sterne mit ihren überphysischen Entsprechungen und den Intelligenzen, für die sie der Mittelpunkt der Aktivitäten sind. Man könnte vielleicht die Sonne als Beispiel zur Veranschaulichung dieses Zustandes heranziehen, der in der ganzen Natur gilt. Die Sinne des Sehens und des Berührens, basierend auf Organen, die aus physischen Zellen zusammengesetzt sind, befähigen den Menschen, wenn auch unvollständig, die physische Sonne wahrzunehmen. Der feinste, subtilste, spirituellste Träger oder das Prinzip des Selbstausdrucks des Menschen, im Sanskrit als Ātma bekannt, schwingt seinerseits in Sympathie oder wechselseitigen Frequenzen mit dem atmischen Aspekt des sichtbaren solaren Himmelskörpers, den man als spirituelle Sonne bezeichnen könnte. Auch jedes menschliche Wesen schwingt in Sympathie und Kontakt mit der Sonne auf jeder Zwischenstufe, vom reinsten Geistigen bis hin zur dichtesten physischen Materie. Sogar auf den physischen Ebenen menschlicher und solarer Existenz ist ein radioähnlicher, superphysischer Austausch wahrnehmbar. Zwischen der Sonne und einem Menschen besteht ein ständiger Austausch, seit der allerersten solaren Manifestation und der ersten menschlichen Verkörperung in einem physischen Körper. Mensch und Sonne sind sogar auf den Ebenen wechselseitig verbunden, die als die formlosen (oder *arūpa*) Welten bekannt sind – und zwar bei jenen Menschen, in denen abstrakte Intelligenz, Intuition, und spiritueller Wille in Funktion sind und die ausreichend entwickelt sind, um dies möglich zu machen.

Auf diesen höheren Ebenen schrumpft die Vorstellung der getrennten Existenzen von Mensch und Sonne auf Null zusammen. Insbesondere hier existieren Mensch und Sonne als aufs Engste koordinierte Teile *einer Einheit* – was dem Gedanken- und Geist-Aspekt der ganzen Natur entspricht. In seinem physischen Körper kennt der Mensch nur die physische Sonne, ihre Wirkung auf ihn und seine Reaktionen. In seiner spirituellen Natur und ihren Bewusstseinsträgern wird er sich jedoch der Wahrheit dieser Einheit zwischen ihnen immer vollständiger und tiefgründiger bewusst, je weiter seine Evolution fortschreitet. Da dieses Wissen, wenn es vollständig verstanden und einsetzbar geworden ist, und denen, die es empfangen, Macht verleihen kann, werden die tieferen Bedeutungen nur in der gesicherten Geheimhaltung von Mysterientempeln enthüllt.

Regierungen setzen Repräsentanten ein, unterhalten z. B. Gesandte oder Konsuln in jenen Ländern, mit denen sie in Beziehung stehen. So unterhält auch die individuelle Natur des Menschen oder die Gesamtheit seiner in Funktion befindlichen Bewusstseinsträger das, was man gleichsam als Botschafter oder konsularische Repräsentationen der wichtigsten sogenannten Himmelskörper beschreiben könnte, die sich, physisch gesehen, außerhalb von ihm befinden. Das ganze Universum – Planeten, Sterne oder Tierkreiszeichen – hat seine Repräsentanten innerhalb der Konstitution des Menschen, physisch, intellektuell und spirituell.[140] Diese Zentren sind alle in den physischen und feinstofflichen Körpern entsprechend platziert, an Stellen, an denen die Stofflichkeit in denselben oder harmonischen Frequenzen schwingt. Der Planet Venus z. B., manchmal „Abendstern“ genannt, funktioniert oder besser, sendet und empfängt auf Wellenlängen, die mit denen des Frontalgehirns übereinstimmen, besonders mit der Hypophyse. Dieses Organ besteht aus dem Vorderlappen, der Pars intermedia und dem Hinterlappen, zusammen mit der zellularen Substanz, die diese vereinigt. Jeder der beiden Lappen enthält Präsenzen, gleich „Botschaftern“, für die zwei entsprechenden Tierkreiszeichen, nämlich Stier und Waage.

Der Austausch zwischen Bereichen innerhalb des Menschen und denen außerhalb von ihm im Raum geschieht durch das Bewusstsein der Erzengel, das spezifischen Frequenzen angehört. Der Schwingungsaustausch zwischen Mensch und Universum jedoch ist eher vital als materiell und betrifft das eine, alles durchdringende Lebensprinzip, wenngleich dies auf spezifischen Frequenzgruppen vibriert. Die Beziehungen zwischen jedem Menschenwesen und außerplanetarischen Körpern sind weit eher Aktionen des Bewusstseins als der Materie und werden durch vibratorische Sympathie bestimmt, was jedem Adepten bekannt ist.[141]

---

140 Dieses Wissen ist Teil einer Wissenschaft, deren Enthüllung in neuerer Zeit durch Veröffentlichungen der Theosophischen Gesellschaft erfolgte, insbesondere jenen, die auf den Schriften von H. P. Blavatsky basieren.

141 Vgl. Geoffrey Hodson, *Die Engel und die Entwicklung des Lebens*, Aquamarin Verlag, Grafing 2004.

30

DAS BEWUSSTSEIN DES EINGEWEIHTEN

Die Erfahrung spiritueller Einheit – Im Ozean der Lebensessenz – Heraus aus dem Grab der Getrenntheit – Der Initiationsvorgang – Die Bewusstseinserweiterung nur erfahrbar, nicht beschreibbar – Transzendenz von Zeit und Raum – Das innerste Selbst – Licht der Monade (Ātma) – Gründe der Geheimhaltung – Schwierige Verbindung der unterschiedlichen Bewusstseinsebenen – Freiheit vom Rad der Wiedergeburt – „Wanderer der Himmel".

Die Zeremonien der Kleineren und Größeren Mysterien in alten Zeiten sowie deren wahre und gültige Entsprechungen in moderner Zeit waren und sind immer noch dazu bestimmt, eine Änderung im Denken des Menschen über sich selbst als einem getrennten Individuum herbeizuführen. Wie fast universal in der spirituellen und philosophischen Literatur der Welt bestätigt, ist jedes Menschenwesen in seinem innersten Selbst mit jedem anderen engstens verbunden. Auf dieser Ebene seines Seins kann niemand in Wahrheit als getrennte Einheit, als eine Einzelidentität, beschrieben werden, denn, wie deutlich die Unterschiede auf der Ebene des sterblichen Menschen auch sein mögen, im Inneren jedes Einzelnen ist der Geist derselbe, eine Essenz, an der alle in gleicher Weise teilhaben.

Tatsächlich ist dieselbe identische Lebensessenz in der ganzen Natur immanent oder verkörpert – nichts existiert ohne diese innewohnende Gegenwart als deren wahrhafte Realität. Der an Religion Orientierte spricht vom „göttlichen Selbst", der göttlichen Gegenwart und dem Göttlichen, das in allem und überall existiert. Der in dieser Weise erleuchtete Philosoph nimmt wahr und lehrt ein immerwährendes zeitloses Prinzip, das unbegrenzt ist durch die normalen Betrachtungen des Räumlichen, und das sich als Grundlage durch die ganze Natur zieht. Obwohl anfangs fast gänzlich theoretisch, wird diese fundamentale Wahrheit nach und nach, sobald das spirituelle Erwachen beginnt, mit Interesse betrachtet. Wenn der Prozess innerer Spiritualisierung angegangen wird und fortschreitet, wird das, was bis jetzt Theorie war, immer mehr und immer tiefgründiger als Tatsache der Natur, sogar als ein Gesetz des Lebens gesehen. Schließlich, wenn der Pfad der Wahrheitssuche mit Entschiedenheit und Konsequenz verfolgt wird, wird die Tatsache der spirituellen Einheit mit jedem anderen Menschen zum Grundprinzip, zur grundsätzlichen Wahrheit. Regelmäßige Kontemplation darüber vertieft das Verstehen.

Auf der Entwicklungsstufe, auf der die erste der großen Initiationen im Tempel der Größeren Mysterien – materiell oder immateriell – stattfindet, werden Theorie und intellektuell angenommene Idee zur tatsächlich erkannten lebendigen Wahrheit. Wie mystische Schriften bestätigen, weitet sich dieses Verstehen oder eher das vollständige Erkennen so sehr, dass es unmittelbares Wissen aus innerer Erleuchtung umfasst. Kausales Bewusstsein[142] – also Bewusstsein auf der Stufe, auf der das reinkarnierende Ego lebt, zeigt, dass das spirituelle Selbst des Menschen trotz der missverständlichen Bezeichnung (Selbst) vollständig frei ist von der illusorischen Vorstellung, dass man getrennt und verschieden von allen anderen ist. Ganz im Gegenteil: Die innere Individualität kann sich eine Existenz im Zustand des Getrenntseins im rein menschlichen Sinne überhaupt nicht vorstellen. Die spirituelle Seele ist weit von dem Gedanken entfernt, dass in der Natur der Dinge Unterschiede, Spaltungen und daher Abtrennungen sein könnten. Alles ist eins und eins ist alles auf den formlosen Ebenen der Wahrnehmung – im Sanskrit den *Arūpa*-Welten[143]. Eine immerwährende „instinktmäßige" Erfahrung des Einsseins mit allem und die fortwährende Erfahrung, dass es niemand anderes gibt außer dem Selbst, sind charakteristisch für den Bewusstseinszustand, in welchem das menschliche [spirituelle] Ego lebt. Unsterbliches und ewig dauerndes Sein und eine allumfassende universelle Identität sind vollkommen

142 Kausales Bewusstsein: Bewusstsein der unsterblichen Seele jenseits von Geburt und Tod (Höheres Selbst). [Hrsg.]
143 *Arūpa* (sanskr.): Formlos, nicht durch Form begrenzt. [Hrsg.]

natürlich auf allen Wahrnehmungsebenen „oberhalb" des begrifflichen Denkens.

Der Initiationsritus wird hauptsächlich, aber nicht nur deswegen so gestaltet und durchgeführt, um die Erfahrung der Einheit und Identität der einen, universalen, spirituellen Macht und des einen Lebens in allen Menschenwesen zu vertiefen. Wenn das Zeremoniell ausgeführt wird – entweder auf überphysischen oder physischen Ebenen, wenn es die Befreiung des spirituellen Selbst vom Körper miteinschließt –, wird das innere Selbst eingeweiht durch das Erfahren eines derart tiefen Untertauchens in den unendlichen Ozean planetarischer und solarer Lebensessenz, dass die Existenz als Einzelwesen verschwindet. Der Eingeweihte ist „ertrunken" oder vollständig in dem einen unteilbaren Ozean des Lebens aufgegangen.

Die unmittelbarere Entdeckung, die auf den Durchgang durch den Ritus der Initiation in den Größeren Mysterien folgt, besteht in der direkten Erfahrung der wahren Natur des Menschen und daher des Eingeweihten selbst. Bildlich gesprochen ist er völlig über das, was bis dahin als sein normales Selbst gegolten hat, die unerleuchtete Person, hinausgehoben. Nach und nach wird das Bewusstsein des Kandidaten von der Illusion des Andersseins befreit. Schließlich wird das Gehirn kurzzeitig zum Aussetzen gebracht, sodass die Wahrnehmung frei von aller Komplexität ist, die aus dem Erleben der Getrenntheit stammt. Das Eine ist alldurchdringend und ohne Abgrenzungen. Dies ist die große Entdeckung, die das Denken des glücklich in die Größeren Mysterien Eingeweihten erleuchtet. Mit anderen Worten: Er verschwindet, wie er sich in der Form und physisch gekannt hat; die Illusion des Getrenntseins war wie ein Grab, aus dem er bei der Initiation aufersteht.

Dies übersteigt so vollständig alle gewohnten Erfahrungen und Bewusstseinszustände, dass das Zentrum der Orientierung und des Denkens ernsthaft eine, wenn auch nur zeitweise Störung erleiden kann. Dies ist teilweise oder gänzlich der Grund, warum alle Vorgänge von dem, was mit Recht *Die Mysterien* genannt wird, streng geheim gehalten werden. Diese Geheimhaltung schließt die Öffentlichkeit aus, nicht nur, was die beschriebene Erfahrung betrifft, sondern auch die Art, wie der Einzuweihende dafür vorbereitet, darauf zugeführt und wie ihm die zutiefst mystische Erleuchtung zuteilwird. So wird all dies und dessen Früchte in der menschlichen Wahrnehmung immer geheim bleiben, bis jene zukünftige Zeit angebrochen ist, in der die Einheit mit einem gänzlich formlosen, ewig existierenden Prinzip langsam normal wird, wie es eines Tages auch geschehen wird.

Bei der Rückkehr in den Körper, und so der in Form gezwängten Bedingung allen Lebens bewusst, könnte das Zentrum des Bewusstseins gestört und durcheinandergebracht werden, besonders, wenn die Veränderung zu abrupt geschieht. Es kann dazu kommen, dass der Geist zwischen den beiden Zuständen hin und her wandert, was man als „doppelte Wahrnehmung" bezeichnen könnte, und das ist tatsächlich eine der Gefahren, die angesprochen wurden und gegen die der Neuinitiierte geschützt werden muss. So eine doppelte Wahrnehmung könnte einen Zustand erzeugen, der an mentale Verwirrung grenzt. Das ist einer der Gründe für die extreme Geheimhaltung, die das Eintreten in den transzendenten Zustand, seine Abläufe und Ergebnisse umschließt.

Die Zustände der Welt ändern sich und genauso der Wahrnehmungszustand des Menschen, die Entwicklungen seines Gehirns und die Sensibilität seiner Nerven. Folglich könnte es nicht mehr absolut nötig sein, den ganzen Initiationsritus in Gegenwart des körperlichen Selbst durchzuführen. Dieses kann ganz natürlich in seinem eigenen Land einschlafen, während sich das innere Selbst daraus zurückzieht und somit frei ist, in tief spirituelle Zustände einzugehen, ob unbewusst oder bewusst, ob der Körper schläft oder wacht. Die wahre Initiation wird von der spirituellen Einheit aufgenommen und erfahren, die der unsterbliche Bewohner des physischen Körpers während des Wachzustandes ist. Es ist das innerste Selbst in seinen feineren Bewusstseinsträgern, besonders dem Kausalkörper, der am unmittelbarsten involviert ist.

Die einander folgenden sterblichen Persönlichkeiten leben unter der Herrschaft der Zeit mit der Einteilung in Vergangenheit, Gegenwart und Zukunft und den Erfahrungen aufeinanderfolgenden Sterbens und Vergessens und neuer Geburten ohne Erinnerung. Keine derartigen Beschränkungen lähmen jedoch die Wahrnehmung des inneren sich inkarnierenden Selbst. In ihm kann Vergessen und Erinnern keinen Raum haben, ebenso wenig wie Schlaf, Traum oder Wiedergeburt, da das Leben in ungebrochener Realisierung weitergeht, praktisch zeitfrei und sogar zeitlos.

Da nun der Tempel betreten wurde und das Tor hinter dem zu Initiierenden für immer geschlossen ist, beginnt eine seltsame Erfahrung. Beschrieben werden könnte dies als „Wissen ohne Denken“, Wahrnehmen ohne Sehen, Existenz ohne irgendwelche räumlichen Grenzen; der Kompass, nun bedeutungslos, ist zurückgelassen worden. In anderen Worten: Das Bewusstsein des Eingeweihten des erforderlichen Grades ist durch einen Zustand charakterisiert, der als [tiefste] „Innerlichkeit“ beschrieben werden kann.

In diesen Phasen tiefen inneren Gewahrseins verschwindet die äußere Welt, einschließlich der vertrauten Umgebungen; denn deren Phänomene leiten sich von der normalen Sinneserfahrung und dem objektiven logischen Denken über die Prozesse des Lebens ab. Solche Prozesse befinden sich alle innerhalb von Raum und Zeit und werden nun als nicht mehr existent erkannt. Dieser Gedanke dürfte anfangs schwierig zu verstehen sein. Aber letztendlich kann der Gehirnverstand an diesem Wahrnehmungsprozess teilhaben, ohne dass durch die Erfordernisse der fortlaufenden Zeit und des dreidimensionalen Raumes eine Störung eintritt. Anders ausgedrückt: Gehirnwahrnehmung vermischt sich mehr und mehr mit geistiger Selbstwahrnehmung und nimmt immer stärker daran teil. Solche Transzendenz der normalen Eigenschaften von Zeit und Raum ist eines der Resultate, der gewonnenen Früchte, die durch den Durchgang durch die Einweihungsriten und ebenso durch erfolgreiche Yoga-Praxis errungen werden.

Natürlich ist es sehr schwer, wenn nicht gar unmöglich, dies ständig aufrechtzuerhalten angesichts fortlaufender Sekunden, Stunden und Tage und der Notwendigkeit, sich nach den alles beherrschenden Bedingungen des Raumes, rechts, links, vorwärts oder rückwärts, zu richten. Selbstverständlich wird das normale Bewusstsein am Ende von *Samādhi*[144] wieder aufgenommen – man muss die Notwendigkeiten der physischen Existenz wieder in Betracht ziehen und sich damit auseinandersetzen. Wenn der Geist im Gehirn tätig ist, kann er nicht

---

144 Ein nicht-dualistischer Bewusstseinszustand, in dem das Bewusstsein des erfahrenden „Subjekts“ mit dem erfahrenen „Objekt“ eins wird (*Lexikon der östlichen Weisheitslehren*). [Hrsg.]

gleichzeitig Ideen von raum- und zeitloser Existenz erfassen und aufnehmen.

Nichtsdestoweniger ist es von allergrößter Wichtigkeit, dass der Gehirnverstand fähig wird, sich Unabhängigkeit von der Zeit vorzustellen, auch wenn er dies nicht voll abschätzen und erleben kann. Das Bewusstsein im Gehirn muss sich unbedingt des Menschen jenseits des Gehirns und seines Benutzers bewusst werden, denn dieses innere Erkennen erleuchtet, prüft und leitet dann das Leben des Menschen im physischen Körper. Im Inneren jedoch steht zu solchen Zeiten und während solcher Erfahrungen, wie oben beschrieben, das persönliche Leben selbst still. Ganz ohne bewusste Anstrengung welcher Art auch immer – diese gibt es nicht mehr – ist dann das Wenn, Warum, Wo und Wie aller Geschöpfe und aller Dinge bekannt. Dies ist keinesfalls das Ergebnis von Verstehen durch Erhellung mittels logischen Denkens, sondern ganz und gar ein Zustand des Allwissens ohne die geringste intellektuelle Aktivität irgendwelcher Art.

Das ist der Zustand im Yoga, der als „Erkenntnis in Stille" beschrieben werden kann. Da dies praktisch eine widersprüchliche Formulierung ist, ruft der Versuch einer Beschreibung des Bewusstseins im Allerheiligsten entweder Ablehnung oder Missverständnis hervor. Als Antwort lässt sich nur sagen, dass die Lösung allein denen vorbehalten ist, die selber Zugang zum „Gewahrsein in Stille" gefunden haben. Tatsächlich läuft eine solche Erfahrung wirklich jeder Idee, die mit bewusster Existenz im Laufe weiter Perioden von zeit- und raumbedingten Existenzen verbunden ist, entgegen, was normal ist – und in der Tat sein muss.

Auf die Fähigkeit der Erkenntnis in Stille ist aus wenigstens zwei Gründen hingewiesen worden. Erstens: In der Zukunft, auf die sich die Menschheit recht schnell zubewegt, wird der beschriebene Zustand normal werden. Zweitens: Von jenen, die darauf ansprechen, kann die Erfahrung sogar jetzt noch in dieser gegenwärtigen Zeit menschlicher Evolution angegangen werden. Zugegeben, Angaben zu solch fortgeschrittenen Zuständen gänzlich inneren Gewahrseins – das Gegenteil von Ich-Bezogenheit – sind zuvor schon gemacht worden. Trotzdem ist zu hoffen, dass diese Wiederholung dem Leser oder der Leserin den Anstoß gibt, diesen Zustand zum frühestmöglichen Zeitpunkt zu erreichen. Dieser erleuchtete Zustand stiller Wahrnehmung darf als einer der Gründe gesehen werden für die wiederholten Hinweise auf die fortgeschritteneren Phasen menschlicher Evolution und auf die Bewusstseinszustände, von denen sie begleitet werden. Der Eintritt in diese transzendente Erfahrung soll sozusagen von innen heraus die glühende, jedoch rein intuitive Entschlossenheit wecken, die Zukunft so bald wie möglich Gegenwart werden zu lassen. Genau diese Erfahrung – ob Bekehrung oder inneres Erwachen genannt – ist wichtig, sowohl wenn sie stattfindet, als auch, wenn man ihr nachfolgt, und sie ist von allergrößter spiritueller Bedeutung für die Zukunft. Daher der Ausruf großer Lehrer:

„Erhebt Euch und erwacht zu dem, was ihr in Wahrheit seid."

Wenn gegen Ende der Zeremonie der Hierophant den Eingeweihten in den physischen Körper zurückruft, überdecken die Beschränkungen des Gehirnverstands teilweise, wenn auch nicht ganz, das wache Bewusstsein. Die Erinnerung bleibt jedoch, sodass der Eingeweihte, während er auf Erden unter irdischen Erscheinungen wandelt, weder vergisst noch den erleuchteten Zustand immerwährenden Einsseins und ewiger Unsterblichkeit gänzlich verliert. Um das zu bewahren, ist eine besondere Art von Selbst-Training und Meditation von großer, wenn nicht größter Wichtigkeit für diejenigen, die vom Thyrsus berührt wurden – sei es mystisch oder während eines offiziellen Tempelritus. Dies wird durch das Wort *Er-innerung* angedeutet und es beinhaltet, dass es zur festen Gewohnheit werden muss, regelmäßig mystische Erfahrungen und enthüllte Wahrheiten wachzurufen. Wie groß auch immer die Notwendigkeiten, Anforderungen und Interessen des äußeren weltlichen Lebens sein mögen, nichts Äußeres darf je wieder *gänzlich* die Aufmerksamkeit auf sich ziehen. Die Welt mit ihren Verpflichtungen und Attraktionen darf niemals wieder das Denken so überfluten, dass das innere Licht und dessen Tragweite jemals in Vergessenheit geraten könnten. Immer muss das Licht, das angezündet wurde, sozusagen im Hinterkopf „glühen und scheinen", sei es spontan während des Meditierens oder während eines gültigen Initiationsritus. Gotteserinnerung, Selbsterinnerung und intuitiv erkanntes Einssein mit allem dürfen niemals ganz aufhören.

Angemessenes Befassen mit persönlichen Verantwortlichkeiten, intensive Konzentration auf geistige oder physische Arbeit und sogar der

Stress extremer körperlicher Tätigkeit müssen immer mit der Erinnerung an intuitiv wahrgenommene Wahrheiten zusammengehen. Wie weit und wie tief auch dieses Wissen zu gewissen Zeiten in den Hintergrund treten kann – durch Üben kann es zurückgebracht werden – so schwierig dies auch scheinen mag und zugegebenermaßen auch ist. Für die wahrhaft Erleuchteten scheint „das Licht, das nie über Meer und Land schien" von selbst im Herzen und Geist dessen, der voller Hingabe nach diesem Licht sucht. Bei Gelegenheit wird die innere Erfahrung von selbst das Bewusstsein überfluten und erleuchten. Das verhindert in der Tat nicht, die volle Aufmerksamkeit jedweden Aufgaben im Leben zu schenken, die erfüllt werden müssen.

Von welcher Art, könnte man fragen, ist dieses sogenannte „Licht"? Natürlich gleicht es keinem irdischen Licht, schon deshalb nicht, weil es von einer bestimmten Quelle unabhängig ist, ob nun von der Sonne am Himmel oder von der Lampe auf Erden. Diese Lichtfülle muss natürlich ihre Quelle haben, auch wenn sie, so rätselhaft es scheinen mag, an keinem Ort festzumachen, also unbeschränkt ist. Tatsächlich hat das spirituelle Licht, im Gegensatz zum physischen Gehirnverstand, der davon bestrahlt wird, einen inneren Ursprung und leuchtet immerfort. Dies ist das Leuchten aus dem reinsten Geist-Selbst des Menschen, der Monade.

Unter anderem tragen zwei Umstände zur menschlichen Erfahrung der inneren Erleuchtung bei. Einer davon ist das Wachstum der Seele dergestalt, dass Geist und Gehirn auf das innewohnende Selbst antworten können. Diese Empfänglichkeit ist schon früher beschrieben worden sowie Methoden, wodurch diese erreicht und erweitert werden kann. Hier darf noch einmal daran erinnert werden, dass diese Fähigkeit zur Antwort unmittelbarer erlangt werden kann durch ganz regelmäßige Kontemplation der göttlichen Gegenwart im Inneren. Der Verwirklichung kann durch Bejahung der Identität mit dieser göttlichen Präsenz nachgeholfen werden, indem man den „magischen" Satz anwendet: „Ich bin DAS, DAS bin ich".

Die Möglichkeiten innerer Erleuchtung und geistiger Erstarkung, erreichbar durch diese Methode, sind fast grenzenlos. Alle, die regelmäßig den Yoga bewusster Selbstidentifizierung mit dem universalen, spirituellen Licht und dem höchsten Herrn des Lichtes üben, und deren tägliches Leben so weit wie möglich in Harmonie mit diesem hohen Ziel ist, werden nicht nur ihre eigene Evolution beschleunigen, sondern auch den Eintritt in den erleuchteten Zustand der ganzen Menschheit vorantreiben. Wie schon beschrieben, berührt diese absolute Sicherheit, die auf direktem Wissen und fortschreitender Erfahrung beruht, auf verschiedene Art jeden anderen menschlichen Reisenden, der über dieselben Wasser des Lebens reist und denselben Hindernissen und Schwierigkeiten begegnet. Ob physisch der Ermutigung, der stärkenden Unterstützung und inneren Überzeugung bewusst oder nicht (wie bei den meisten). Jeder und jede empfängt instinktiv, auch wenn nur leicht, einen Schub oder den Drang, weiterzugehen durch alle Zweifel und Gefahren, die von einer Karma-beherrschten Existenz nicht zu trennen sind.

Männer und Frauen, die den Ruf von den Höhen der Entwicklung gefühlt und darauf geantwortet haben, werden dem Grad ihrer Bemühung gemäß unterstützt durch das, was jeder einzelne Angehörige des Menschengeschlechts erreicht hat. So werden sie erhoben, auch wenn sie sich der Neu-Befreiten oder irgendeines Fortgeschritteneren, der bereits am Ziel angekommen ist, gar nicht bewusst sind.

Diese dauernd vor sich gehende Interaktion aller Menschen ist von nahezu unschätzbarer Bedeutung. Sie sollte ernsthaft in Betracht gezogen werden, besonders von jenen, die sich dem Pfad nähern oder ihn schon betreten haben, die das Tor des Tempels fanden und, bildlich gesprochen, den Außenhof beschreiten. Für diejenigen, die in den Tempel eingelassen wurden, am Altar der Einweihung niederknieten und die alles wandelnde Berührung des mystischen Thyrsus erhielten, ist die Beziehung zu allen anderen Mitmenschen wichtig; denn, wenn ein Kandidat am Altar kniet, um die Einweihung zu erhalten, kniet die ganze Menschheit mit ihm.

Diese Interaktion auf den Ebenen logischen Denkens, abstrakter Ideation und reinen Geistes ist, falls man diesen Begriff nutzen darf, so unmittelbar wie Elektrizität. Bei jedem weiteren Schritt, wird der Austausch intensiver und daher wirksamer. Die Menschheit als Ganzes bewegt sich vorwärts, wenn auch nur langsam, so wie jedes einzelne Menschenwesen auf jenem okkulten und spirituellen Pfad voranschreitet, der zum schneebedeckten Gipfel führt. Dieser spirituell stimulierende Austausch findet vom ersten Augenblick an statt, an dem der innere *Ruf zu den Höhen* erfahren wird. Daher seine nicht abzuschätzende große Wichtigkeit. Bis zur jetzigen Zeit hat sich jeder Eingeweihte dem normalen Evolutionsalter der Menschen vorausentwickelt. Er hat den Schritt beschleunigt, und der Schritt ist für ihn durch den Hierophanten beschleunigt worden. In dem, was man die historische Ära im weitesten Sinne nennen kann, erreicht er das, was für seine Mitmenschen erst in zukünftigen Zeitaltern normal sein wird, dann wenn spirituelles Bewusstsein auf ganz natürliche Weise erreicht wird.

Die Evolution des Menschen betrifft nicht nur die Entfaltung der spirituellen Seele, sondern umfasst auch die schrittweise Verbesserung der Träger des Denkens, Fühlens und der physischen Aktivität. Die Atome dieser Körper an sich machen ihre eigene Entwicklung durch und beeinflussen die Träger als Ganze. Wenn jedoch der kosmische, solare und planetare Prozess der Evolution eine gewisse Stufe oder Phase erreicht, dann ist die Notwendigkeit für eine weitere Wiederholung der Methode der Reinkarnation hinfällig. Der Eingeweihte eines gewissen Grades braucht nicht mehr wiedergeboren zu werden, es sei denn, er nimmt dies mit Absicht auf sich aus Fürsorge für seine Mitmenschen und für die Reiche unterhalb der Menschen. Gemäß dem bekannten buddhistischen Satz ist er „befreit vom Rad von Geburt und Tod". Weitere Entwicklungen sind unabhängig vom körperlichen Eingebundensein, und er wird, bildlich gesprochen, zum „Wanderer der Himmel"[145]. Solcherart ist eines Tages das Ziel für die ganze Menschheit.

---

145 *Khe-Chara* (Sanskr.): Eine der *Siddhis* oder psychospirituellen Kräfte, die von fortgeschrittenen Yogis erreicht werden.

31

VOM MENSCHEN ZUM ADEPTEN

Kennzeichen des Adepten – Latente okkulte und spirituelle Kräfte auf allen sieben Ebenen der Konstitution entwickelt und zur Aktivität gebracht – Christus-gleiches Erbarmen – Zwingender Wille, das schmerzerzeugende Verhalten der jüngeren Menschenbrüder zu verringern – Schwinden der „Ich-heit" und Erlöschen von Eigennutz – Körperlicher Tod als Symbol – Kräfte der Monade und des spirituellen Selbst – Zwei Pfade für den Adepten – Der Nirmānakāya-Adept.

Zwischen den sogenannten Männern und Frauen der Welt – den Menschen jeder Epoche auf Erden – und den spirituell entwickelten Menschenwesen besteht eine beträchtliche Kluft. Dieser evolutionäre Abstand und Unterschied zwischen beiden wird sichtbar in ihrem Charakter, ihrer Lebensweise und dem Grad okkulter und spiritueller Veränderungen, die sich in ihnen vollzogen haben. Der gewöhnliche Mensch ist in diesem Sinn gewissermaßen im Schlafzustand, es sei denn, eine Krise ruft heroische und fast übermenschliche Eigenschaften und Handlungen hervor. Im Adepten wurden alle okkulten Kräfte einschließlich Kundalini[146] auf allen sieben Ebenen vollständig erweckt, angeregt und zu größtmöglicher Aktivität gebracht. Der normale Prozess und natürliche Entwicklungen in diesen Richtungen sind überstiegen worden; durch hingebungsvolle Lebensweise und unermessliches Bemühen ist der für den Menschen festgelegte Höchststandard erreicht worden. Folglich wurde das Verstehen aller grundlegenden Prinzipien und bestehenden Gesetze erlangt. Erleuchtung dieser Art gipfelt in vollständiger und fortwährender Erkenntnis durch das gesamte Wesen des Eingeweihten.

146 Eine siebenfältige Kraft im Universum und im Menschen.

Die Erkenntnis der Identität mit dem innewohnenden [einen] Leben macht die Motive und ihre Verwirklichung im Handeln nicht nur in jeder Hinsicht menschenfreundlich, sondern auch – durch ihre Apotheose geprägt – zu Christus-gleichem Erbarmen. Jeder Adept ist von göttlichem Mitleid erfüllt. Die Erkenntnis innerster Zusammengehörigkeit – sogar Einheit – mit jedem anderen Menschenwesen führt zu einer tiefen Sorge um deren Wohl. Sie teilen die Leiden aller Männer, Frauen und Kinder und handeln entsprechend, um diesen zuvorzukommen und sie zu lindem, was natürlich wirksamer ist als ihre Fürsorge in der Zeit vor ihrer Adeptschaft.

Um, wenn auch nur teilweise, die Bedeutung, Erfahrung und Stellung eines Adepten in der Natur zu verstehen, muss ein Faktor unter anderen verstanden werden. Dieser ist, dass alles gegenläufige Karma in Beziehung zum Lebensprinzip ausgeglichen wurde. Zusätzlich ist ein sich immer vergrößerndes günstiges Karma angewachsen. In diesem Sinne ist der Adept ein Wesen, das sich selbst vom Druck karmischer Widrigkeiten befreit hat durch das, was man als „großzügige Wohltätigkeit" gegenüber Mitmenschen und allen empfindungsfähigen Wesen beschreiben kann. Folglich sind alle äußeren Umstände günstig für das allgemeine Wohl und die Erfüllung eines gewählten Ideals und Weges auf dem physischen Plan.

Eine Art und Weise, in der das besondere Potenzial und der daraus resultierende Einfluss des Adepten sichtbar wird, ist die, dass er jene Männer und Frauen inspiriert, die sich als empfänglich erwiesen haben, die Führungspositionen in den Belangen der Menschheit innehaben oder möglicherweise innehaben werden. Der Dienst des Adepten an der Menschheit ist weit weniger eine gewählte Weise zu leben als vielmehr das unausweichliche und fortwährende Ergebnis, das aus der Erfahrung der Einheit mit dem Lebensprinzip in allen Menschen erwächst. Die Adepten können daher in treffender Weise beschrieben werden als Verkörperungen des Willens zu helfen, ein Prozess, der einen sehr großen Teil ihres äußeren Lebens in Anspruch nimmt.

Adeptische Hilfe ist perfekt darauf abgestimmt, eine größtmögliche Wirksamkeit zu erzielen. Die Menschheit, der Kopf der Hierarchie der noch unvollkommenen, in Entwicklung begriffenen Wesen und Formen auf diesem Planeten, empfängt die umfangreichste Hilfe.

Dieser Dienst der Adepten ist immer darauf gerichtet, das schmerzerzeugende Verhalten des Menschen soweit wie möglich zu verringern und die Geschwindigkeit der innewohnenden Kräfte der Monade und des spirituellen Egos in ihrer Entfaltung zu beschleunigen[147]. Daher ist die gewährte Hilfe weit mehr auf diese beiden inneren Aspekte des menschlichen Lebens ausgerichtet als auf die Person in der physischen Inkarnation, in der die Aufnahmefähigkeit spiritueller Einflüsse möglicherweise auf ein Minimum beschränkt ist.

Es stimmt, wie geschichtlich überliefert, dass persönliche Besuche in physischer Form stattfinden, auch wenn sie zeitlich begrenzt sind. Ist Hingabe an den zwingenden inneren Willen, verbunden mit dem Streben zu dienen, das Motiv für die Existenz [auf Erden], nämlich um alle fühlenden Wesen vom Leiden zu befreien und ihnen ein immerwährendes Sein in Freude zu ermöglichen, dann wird ein überaus großer Weiser in der Welt der Menschen geboren. Ein Mahātmā[148], ein Christus oder Buddha, ein Sri Krishna oder ein anderer *Avatār*[149] erscheint in der Welt. Wer zu solcher Zeit inkarniert und weit genug entwickelt ist, um eine solche Manifestation aus Liebe geborener Weisheit und Erkenntnis wahrzunehmen und ihr zu folgen, hat davon großen Gewinn. Da solche avatārischen Erscheinungen unter natürlichen Gesetzen zeitlich und energetisch begrenzt sind, folgt diese Form adeptischen Dienstes an der Menschheit einem zyklischen Muster oder Plan. Weltgeschichtliche Epochen sind daher durch das Auftreten heiliger Menschen, Naturwissenschaftler und Philosophen gekennzeichnet, die weiter fortgeschritten sind, als es für die Menschheit ihrer Zeit normal war.

Die Zeit wirkt auf den zukünftigen Adepten in einer Weise, die vielleicht als „zeitfrei" beschrieben werden kann. In allen Wachstumsprozessen hat die Zukunft zwangsläufig einen Einfluss auf die immer fortschreitende Gegenwart. Mehr noch, wenn ein Menschenwesen sich

147 Grenzenlose evolutionäre Möglichkeiten und Kräfte, die der Monade innewohnen.

148 *Mahātmā* (sanskr.): Ein vervollkommnetes menschliches Wesen.

149 *Avatār* (sanskr.): „Er ist ein Herabsteigen der geoffenbarten Gottheit … in eine illusive Form von Individualität." *Die Geheimlehre,* H. P. Blavatsky, Bd. 3, S. 364. Hermes Trismegistus, Shri Krishna, Zoroaster, Orpheus und Jesus Christus sind Beispiele.

der Übermenschlichkeit nähert, beeinflusst der Adept, der er bestimmt ist zu werden, immer stärker dessen Gedankenprozesse. In der Tat kann der Ruf [zu den Höhen] auch ebenso als ein „Ziehen" beschrieben werden gleich dem magnetischen Norden, der die Kompassnadel anzieht. Immer stärker reagiert der Mensch mit Bestimmtheit und Entschlossenheit auf den monadischen und egoischen Entwicklungsfortschritt, bis volle Hingabe erreicht ist. Der innere zukünftige Adept – nicht mehr ein ‚Embryo' oder ‚Jugendlicher', sondern inzwischen ein Voll-Erwachsener – richtet seinen Ruf nicht mehr nur zu den okkulten Höhen, sondern gestaltet zunehmend Konzepte für die Prozesse des Lebens. So werden die Motive und die daraus folgende Lebensführung beständig von dem Adepten, der er im Begriff ist zu werden, beeinflusst.

Fast ließe sich die Analogie vom Schulmeister anwenden, der Schüler nicht nur unterrichtet und erzieht, sondern diese durch seine persönliche Gegenwart und seinen Charakter anfeuert, so zu werden, wie er selbst ist. Ebenso bringt auch die spirituelle Seele des Menschen oder das sich wiederverkörpernde Monaden-Ego nicht nur ein Erwachen – im spirituellen Sinne des Wortes – mit sich, sondern übt, soweit möglich, einen immer mächtiger werdenden Einfluss aus, zu denken, zu leben und zu handeln wie ein vollkommener Mensch. Dieser innere Prozess, der natürlich oder spontan abläuft, als wenn er von außen diktiert würde, erfasst den zu Initiierenden an der Schwelle zur Adeptschaft immer stärker, je mehr er oder sie sich diesem Zustand nähert. Wie an früherer Stelle gesagt, geht es hier um eine zweifache Entwicklung. Sie besteht einerseits aus den Ergebnissen monadischer Entfaltung und andererseits aus den damit einhergehenden Manifestationen spiritueller Kraft und Zielgerichtetheit des Menschen auf der physischen und überphysischen Ebene.

Die Reaktion gegenüber dem Adepten, welcher der Mann oder die Frau im Begriff ist zu werden, ist anfangs unbewusst. Da die Zeit der Entwicklung weiterschreitet und die adeptische Bestimmung stärker verankert ist, wird der Einfluss immer bewusster. Folglich ist die Theorie, dass die Monade eines jeden Menschen dazu bestimmt ist, übermenschlich zu werden, kein bloßes Postulat mehr. Es ist nun eine Möglichkeit, wenn auch eine entfernte; später wird daraus auf ganz natürliche Weise eine sichere Tatsache. Die Diskrepanz zwischen dem werdenden Adepten und dem selbstvollendeten Adepten verringert sich, da sie dazu tendieren, eins zu werden. Die Kompassnadel zeigt geradewegs auf den magnetischen Norden des vollkommenen Menschseins.

Ein solcher Mensch, der die Schwelle zwischen den beiden Zuständen überschreitet oder kurz davor steht, ist von großem Wert für seine Mitmenschen. Er repräsentiert eine Gewissheit der Evolution; die kosmische, planetarische und menschliche Evolution ist nun nicht mehr zweifelhaft, sondern steht fest! Er ist ein *Wissender*, ein Gnostiker, nicht nur intellektuell informiert und vom evolutionären Prozess überzeugt, sondern ihn bewusst erfahrend.

Er oder sie kann mit einem Menschen verglichen werden, der sich lange Zeit mit dem Prozess beschäftigt hat, einen Fluss oder Ozean zu überqueren. Bisher intellektuell gesättigt mit übernommenen Darstellungen anderer, ist ihm jetzt bewusst, dass das weit entfernte, bis jetzt noch nicht gesichtete Flussufer oder Meeresgestade wirklich existiert, dass er angekommenen ist; sein Fuß ist tatsächlich auf der Gangway, seine Hand ergreift die Reling, die jedoch gewissermaßen von der anderen Seite in Position gebracht worden ist. In einem Satz: Er befindet sich nun in Sicherheit. Gegenströmungen, gefährliche Stürme und andere Hindernisse, die sichtbar sind oder sich unter der Oberfläche der Wasser des Lebens befinden, sind sicher überquert und zurückgelassen. Die Möglichkeit zu versagen, den Motivierungen und Befriedigungen der Vergangenheit nachzugehen, existiert nicht mehr.

Die Heldenhaften, die das Ziel erreicht haben, sind frei von allen Versuchungen, aus persönlicher Befriedigung zu denken, zu fühlen und zu handeln, da sie längst aus diesen Schwächen herausgewachsen sind. Die Eigenschaft, durchzuhalten, wurde im Inneren entwickelt, durch siegreiches Widerstehen und Überwinden aller Gefahren und Versuchungen, die Geist, Seele und Herz in den letzten Inkarnationen bedrohten. Das innerste Selbst trägt nun die volle Verantwortung. Die symbolische dreifache Verleumdung des inneren Petrus und der Verrat des inneren Judas können nie wieder geschehen.[150] Ein solcher Mensch

150 Matth. 26,9; 26,14; 47.

ist endlich in Sicherheit, sogar inmitten größter Gefahren, die seine Entfaltung zur Adeptschaft bedrohen. Auf dieser Stufe wurde und wird auch immer jeder Gedanke von abgeschlossener und getrennter Individualität, *ahamkāra*[151], als gänzliche Selbsttäuschung angesehen. Diese Erkenntnis wurde erreicht durch die Praxis der Selbstidentifizierung mit jenem Lebensprinzip sowohl durch Kontemplation als auch durch bewusste Ausübung aller gedanklichen Prozesse im Einklang mit dieser Wahrheit. Der Adept wurde selbst-emanzipiert vom Gedanken an „Andere", was unvermeidlich mit der Illusion einer selbstgetrennten Identität zusammenhängt. Diese Illusion wurde durch und durch zerstört.

Die natürliche und sogar notwendige Täuschung der Ich-heit, von „mein" und „meine", verschwanden wie die Reflexion in einem Spiegel, als menschliche Denkprozesse, die auf Selbst-Existenz basierten, den Denkenden nicht mehr gefangenhielten. Während des Durchgangs durch das Menschenreich findet man diese falschen Konzepte normal und sogar nötig bis hin zu dieser Phase im Leben des Aspiranten. Nun hat er sich vom Spiegel entfernt, lebt nicht mehr inmitten von Spiegelungen und hat die Identität mit der schrankenlosen Totalität kosmischen Lebens gefunden und realisiert. Wenn einmal diese erhabene Befreiung erreicht ist, kann der Zustand, der während der evolutionären Reise durch das Menschenreich wesentlich war – die Ich-heit – nie wieder das Bewusstsein des Adepten beeinträchtigen oder gefangen halten.

Die Pronomen „*ich*" und „*mein*" treffen nun richtigerweise nicht mehr auf den Adepten zu; denn er hat die normale ihnen von der Menschheit zugedachte Bedeutung überschritten. Wäre es für einen Menschen auch nur für einen Moment möglich, im Bewusstsein eins zu sein mit einem solch fortgeschrittenen Initiierten, würde er entdecken, dass die namentliche körperliche und persönliche Natur des Adepten praktisch verschwunden ist. Gewiss, ein Adept, der einen physischen Körper beibehält, würde auf einen Namen antworten. Nichtsdestowe-

151 *Ahamkāra* (sanskr.): Die Vorstellung vom „Ich", Selbst-Bewusstsein oder Selbst-Identität, das „Ich", das mayavische Prinzip im Menschen, das durch unser Unwissen bedingt ist und unser „Ich" vom universalen Einen Selbst trennt; Persönlichkeit, Egoismus. (*Lexikon der Geheimlehren*, hrsg. v. H. Knoblauch, Hannover 1997).

niger würde tief in seinem Wesen keine selbst-getrennte, reinkarnierende Individualität zu finden sein, denn kein einzelnes, getrenntes, mit einem Namen zu versehendes spirituelles Ego bleibt, nachdem der volle Status der Adeptschaft erreicht worden ist. Man könnte wahrhaft denken, dass der Adept verschwunden ist, soweit es den physisch inkarnierten Mahātmā betrifft. Viele Bezeichnungen werden benutzt, um dieses Verflüchtigen oder völlige Verschwinden des befreiten adeptischen Menschen zu beschreiben, wie etwa „eingegangen", „geschmolzen", „aufgelöst". Seltsamerweise, sogar im Widerspruch dazu, verbleibt im Adepten bei diesem Verschwinden die Erinnerung und das Wissen um das ehemalige persönliche Wesen, obwohl dessen Beschränkungen zurückgelassen wurden.

Ein solcher Zustand ist natürlich ein Mysterium und muss es immer bleiben, außer für jene, die durch die transzendierende Erfahrung hindurchgegangen sind. Am besten wird sie symbolisiert und dramatisiert durch den körperlichen Tod, und so wurde sie in den Kleineren Mysterien und ihren Darstellungen durch die Zeitalter hindurch bis heute als ein bildlicher Tod gezeigt. Wer das Privileg hat, an dem Dargestellten teilzunehmen, dem scheint es, dass ein symbolischer Tod eintritt, auch wenn der Initiierte, der angeblich erschlagen wird, in keiner Weise verletzt wird. Es ist vielmehr so, dass, während das zutiefst okkulte und gänzlich allegorische Zeremoniell fortschreitet, der Einzuweihende am Ende wieder aus dem Grab auferweckt wird.

All die angenommenen Tötungen zentraler Figuren – großer Helden oder sogar Götter zum Beispiel – von denen die Mythologie weltweit erzählt, enthalten diese verborgene Bedeutung. Manchmal gibt es in einem Mythos oder einer Heiligen Schrift keinen eigentlichen Tod wie im Beispiel von Elias, der zum Himmel in einem feurigen Streitwagen emporfuhr und der Auferstehung Jesu, der zum Himmel in Wolken der Herrlichkeit emporstieg. Diese beschriebenen Himmelfahrten, ohne dass erst ein physischer Tod stattfand, bedeuten dasselbe, als ob der körperliche Tod tatsächlich stattgefunden hätte und das unsterbliche Selbst frei auferstanden wäre in seinem astralen oder subtilen Körper so wie im normalen Prozess des Lebens nach dem Tod.[152]

---

152 Siehe Geoffrey Hodson, *Durch das Tor des Todes.*

Während jetzt im Adepten kein Einzelwesen im früheren *persönlichen* Sinn übrigbleibt, könnte man sagen, dass der Wille des Adepten praktisch allmächtig ist innerhalb der Grenzen des Gesetzes. Dies ist nicht nur das Ergebnis von Selbsterziehung und evolutionärer Entwicklung, denn die Persönlichkeit ist ersetzt durch das Mysterium, das man mit Ehrfurcht „Herrn des Kosmos"[153] nennen kann. Daher ist die Macht des Adepten in keinem Sinne seine eigene; denn es ist kosmische oder universale Kraft, die wie Licht durch ein Brennglas auf einen Punkt intensivster Helligkeit fokussiert werden kann. Um diese innere Macht spirituellen Willens zu verstehen, die der Adept in sich selbst entwickelt hat, ist es nötig, so vollständig wie möglich, die Identifikation mit den Macht-, Lebens- und Intelligenz-Prinzipien im Kosmos, im Solarsystem und im Menschen zu verstehen.

Der Adept kann als eine dreifältige aktive, völlig bewusste Manifestation des dreifältigen Logos eines Solarsystems angesehen werden. Das dreifältige spirituelle Selbst in einem Menschen ist eine Manifestation der Kraft, der Weisheit und der intellektuellen Aspekte der einen höchsten Wirklichkeit, des dreifältigen Gottes [Logos]. Die Vereinigung mit der dreifältigen Manifestation der Gottheit durch den Menschen ist somit eine dreifache Erfahrung, da sie die Erkenntnis der Einheit von jedem der drei Aspekte der unsterblichen Seele des Menschen mit der Dreifaltigkeit beinhaltet. Diese drei dem göttlichen Selbst im Menschen entsprechenden Ausdrucksformen sind die göttliche Allmacht [*Ātma*] als Ausdruck göttlichen Willens, *Buddhi*, die spirituell-intuitive Fähigkeit, und *Manas*, der göttliche höhere Geist.[154] Zu diesen Drei muss ein Viertes hinzugefügt werden – die Einheit mit derselben Dreiheit, die allen Wesen und Dingen innewohnt. Dies sind die vier Einheiten, die selbstexistent im Menschen sind und durch das Praktizieren von Yoga reale Erfahrungen werden können.

---

153 Der Logos des Kosmos als Ganzes: alle Nebel, Galaxien, Universen, Sonnen und Planeten.

154 *Ātma* (sanskr.): Geist, das höchste Prinzip im Menschen, die innerste Essenz des Individuums und des Universums; *Buddhi* (sanskr.): Eine Tiefe ergründen; direkte Wahrnehmung.
Manas (sanskr.): Das höhere Denkprinzip, die Individualität oder das Ego (spirituelle Seele).

Die Monade des Adepten entfaltet sich weiter zu endlosen Höhen im Laufe seiner übermenschlichen Evolution, denn der evolutionäre Prozess hört beim Eintritt in das Reich des Übermenschlichen nicht auf, genauso wenig wie irgendwo oder zu irgendeiner Zeit innerhalb der Existenz eines manifestierten Universums. Der Adept ist daher ein immer wachsendes, immer sich entfaltendes Wesen von göttlicher oder logoischer Kraft, Weisheit und Intelligenz. Das bedeutet: Macht, symbolisch „Berge zu versetzen", Weisheit, immerwährend in voll verwirklichter Einheit mit dem transzendenten und innewohnenden manifestierten Leben des Universums und den wechselseitigen Beziehungen mit diesem Leben in jeder Form zu leben, Intelligenz, die gänzliches Verstehen von Naturvorgängen auf allen Ebenen ermöglicht und daher von jedem Grundprinzip und seinem Ausdruck als einem Lebensgesetz.

Nicht alle, die Adeptschaft erreichen, behalten ihren physischen Körper bei. Zur Ausführung ihrer Tätigkeit können sie überphysische Bewusstseinsträger nutzen. Die Wahl – besonders was die Ebene oder den Grad der Feinstofflichkeit betrifft – hängt von dem Beitrag ab, der zu leisten ist. Das betrifft immer die Erfüllung des Lebensplanes für den Planeten, der weiterhin die Handlungsbasis oder das „Heim" des Adepten ist. Adeptische Kraft oder *Siddhis*[155] befähigen den Mahātmā, für seinen Gebrauch einen Körper auf jeder beliebigen Ebene, die physische eingeschlossen, zu materialisieren. Solch ein auf Zeit gebildeter Körper wäre jedoch hypersensitiv und sein Gebrauch dementsprechend begrenzt.

Wird ein physischer Körper beibehalten, dann sind seine Zellen so hoch verfeinert, dass sie sich fast über die Notwendigkeit der Ernährung durch normale menschliche Prozesse hinausentwickelt haben. Das Bewusstsein ist so universalisiert worden, dass der hoch sensibilisierte und empfindsame Körper, die Organe und die Zellen, sich selbst wieder aufbauen, als ob sie von einer universalen Quelle, praktisch Nahrung aus der Luft, genährt würden. Auch das Bedürfnis nach Schlaf ist stark reduziert. Die äußerst erhöhte körperliche Sensitivität, die das spirituelle Erreichen vollkommener Weiblichkeit oder

155 *Siddhi* (sanskr.): Eine außergewöhnliche Kraft über die Natur, die durch Yoga erlangt wird.

Männlichkeit begleitet, verlangt zunehmend den Rückzug in Abgeschiedenheit. Obwohl der Körper mittels okkulter, schützender Kraft abgeschirmt werden kann – was auch geschieht –, kann die notwendige Kraft zu weit größerem Nutzen für die Menschheit und anderen Existenzformen genutzt werden. Aus diesem Grund haben sich Adepten und diejenigen, die sich dieser Stufe der Evolution nähern, in die Abgeschiedenheit zurückgezogen, wo Disharmonie keinen Raum findet. Im Gegenteil, was als jede Note und jeder Akkord physischer Erfahrung beschrieben werden könnte – Ton, Licht, Vitalität, Emotion und Denken –, trägt zur vollendeten Harmonie bei.

Ein weiterer Grund für den Rückzug aus der Welt ist das überaus wichtige Bedürfnis nach Abgeschiedenheit, die es erlaubt, alle Kräfte und Fähigkeiten unpersönlichen und wohltätigen Zwecken zu widmen mit der Sicherheit, völlig frei von jeglicher Störung zu sein. Der Adept ist immerfort mit Arbeit für die Welt beschäftigt. Sein Leben besteht aus fortwährendem Dienst zum Wohle der innewohnenden und sich entwickelnden Geist-Essenz des Planeten und deren Verkörperungen in der unendlichen Vielfalt der Formen. Diese gehören zu den vielen Gründen, warum sich physisch inkarnierte Adepten nicht stärker in der Welt zur Verfügung stellen.

In späteren Jahrhunderten wird ihre Anzahl zunehmen, während andererseits die evolutionäre Zeitspanne, die dafür benötigt wird, abnimmt. Nach und nach werden alle Menschen auf den erwähnten Ebenen sensibilisiert und ihre Trennungen voneinander werden immer weniger notwendig. Da die Anzahl der Mitglieder der Adepten-Hierarchie des Planeten Erde wächst, wird der Dienst der Adepten für Menschen und Tiere immer mehr zunehmen und sich auf weitere Bereiche ausdehnen; solche Wohltaten werden dann wirkungsvoller sein, um die Resultate zu erzielen, auf die solcher Dienst ausgerichtet ist. In einem Wort: Spiritualisierung.

Zwei Pfade stehen dem Selbst-Vervollkommneten, dem Neu-Eintretenden in das Reich der Übermenschlichkeit offen. Einer der beiden besteht darin, sich ganz aus dem objektiven Universum zurückzuziehen, indem man sich gänzlich dem grenzenlosen Ozean des EINEN LEBENS hingibt. Der Kosmos mit all seinen Bestandteilen und die Welt, in der Vervollkommnung erreicht wurde, sind Erscheinungen dieses formlosen Lebens. Absorption, Verschwinden, Wiederaufnahme des Urzustandes, bekannt als Nirvāna – doch nicht wirklich verstanden – tritt dann ein. Auf dem anderen Pfad wird die Fähigkeit für objektives Bewusstsein fortgesetzt und beibehalten; denn er führt schließlich nicht weg, sondern immer näher an das Universum der lebenden Wesen und den Formen der Natur heran.

Was auch immer das Opfer zu sein scheint und sogar sein mag, der *Nirmānakāya*-Adept wählte schon vor Erreichen des Ziels, bewusst zu bleiben als Teil jeder lebenden Kreatur, ja aller existierenden Dinge.[156] Ganzheit, Einheit, engste Nähe und ein hoch sublimiertes, nicht personalisiertes Mitleid sind der überwältigende Grund für die Wahl – wenn man überhaupt von einer Wahl sprechen kann. Die Entscheidung ist eine so tief innerliche, dass der Gedanke von zwei wählbaren Möglichkeiten und zwei Pfaden kaum angemessen ist; denn der oder die Eingeweihte, auch wenn noch immer menschlich, kannte seine/ihre Zukunft als Adept; eine eingeborene [im Innersten geborene] Entscheidung verwirklichte sich. Danach sind der auferstandene Meister und seine Mitlebewesen eins; die im Materiellen erscheinende Getrenntheit wurde nun als völlige Illusion erkannt. Von innen, vom innersten Zentrum des Seins und Bewusstseins, erweist sich die Tatsache des Einsseins für immer als überwältigende Wahrheit. Liebe, in der unpersönlichsten Bedeutung dieses großen Wortes, größte Sorge und Fürsorge für das Wohl aller fühlenden Wesen des Kosmos, Sonnensystems und die Bewohner des jeweiligen Planeten –, all dies wird sowohl in der Individualität als auch im persönlichen Leben [des Adepten] verkörpert. Das spirituell glorifizierte Wesen bleibt auf der Erde, um teilzunehmen und soweit wie möglich Kummer und Plagen der untermenschlichen und menschlichen Wesen zu verringern.

Dieses Thema vom Pfad, dem jene Adepten folgen, die mit dem objektiven Leben im Kontakt bleiben, mit Wesen und Dingen, wird hier eingeführt und, wenn auch nur teilweise, betrachtet. Es ist mit aufgenommen, um alle Aspiranten zu spiritueller Bewusstheit zu führen,

---

156 *Nirmānakāya* (sanskr.): „Nachdem er [der Adept] sein Ziel erreicht und seinen Früchten entsagt hat, bleibt er auf der Erde; und wenn er stirbt, verbleibt er, anstatt ins Nirvāna einzugehen, in jenem herrlichen Körper, den er für sich gewebt hat, unsichtbar für die uneingeweihte Menschheit, um über sie zu wachen und sie zu schützen." *Die Stimme der Stille*, H. P. Blavatsky.

auf dass sie diese erreichen und um sicherzustellen, dass sie hernach ohne jeden Zweifel *wissen,* dass durch das ganze große Bemühen hindurch, jegliche Eigenschaft, die unter den Begriff des „Eigeninteresses“ fällt, immer weiter abnimmt und schließlich ganz verschwindet. In dem Augenblick, in dem der Fuß des Neophyten den ersten Schritt zur Pforte eines Mysterientempels macht, selbst wenn Selbstläuterung und Selbsterleuchtung erst erprobt werden, muss der bis dahin nicht unnatürliche Gedanke des Eigennutzes zunehmend ausgelöscht werden – ein Charakteristikum des zukünftigen Initianten in die Kleineren und Größeren Mysterien.

Dieser Hinweis, keineswegs eine vollständige Beschreibung des Ziels der Adeptschaft, wird hier hauptsächlich als Orientierung für alle gegeben, die von innen her bewegt auf dieses Ideal schauen und darauf zugehen; denn ist das Ziel bekannt, wenn auch nur als Ideal, kann man dahin geführt werden, mental, emotional und körperlich.

32

HOFFNUNG FÜR DIE ZUKUNFT

Stete Hilfe der Älteren Brüder – Entfaltung des mentalen Bewusstseinsträgers in der jetzigen Entwicklungsphase – Egozentrik, Nationalbewusstsein und Überbetonung des irdisch-materiellen Daseins als Hemmnisse – Uralte Weisheit durch die Theosophische Gesellschaft und Yogis aus dem fernen Osten erneut zugänglich gemacht – Zukünftiges Entwicklungsziel: Entfaltung intuitiven Denkens und allgemeine Akzeptanz des Gesetzes von Ursache und Wirkung – Ächtung von Gewalt und Grausamkeit – Die tieferen Ursachen von Krieg und Zerstörung – Erkenntnis der EINHEIT allen Lebens als einziger Ausweg.

Die Älteren Brüder der Menschheit fahren in Treue fort, der Menschheit auf so vielen Wegen zur Seite zu stehen, und sichern ihr mitfühlende und wirkungsvolle Fürsorge zu, besonders während der spirituell verdunkelten Phasen der menschlichen Geschichte. Doch nicht nur dann wird dieser Dienst der Adepten gewährt, sondern *immerdar.* Außer den *Avatāren* erscheinen in der Welt, wie bereits erwähnt, Adepten und ihre Schüler zu Zeiten und an Orten, die für die Aufnahme und Wirksamkeit ihrer Gegenwart und Lehre am geeignetsten sind. Allerdings sind alle diese Aufenthalte zeitlich begrenzt; ihr Erscheinen hat daher Anfang und Ende, wenn auch fließend. In der Geschichte der Menschheit sind die Epochen durch relative religiöse, wissenschaftliche und philosophische „Finsternisse", wie sie genannt werden, geprägt. In der subjektiven Welt jedoch wird spirituelle, kulturelle und intellektuelle Hilfe kontinuierlich und ohne Unterbrechung geleistet.

Die doppelte Problematik menschlicher Empfänglichkeit im Allgemeinen und aktiver Reaktionen einzelner Menschen auf spirituelle und philosophische Inspirationen spielt bei diesen Vorgängen eine nicht zu unterschätzende Rolle. Wenngleich die Entwicklung auf diese Weise beschleunigt wird, verringert demgegenüber die Neigung des Menschen zu Eigennutz und zu Nationalbewusstsein unweigerlich das Maß positiver Reaktionen. Während der Mensch Zeitalter durchläuft, in denen es hauptsächlich um die Entwicklung des mentalen Bewusstseinsträgers geht, tendiert er in seinen Reaktionen zu Egozentrik, und sein Hauptinteresse ist auf die Welt der sichtbaren und greifbaren Substanz, also die physische Welt, gerichtet. Diese einseitige Denkweise, wenn auch natürlich, schließt spiritualisierende Einflüsse aus und mindert so ihre Anwendung auf das physische Leben. Solange dieser Zustand anhält, ist das Leben des Menschen auf Erden stark durch Krieg und Kriegsdrohung, durch Verbrechen, Gebrechen und Krankheiten verdunkelt. Trotzdem leuchtet ein Licht in der Dunkelheit, als ob eine Sonne, wenn auch nach und nach, im Osten aufginge.

Dieses Schimmern kann als Fortschritt gesehen werden hin zu einer Richtung, die alle mentalen Aktivitäten vereint. Philosophisches Denken und die Denkweisen, die auf objektiven Beobachtungen basieren, vermischen sich und werden schließlich zu einer einheitlichen und einzigen Kraft, die *Verstehen* genannt werden könnte. Die organisierte Einführung, oder vielmehr Wiedereinführung der Theosophie (*Theosophia, Brahmavidyā*) mit dem Aufruf, das intuitive Denken zu üben, wurde von den großen Weisen zeitlich so gelegt, dass sie mit dieser inneren Entwicklung zusammenfiel und sie unterstützte. Das zeigt sich in der Gründung und weltweiten Verbreitung der Theosophischen Gesellschaft und ihrer Verkündigung theosophischer Prinzipien, wie auch dem Erscheinen spiritueller Lehrer und echter Gurus des Yoga, die der Menschheit die Uralte Weisheit nahebringen.

In der Tat war die Zeitspanne gut gewählt, nicht nur um bei den Schülern die Entfaltung abstrakten Denkens anzuregen, sondern auch durch den Versuch, die Gebiete und die Intensität der Konflikte dieses Jahrhunderts, die in aller Klarheit vorausgesehen wurden, zu reduzieren. Für viele Studierende wurde die Zusammenarbeit mit der Natur und ihren vollkommen gewordenen Männern und Frauen etwas Natürliches, und diese können ihrerseits Lehrer und Schriftsteller werden. Diese Entwicklung hat sich hauptsächlich als Reaktion auf die Stimulierung höherer mentaler Aktivität durch die Adepten eingestellt, die inmitten einer größtmöglichen Zahl ihrer jüngeren, noch menschlichen Brüder und Schwestern erfolgte.

Wenngleich es nicht der Zweck dieses Buches ist, bestimmte Propagandamethoden zu besprechen oder sogar zu empfehlen, so lässt es sich doch nicht vermeiden, einige Gedanken zu diesem wichtigen Thema zur Sprache zu bringen. Während der vergangenen hundertzwanzig Jahre etwa, seit die Theosophische Bewegung ins Leben gerufen wurde, und sogar durch die ganze bekannte historische Periode hindurch – was, gemessen an der planetarischen Zeit, sehr kurz ist – durchlief der Intellekt des Menschen eine Entwicklungsphase von gänzlicher Abhängigkeit von objektiven Phänomenen hin zu subjektivem und intuitivem Verstehen. In der Gegenwart geht der Wechsel jedoch schneller voran. Die sogenannte Brücke zwischen den abstrakten und den formal-konkreten Bereichen und den Funktionen des menschlichen Geistes wird jetzt von immer mehr Menschen nicht nur überschritten, sondern ist bei einigen sogar im Begriff zu verschwinden. Das hat zur Folge, dass intuitiv aufgenommene Ideen und sogar Wissen in die üblichen und idealerweise logischen Funktionen des menschlichen Geistes einschließlich der physischen Wahrnehmung ganz natürlich eindringen. In einem Satz: Der Mensch ist auf dem Wege, ein intuitives Wesen zu werden.

Das wesentliche Problem für den Forscher auf allen Gebieten besteht heutzutage darin, dieser tief-inneren Kraft des „Wissens“ zu erlauben, nach Willen oder Bedarf zu wirken. Um die Wahrheit zu entdecken, braucht es keineswegs die Entwicklung und den Gebrauch einer Fähigkeit, die bisher unbekannt und nicht erkennbar war; denn durch alle Zeiten hindurch haben Männer und Frauen wie Archimedes „Heureka!“ gerufen.[157] Mystiker, Philosophen, Künstler und jene, die sich ganz dem Dienst für das Wohl ihrer Mitmenschen hingaben, haben alle das Aufleuchten einer offenbar gewordenen Weisheit in rein mentalen Tätigkeiten erfahren, bei deren Enthüllung es sich herausstellte, dass sie ihrer Zeit weit voraus waren.

Die Mystiker, tief versunken in die Betrachtung des formlosen, zeitlosen, raumfreien göttlichen Prinzips, das als Wahrheit bezeich-

157 *Heureka* (gr.): Ich hab’s gefunden.

net wird, sind die echten Anführer der Menschheit in dieser großen Suche. Trotzdem müssen und werden legitime Forschungsmethoden, die schmerzlos für alle empfindenden Wesen und selbstlos in der Absicht sind, weitergeführt werden. Der Ruf in dieser Phase des jetzigen Zeitalters und des unmittelbar nachfolgenden ergeht an Männer und Frauen, die sich mit entsprechender Methode vorbei an den Welten und Bedingungen der Formen an jenen formlosen Zustand herantasten, in dem die Wahrheit ewig wohnt.

Dies ist zum großen Teil die Erklärung für die Veränderungen, die sich in der Einstellung junger Leute dem Leben gegenüber abzeichnen. Sie rebellieren gegen die Ungleichheiten, Ungerechtigkeiten und die allzu häufige Kriminalität, die – von ihrem Standpunkt aus – für das Verhalten der Menschen charakteristisch sind, insbesondere unter den wohlhabenderen Schichten. Während man dies vielleicht als „Rebellion der Jugend“ bezeichnen könnte, hat dieses Phänomen viel tiefere Wurzeln als in gedanklich wahrnehmbaren Systemen. Diese Wurzeln sind eingebettet und erwachsen aus einer neu erwachenden Bewusstseinssphäre – jener, aus der Intuition entsteht. Infolgedessen scheint das Verhalten derer, die so motiviert sind – vor allem, aber nicht nur junger Menschen –, etwas unlogisch zu sein. Das liegt daran, dass diese Sichtweise wenig oder gar keinen Respekt für die Errungenschaften der Menschheit und ihrer hoch organisierten – jedoch falsch geplanten – Lebensmethode und Koordinierung von Anstrengungen und Systemen hat. Diese sind zugegebenermaßen unter gewissen Gesichtspunkten unvollkommen: Ungleichheiten zwischen Besitzenden und Besitzlosen, Reichen und Armen, Gebildeten und Ungebildeten, Menschen verschiedener Hautfarbe.

Die Rebellierenden täten gut daran, sich zu erinnern, dass dieses System mit all seinen Fehlern selbst erst kürzlich entstanden ist. Sich davon in Abscheu abzuwenden ohne den Versuch, einen funktionierenden Ersatz oder gar eine Verbesserung zu finden, ist ebenfalls ein Fehler und in gewisser Weise ungerecht. Die bloße Missachtung bestehender Methoden und Beschränkungen, ohne praktikable Lösungen vorzuschlagen, ist an sich ein Irrtum, der letztendlich überwunden werden wird. In Wahrheit sind beide Bewegungen – das etablierte System und die „Rebellion“ der Jugend – noch immer sehr jung, was die

Förderung von Selbsterziehung des Menschen angeht. Daher weisen sie Fehler auf. In dem Maße, in dem beide sich zusammenfinden, wenn auch nur allmählich, wird die Möglichkeit einer nahezu vollkommenen Gesellschaft, ja eines wahrhaften Utopia heranreifen. Früher oder später müssen viele Einzelne und viele Gruppen entstehen, damit die zugegebenermaßen notwendigen und höchst wünschenswerten Veränderungen in der menschlichen Gesellschaft herbeigeführt werden können.

Das ganze Problem menschlichen Irrtums und dessen karmischer Konsequenzen – so außerordentlich tragisch sie auch waren und weiterhin sind – ist ein Ergebnis und Symptom der Unreife; denn das reinkarnierende spirituelle Selbst der überwältigenden Mehrheit der Menschen ist noch immer unreif. Auch wenn es an sich göttlich ist, ist es noch nicht fähig, das Verhalten der von Materie geblendeten und durch Stofflichkeit betäubten Persönlichkeiten seinem eigenen Idealismus entsprechend zu regeln. Die Folge ist eine Weltgeschichte, die in dieser Epoche vieles enthält, was – mit einem Wort – nur als „Horror“ beschrieben werden kann. Nur das Wissen [um die kosmische Gesetzmäßigkeit] allein kann die Menschheit aus ihrer durch Ignoranz entstandenen, selbstverursachten Misere und ihrer katastrophalen Lage herausführen.

Glücklicherweise hat der natürliche Entwicklungsprozess dieses Wissen bereits gewissen Menschen zugänglich gemacht, und zur jetzigen Zeit geschieht das in zunehmendem Maße. Die Geschichte der Menschheit ist zwar verdunkelt, aber sie wird durch das Erscheinen dieser vollkommenen Männer und Frauen erhellt, die ihren Mitmenschen in der Entwicklung weit vorausgeeilt sind. Wie die Geschichtsquellen deutlich machen und die Heiligen Schriften weltweit bezeugen, haben diese göttlichen und übermenschlichen Besucher einhellig vor allem diese beiden fundamentalen Wahrheiten verkündet, nämlich dass alles Leben in allen Lebensformen EIN Leben ist und dass alle absichtlichen [willentlichen] Handlungen entsprechende Wirkungen hervorrufen. Übereinstimmend lehren sie die Einheit des Lebens in allen Wesen und das unausweichliche Gesetz von Ursache und Wirkung.

Heutzutage wächst die Zahl derer, die sich über die Begrenzungen, die ihnen als Mensch und Mitglied der Menschheit gesetzt sind, hinausentwickelt haben und die zu diesem Wissen und Verstehen, das es verleiht, vorgedrungen sind. Drei Ergebnisse ihres Entwicklungsfortschritts – neben vielen anderen – sind

1. persönliche Übereinstimmung mit den erfassten Idealen;
2. deren öffentliche Verkündigung und der damit verbundenen Wahrheiten;
3. wie bereits erwähnt, die Gründung von Bewegungen durch Nationen und Gruppen Einzelner, die das Ziel haben, Zusammenarbeit statt Feindschaft zu fördern.

Ein weiteres Ergebnis der Übermittlung dieser Botschaft seitens der Älteren [Brüder], kann mit Recht, beschrieben werden als *Aufruf, es ihnen gleich zu tun*. Stimmen werden gebraucht, die Menschheit wachzurütteln, sodass sie ihre grausamen und selbstsüchtigen Lebensweisen aufgibt und durch Güte und Milde allen gegenüber ersetzt. Diejenigen, die den Ruf gehört haben und darauf antworten, müssen persönliche Verantwortung übernehmen für das Wohlergehen jedes Einzelnen, mit dem sie in Kontakt kommen. Das ist vielleicht eine der größten Gelegenheiten, die es je gegeben hat: nämlich, selbst erleuchtet zu werden und das eigene Licht mit anderen zu teilen, Grausamkeit jeglicher Art zu verringern und schließlich abzuschaffen; seine Mitmenschen, die noch nicht so empfinden, aufzurufen, die schmerzerzeugenden Pfade aufzugeben und einen Weg der Milde und Güte zu wählen, der es vermeidet, irgendeinem fühlenden Wesen Schmerz zuzufügen. Ein solcher Wechsel von einer unedlen zu einer edlen Lebensweise mit dem Ergebnis eines beschleunigten evolutionären Fortschritts für den, der so lebt, führt zu einer Verringerung des Leidens unter dem karmischen Gesetz aus unzähligen inneren und äußeren Einflüssen.

Um diese Wahrheit dem menschlichen Verstand nahezubringen – nämlich, dass das Leben dieses Universums, wie verschieden seine Formen auch scheinen mögen, EIN Leben ist –, wurden die Alten Mysterien gegründet und wirkten im Herzen der großen Nationen der Vergangenheit. In der gegenwärtigen Ära führen Egoismus und Furcht zu Kriegen – militärisch und wirtschaftlich – und verzögern unvermeidlich die Entwicklung zur Wiedereinrichtung der Alten Mysterien als Teil des modernen Lebens. Diese Verzögerung vergrößert ihrerseits die Tragödie unserer Zeit und besonders die tragische Situation für die zunehmende Anzahl reinkarnierender Egos, die wieder nach der Mysterientradition zu leben versuchen. Die Wiedereinrichtung der Mysterien in der Gegenwart oder in der nahen Zukunft in einer der Zeit angemessenen Form ist daher eine dringende Notwendigkeit. Ohne diese Hilfe und das damit einhergehende Erwachen innerhalb des menschlichen Geistes zum Erkennen der göttlichen Gegenwart, unsterblich und ewig in jedem Menschen, werden Kriege von immer größerer Zerstörungswut, Grausamkeit und Kriminalität nicht nur weitergehen, sondern an Stärke zunehmen.

Diese Gegenwart als ein innewohnendes spirituelles Leben ist ein und dieselbe in jedem Menschenwesen. Sie ist die wesentliche Eigenschaft in der gesamten Natur des Menschen und ist auch ein und dieselbe in jedem Menschen auf Erden. Das volle Erkennen der inneren Beziehung und Verbundenheit von Mensch zu Mensch wird die Dämmerung des Goldenen Zeitalters in diese verdunkelte Periode der Weltgeschichte bringen. Die Nacht mit ihren Albträumen wird nach und nach dem Tag weichen, wenn das Sonnenlicht der Weisheit, das Einssein offenbarend, über dem menschlichen Geist aufgeht. Die Religion des Menschen wird dann intellektuell auf dem Wissen gründen, das aus dem Studium seiner eignen Geschichte gewonnen ist. Dies wird einerseits das allergrößte Übel der Selbstsucht – Bild des Satans –, das zu Grausamkeit führt, beinhalten, sowie andererseits als krönende Tugend die Annahme von mitfühlender Sorge und Liebe für jedes andere fühlende Wesen in den menschlichen und untermenschlichen Reichen. Dies ist also der dringende und zwingende Aufruf an jeden Idealisten, an jeden Menschen, der ein Erwachen zu diesem Wissen und diesem Ideal erfährt:

> „Lasset euer eigenes Leben
> als Beispiel leuchten
> und tut alles in Eurer Macht Stehende
> persönlich und durch organisierte Bestrebungen,
> um Menschlichkeit zu etablieren
> als Grundstein, auf dem der Tempel der Zukunft
> erbaut werden wird.“

GLOSSAR

Adept (lat.) ***Adeptus***	„Er der erhalten hat“. Ein Eingeweihter des fünften Grades in die Größeren Mysterien, ein Meister in der Wissenschaft der esoterischen Philosophie, ein vervollkommneter Mensch, ein erhabenes Wesen, das völlige Meisterschaft über seine rein menschliche Natur erreicht hat und Wissen und Macht entsprechend dem hohen Entwicklungsstand. Ein voll initiiertes Wesen, das über den Fortschritt der Menschheit wacht und ihn lenkt.
Ahamkāra (sanskr.)	Die erste Tendenz zur Begrenztheit, das, was als Ursprung aller Manifestation betrachtet wird. Im Menschen die Vorstellung von “ich“, Selbstbewusstsein oder Selbst-Identität, die Illusion des Selbst als getrennte Existenz entgegen der Wirklichkeit des universellen Einen Selbst. Das Bewusstsein dieser Universalität kommt in den Worten Christi zum Ausdruck: „Ich und mein Vater sind eins.“ (Joh. 10:30). Die Illusion der Getrenntheit, die „Große Ketzerei“ [des Sonderseins] wird als die Quelle menschlichen Kummers und Leidens betrachtet. Selbstbefreiung aus dieser Täuschung ist der sichere Weg zu Glück und Frieden.
Ātma (sanskr.)	Das Selbst. Der universelle Geist, das siebte Prinzip in der siebenfältigen Konstitution des Menschen, die Höchste Seele. Die Geist-Essenz des Universums. (*Paramātman* – „das Selbst Jenseits“)
Aura (gr. u. lat.)	Eine feine, unsichtbare Essenz oder ein Fluidum, das aus menschlichen, tierischen oder sogar unbelebten Körpern austritt. Eine psychische Emanation, überphysisch und physisch, einschließlich der elektro-vitalen Emanationen aus dem physischen Körper des Menschen. Die Aura ist gewöhnlich eiförmig und ist Sitz der monadischen, spirituellen, intellektuellen, mentalen, leidenschaftlichen und vitalen Energien, Fähigkeiten und Potenziale des gesamten siebenfältigen Menschen.
Avatār (sanskr.)	Die Lehre der göttlichen Inkarnation oder „Herabkunft“.

Buddhi (sanskr.)	Das sechste Prinzip des Menschen, das der intuitiven Weisheit, Träger des siebten, *Ātma*, der Höchsten Seele im Menschen. Universelle Seele. Die Fähigkeit, die sich als spirituelle Intuition manifestiert. Der Seligkeitsaspekt der Dreifaltigkeit.
Kausalkörper	Der unsterbliche Körper des reinkarnierenden [höheren] Egos des Menschen, bestehend aus der Substanz der "höheren“ Ebenen der Mentalwelt. Er wird *Kausal* genannt, weil er die Ergebnisse aller Erfahrungen in sich sammelt, und diese wirken als Ursachen zukünftiger Leben und beeinflussen das Verhalten in der Zukunft.
Chakra (sanskr.)	„Rad“ oder „Scheibe.“ Ein wirbelartiges sich drehendes trichterförmiges Kraftzentrum, das sich an der Oberfläche des ätherischen und der feineren Körper des Menschen öffnet. Sein Stil führt in die überphysischen Teile der Wirbelsäule und der Nervenzentren oder Drüsen. Es gibt sieben Haupt-Chakras, jeweils verbunden mit dem Kreuzbein, der Milz, dem Sonnengeflecht, dem Herzen, der Kehle, der Hypophyse und der Zirbeldrüse. Die Chakras sind sowohl Organe des überphysischen Bewusstseins als auch Übermittler der Lebenskraft zwischen den überphysischen und dem physischen Körper. Vgl. *Die Chakras* von C. W. Leadbeater.
Gott	In der okkulten Philosophie bezieht sich der Begriff *Gott* in seiner höchsten Bedeutung auf eine höchste, ewige, in Worten nicht zu fassende Wirklichkeit. Dieses Absolute ist unfassbar, unauslöschlich und unerkennbar. Seine Offenbarung wird in drei Begriffen wiedergegeben: absolutes Sein, absolutes Bewusstsein und absolute Seligkeit. Unendliches Bewusstsein wird als eine dem Höchsten Wesen immanente dynamische Kraft gesehen, die die Möglichkeiten manifestiert, die in seiner Unendlichkeit verborgen sind und Formen aus seinen formlosen Tiefen ins Dasein ruft.
Gunas (sanskr.)	„Schnur oder Band.“ Die drei Eigenschaften oder Attribute, die der Materie innewohnen: *Rajas*, Aktivität, Begehren; *Sattva*, Harmonie, Rhythmus; *Tamas*, Trägheit, Stagnation. Diese entsprechen den drei Aspekten der Dreifaltigkeit – Vater, Sohn und Heiliger Geist, bzw. Brahma, Vishnu und Shiva.

Hierophant (gr.)	„Einer, der heilige Dinge erklärt." Der Enthüller heiligen Wissens und das Haupt der Initiierten. Ein Titel, der den höchsten Adepten der Antike zukam, die Lehrer und Deuter der Mysterien waren und Einweihungen in die letzten großen Mysterien vollzogen.
Initiierter	Vom Lateinischen *initiatus*. Bezeichnung für jemand, dem Zugang gewährt und die Mysterien und Geheimnisse der okkulten Philosophie enthüllt wurden.
Initiation	Eine tiefgründige, spirituelle und psychologische Erneuerung mit dem Ergebnis, dass eine „Neugeburt," ein neuer Anfang und ein neues Leben begonnen wird. Das Wort selbst, von lateinisch *initia*, beinhaltet auch die grundlegenden oder ersten Prinzipien einer jeden Wissenschaft und deutet damit an, dass Initiierte bewusst vereint sind durch ihr eigenes erstes Prinzip, die Monade, aus der sie hervorgegangen sind. Sowohl die Kleineren als auch die Größeren Mysterien in alter und moderner Zeit vollziehen Initiationen verschiedener Grade bei geeigneten Kandidaten.
Karma (sanskr.)	Handlung, bezeichnet sowohl das Gesetz der Aktion als auch der Reaktion, Ursache und Wirkung, und die Ergebnisse ihrer Wirkung auf Nationen und Einzelpersonen. Siehe *Reincarnation, Fact or Fallacy? (Reinkarnation, Tatsache oder Täuschung?)* von Geoffrey Hodson.
Kundalinī (sanskr.)	„Das aufgerollte, universale Lebensprinzip." Eine siebenfältige, überphysische, okkulte Kraft im Universum und im Menschen, die in letzterem mittels einer spiralförmig sich windenden Bewegung hauptsächlich in der Wirbelsäule, aber auch innerhalb des Nervensystems funktioniert. In der griechischen Symbolik wird sie durch den Caduceus dargestellt. Wenn sie über das normale Maß hinaus erweckt wird, steigt diese feurige Kraft auf in das Gehirn auf einem schlangenförmigen Pfad, daher auch „Schlangenfeuer" genannt.

Logos (gr.)	Das Wort, „eine göttliche spirituelle Wesenheit.“ Die geoffenbarte Gottheit, die äußere Manifestation oder Wirkung der ewig verborgenen Ursache. So ist Sprache der *Logos* des Gedankens. *Logos* ist ins Lateinische richtig übersetzt als *Verbum* und ins Englische als *Word* im metaphysischen Sinn.
Monade (gr.)	„Allein.“ Der göttliche Geist im Menschen, „der im Allerinnersten wohnt,“ von dem es heißt, dass er sich durch die Naturreiche unterhalb des Menschen zum menschlichen entfaltet und von da weiter zum Status des Adepten, jenseits dessen sich grenzenlose Höhen erstrecken. Die Bestimmung des Menschen, wie sie durch Christus beschrieben wird, bekräftigt dies, denn er sagte: „Darum sollt ihr vollkommen sein, gleichwie euer Vater im Himmel vollkommen ist.“ (Matth. 5,48)
Nirvāna (sanskr.)	„Das [Einzel-]Leben ausgelöscht.“ Bewusstes Eingehen in das Eine Leben des Kosmos oder absolutes Bewusstsein (Buddhismus).
Okkultist	Ein Studierender der „verborgenen“ Mächte, Kräfte und Intelligenzen in der Natur. Während Nekromantie – höchst unerwünscht – von solch einem Studierendem ausgeübt werden mag, wird diese Praktik von allen Lehrern des weißmagischen oder gänzlich altruistischen Okkultismus missbilligt. Diese weisen mit Nachdruck darauf hin, dass die Erkenntnis der Wahrheit zunehmende Selbstkontrolle erfordert, und dass jegliche Unterwerfung des eigenen Willens unter einen anderen zu Selbsttäuschung und Unwahrheit führt. Alle Forschungen, die durch die beiden Ideale motiviert sind, Wissen zu erlangen und so der Menschheit mehr helfen zu können, werden folglich verwirklicht im Vollbesitz von Geist und Willen. Die Kraft, okkulte Phänomene hervorzubringen, wird durch Selbstschulung entwickelt, aber diese sind stets das Ergebnis von Wille und Gedanke des Handelnden, der in vollem Bewusstsein und in absoluter Selbstbeherrschung agiert, die für den Erfolg wesentlich sind.

Okkulte Wissenschaft	„Die Wissenschaft der Naturgeheimnisse, physisch, psychisch, mental und geistig, auch die hermetische und esoterische Wissenschaft genannt. Im Westen mag die Kabbala angeführt werden, im Osten Mystik, Magie und Yoga-Philosophie. Auf die letztere wird vielfach von den Hindu-Chelas als die siebte *Darshana* oder philosophische Schule hingewiesen, wogegen die Profanen in Indien nur von sechs *Darshanas* wissen. Diese Wissenschaften sind und waren zu allen Zeiten dem allgemeinen Volke verborgen und zwar aus dem guten Grund, weil sie von den eigennützig geschulten Klassen nie richtig eingeschätzt würden, da diese sie nur für den eigenen Vorteil missbraucht und dadurch die göttliche Wissenschaft in *schwarze Magie* verkehrt hätten …“ (H. P. Blavatsksky, *Theosophisches Glossar*)
Skandhas (sanskr.)	„Gruppen eingeborener Eigenschaften“, die jeweils am Ende zwischen den makrokosmischen Manifestationen und zwischen den mikrokosmischen Inkarnationen überdauern, sich wiedervereinen und wiedererscheinen als innere Qualitäten beim Aufdämmern eines neuen Zyklus der Manifestation und bei jeder neuen menschlichen Geburt.

Danksagung zur englischen Ausgabe

Meine tiefempfundene Dankbarkeit geht hiermit an meine Frau, Sandra, die das ganze Buch nach meinem Diktat niederschrieb, das erste Manuskript tippte und mir bei der Vorbereitung zum Druck half. Ebenso bin ich meinen geschätzten Freunden, Herman und Henrietta Braakensiek, für ihre literarische Mitarbeit an diesem und an anderen Werken zu großem Dank verpflichtet.

Charles W. Leadbeater
Die Theosophie – Grundlagen eines esoterischen Weltbildes

Eine brillante Zusammenfassung des Weltbildes der modernen Theosophie, die das spirituelle Denken der Gegenwart maßgeblich beeinflusst hat!
Charles W. Leadbeater ist noch immer der einflussreichste spirituelle Schriftsteller der Neuzeit! Seine großen Monographien über die „Chakras" über den „Sichtbaren und unsichtbaren Menschen" oder über „Gedankenformen" sind in alle großen Weltsprachen übersetzt und in Millionenauflagen verkauft worden.
Mit dem vorliegenden Werk hat er eine meisterhafte Zusammenfassung der wichtigsten Aspekte des theosophischen Weltbildes erstellt. Er schildert die großen Entwicklungswege, auf denen sich die Evolution vollzieht. Er beschreibt die höheren Welten und ihre Wesen und zeigt die Einheit hinter der Vielfalt religiöser Traditionen auf. Alle Wegen führen zu dem EINEN ZIEL!
Eine Einführung in das theosophische Denken, das die Anschaffung und Lektüre einer großen Spezialbibliothek ersetzt und aufzeigt, welche unendliche Weisheit hinter allen Lebensprozessen waltet!
ISBN 978-3-89427-880-9

Franz Hartmann
Die Botschaft der Theosophie
Leben und Werk

Der Arzt Franz Hartmann war ein enger Weggefährte der legendären Begründerin der Theosophischen Gesellschaft, Helena P. Blavatsky. Er zählte in Indien zu ihren engsten Vertrauten und konnte die aufrüttelnden Gründerjahre der modernen Theosophischen Bewegung als Augenzeuge miterleben.
In seinen Werken findet sich grundlegendes spirituelles Wissen aus den ursprünglichen Quellen der Theosophie, das viele nachfolgende Generationen von geistigen Suchern nachhaltig beeinflusste. Die wichtigsten Auszüge aus seinem umfangreichen Schrifttum sind in dieser Werkauswahl erstmals vereinigt. Ein biographischer Essay zeigt zudem, was für ein außergewöhnliches Leben Dr. Franz Hartmann auf fast allen Kontinenten der Erde führte. Ein Buch, das Zeugnis dafür ablegt, was gelebte Theosophie wahrhaft meint!
ISBN 978-3-89427-834-2

Geoffrey Hodson
Meditation

Dieses Buch ist eines der Meisterwerke des großen Geistesforschers, in dem er dem Leser seine tiefsten, in der Meditation erschauten Einblicke in die höheren Welten mitteilt!
Es werden nicht nur die uralten spirituellen Entwicklungsgesetze des Lebens dargestellt, sondern Hodson schenkt Einblicke in das Wirken der „Meister der Weisheit", wie sie so kaum jemals zuvor veröffentlicht wurden.
Die Tiefe von Geoffrey Hodsons Schauung öffnet den Blick für die unendlichen Weiten der Schöpfung und die geheimnisvollen Bande der Liebe, die alles Leben verbinden – von dem kleinsten Elementarwesen bis zu den Planetarischen Logoi und Herrschern der Sonnensysteme.
Eine einzigartige Fundgrube des Wissens für den ernsthaft suchenden Menschen. Ein kostbarer Schlüssel zum Verständnis der großen Geheimnisse des LEBENS!
ISBN 978-3-89427-483-2

Annie Besant
Unsichtbare Sphären
Die Wirklichkeit der höheren Welten

Annie Besant war und ist eine der einflussreichsten Autorinnen der spirituellen Tradition. Ihre Bücher haben Generationen von geistig suchenden Menschen auf aller Welt beeinflusst.
In diesem Werk werden erstmals ihre wichtigsten Aufsätze und Vorträge aus einem halben Jahrhundert ihres Wirkens für die Theosophie veröffentlicht. Sie enthalten tiefsinnige Einsichten aus jenen Sphären, in welche der Mensch im Laufe seiner Entwicklung Zugang erlangen wird. Dabei geht ihr seherischer Blick nicht nur in jene Welten, die unmittelbar nach dem Tod die menschliche Seele erwartet, sondern er reicht weit darüber hinaus in Sphären, die erst in ferner Zukunft von künftigen Menschheiten erschlossen werden.
Ein inspirierendes Werk großer Weisheit, das Zeugnis ablegt für die wundervolle Zukunft, die vor jenen liegt, die auf dem Geistigen Pfad dem LICHT entgegenstreben!
ISBN 978-3-89427-672-0